Vom Todesstreifen zur Lebenslinie

Der Harz

Reiner Cornelius

Mensch und Natur am Grünen Band Deutschland

Bund für
Umwelt und
Naturschutz
Landesverband
Thüringen

BUND
FREUNDE DER ERDE

HARZ KLUB 1886

STIFTUNG
NATURSCHUTZ
THÜRINGEN

S.U.N.K.
Stiftung Umwelt,
Natur- und Klimaschutz
des Landes Sachsen-Anhalt

Text und Karten: Dr. Reiner Cornelius
Fotos: siehe Bildnachweis

Lektorat: Dr. Gabriele Meyer

Herausgeber: Bund für Umwelt und Naturschutz Landesverband Thüringen
Mitherausgeber: Stiftung Umwelt, Natur- und Klimaschutz des Landes Sachsen-Anhalt, Stiftung Naturschutz Thüringen, Harzklub

Schützenweg 9, 36272 Niederaula

Druck: Glockdruck, Bad Hersfeld
Layout: Petra Krull

ISBN 978-3-9812981-2-3

Inhaltsverzeichnis

Touren-Übersicht

Wandern

Vorwort des Bund für Umwelt- und Naturschutz (BUND)

Karin Kowol

Als Spur der jüngeren Geschichte in der Landschaft und Perlenkette der Natur schlängelt sich das Grüne Band durch Deutschland und Europa und verbindet, was früher getrennt war. Es ist kaum zu glauben: Wo Grenzer auf Flüchtlinge schossen, zirpen heute Heuschrecken, singen Vögel und gehen Menschen spazieren. Und auf beiden Seiten des ehemaligen Eisernen Vorhangs haben sich Menschen zusammengetan, um dieses einzigartige Denkmal für Mensch und Natur zu erhalten. Dies allein ist schon ein unglaublicher Erfolg des Projektes „Das Grüne Band". Dabei geht es den Akteuren auch darum, die Natur am Grünen Band erlebbar zu machen.

Im vom BUND betriebenen Nationalpark-Besucherzentrum TorfHaus wurde eine Ausstellung zum Grünen Band eingerichtet. Die MitarbeiterInnen des Besucherzentrums betreiben im Zeichen des Grünen Bandes Umweltbildung. Bei Stapelburg hat der BUND im Rahmen eines Workcamps einen Grenzwanderweg geschaffen. Nicht zuletzt hat der BUND die siebenteilige Grüne-Band-Buchreihe initiiert. In dem Band 3, „Der Harz", wird das Grüne Band in seiner ganzen Fülle für Wanderer und Naturliebhaber dargestellt, wobei neben allem Positiven auch die Bedrohung der einzigartigen Karstlandschaft im Südharz durch die Gipsindustrie nicht ausgeklammert wird. Sanfter Tourismus in der schönen Landschaft bringt für die Region mehr als kurz gedachtes Gewinnstreben. Und genau darauf zielt das Buch „Der Harz" ab. Dr. Reiner Cornelius möchte die Menschen an die Natur heranführen, denn was man kennen und lieben gelernt hat, dafür wird man sich auch einsetzen. Lassen Sie uns das Grüne Band erhalten – für Mensch und Natur!

Karin Kowol, Referentin Grünes Band Landesverband Thüringen

Vorwort der Stiftung Naturschutz Thüringen

Beate Schrader

Am ersten Januar 2010 war es soweit. Gut 20 Jahre nach dem Mauerfall gelangte die Stiftung Naturschutz Thüringen in den Besitz aller derzeit noch bundeseigenen Flächen am Grünen Band Thüringen. Wo früher Stacheldraht und Minen herrschten, regiert heute die Natur. Braunkehlchen und seltene Orchideen haben von der unmenschlichen Grenze profitiert und sollen nun ihren Lebensraum behalten, während gleichzeitig die Menschen das Grüne Band als Erinnerungslandschaft erleben.

Diese doppelte Verantwortung, das Grüne Band für die Natur zu erhalten, aber auch für die Menschen im Gedenken an die deutsche Teilung erlebbar zu machen, verlagerte sich nun auf die Schultern der Stiftung Naturschutz Thüringen. Etwa 3.900 ha wechselten in ihr Eigentum. Bedenkt man, dass das Grüne Band Deutschland knapp 1400 km lang ist und auf Thüringen 763 km mit ca. 6400 ha, also gut die Hälfte, entfallen, so bedeutet dies, dass die Stiftung Naturschutz Thüringen mehr als ein Viertel des Grünen Bandes Deutschland betreut. Sie ist damit die größte Flächeneigentümerin am Grünen Band.

So ist die Eigentumsübertragung ein großer Vertrauensbeweis seitens des Freistaates Thüringen, aber auch eine immense Verantwortung, der wir uns gern stellen. Gelingen kann diese Aufgabe nur, weil viele mithelfen und weil Menschen wie Dr. Reiner Cornelius unendlich viel ehrenamtliches Engagement in die Idee des Grünen Bandes stecken. Entscheidend war es, dass der BUND das Grüne Band von seiner Geburtsstunde an vorangebracht hat und bis heute begleitet. Und wichtig bleibt es, dass Vereine wie der Harzklub den landschaftlichen Reiz und die historische Bedeutung des Grünen Bandes sowohl Einheimischen als auch Besuchern nahe bringen. Dies ist auch das erklärte Ziel dieses Buches und wir freuen uns, Mitherausgeber sein zu dürfen. Wir hoffen, dass wir mit Ihnen, liebe Leserinnen und Leser, zahlreiche neue Anhänger der Idee des Grünen Bandes gewinnen.

Dipl. Ing. Beate Schrader, Vorstandsmitglied und Leiterin der Geschäftsstelle

Vorwort der Stiftung Umwelt, Natur- und Klimaschutz Sachsen-Anhalt

Peter Oleikiewitz

Im Frühjahr 2011 erfolgte die Übertragung von Flächen des Grünen Bandes und des Nationalen Naturerbes durch die Bundesrepublik an das Land Sachsen-Anhalt. Zeitgleich wurden davon 1.690 ha des Grünen Bandes und 1.860 ha des Nationalen Naturerbes auf der Grundlage eines entsprechenden Landtagsbeschlusses kostenlos an die Stiftung Umwelt, Natur- und Klimaschutz des Landes Sachsen-Anhalt übergeben.

Für die Stiftung erweitert sich mit der Übernahme der Flächen in ihr Eigentum das bisherige Tätigkeitsspektrum wesentlich. Die Verwaltung, Entwicklung und naturschutzfachliche Aufwertung bzw. dauerhafte Sicherung der zu großen Teilen wertvollen Biotope ist nicht nur eine anspruchsvolle, sondern mehr als 20 Jahre nach der deutschen Wiedervereinigung auch eine ehrenvolle Aufgabe.

Insbesondere beim Grünen Band geht es ja um nicht mehr und nicht weniger als um ein Gebiet, das mit seinen menschenverachtenden Grenzanlagen ein Sinnbild für Verfolgung und Unterdrückung eines ganzen Volkes war. Die Tatsache, dass sich gerade in diesem Gebiet wertvolle Flora- und Fauna-Standorte entwickeln konnten, macht es umso wichtiger, das Grüne Band als Mahnmal der deutschen Teilung zu erhalten.

Uns ist bewusst, dass die Realisierung dieser Aufgabe nur gelingt, wenn wir alle in ein Boot holen - gegenwärtige Nutzer, die Landesverwaltung, Landesgesellschaften, Gemeinden, Naturschutzverbände und interessierte BürgerInnen. Somit ist es auch Intention des Buches, die Verantwortlichen zu motivieren, in gemeinsamer Anstrengung dieser vielfältigen Aufgabe gerecht zu werden und das Grüne Band für die nachfolgenden Generationen zu erhalten.

Peter Oleikiewitz, Vorstandsvorsitzender

Vorwort des Harzklubs

Anette Drache

Der Harzklub e.V. ist als Heimat-, Wander- und Naturschutzbund mit seinen 92 Zweigvereinen und 14.000 Mitgliedern fast flächendeckend im Harz vertreten. Sein besonderes Augenmerk gilt der Erstellung, Unterhaltung und Markierung von Wanderwegen. Unmittelbar nach der Grenzöffnung 1989 hat der Verein die Wanderwege des Ost- und Westharzes unter Berücksichtigung der Naturschutzbelange miteinander verknüpft und beschildert. Bereits im April 1990 erschien die erste länderübergreifende offizielle Wanderkarte des Harzklubs „Wandern im Mittleren Harz". Im Jahr 2006 wurde der „Harzer Grenzweg" ausgewiesen, um Natur und Geschichte am ehemaligen Grenzstreifen erlebbar zu machen. Für den Harzklub war es selbstverständlich, dass dabei sensible Lebensräume unberührt blieben.

Im Modellprojekt „Erlebnis Grünes Band Harz" des Bundesamtes für Naturschutz war der Harzklub ein wichtiger Partner. Der Grenzweg, der das Grüne Band für Wanderer erschließt, wurde in das nördliche und südliche Harzvorland verlängert und mit dem Grüne-Band-Logo markiert. Darüber hinaus hat der Harzklub mit zahlreichen Pflegemaßnahmen dazu beigetragen, die Biotopvielfalt am Harzer Grenzweg zu erhalten. Schließlich wurden Wanderführer speziell geschult und Informationstafeln aufgestellt. Im vorliegenden Buch von Dr. Reiner Cornelius bildet der Harzer Grenzweg das Rückgrat. Wir unterstützen die Bewerbung dieses Buchs, weil man sich eine bessere Reklame für das Grüne Band Harz, seine wertvolle Natur und die Wanderwege nicht wünschen kann.

Anette Drache, Geschäftsführerin

Einleitung

Über vier Jahrzehnte waren der Harz und sein Vorland geteilt. Vom Kloster Walkenried über Benneckenstein, Schierke und Stapelburg bis nach Osterwieck am Nordrand des alten Harzgaus zogen sich die Sperranlagen der innerdeutschen Grenze. Hinter dem Grenzstreifen hatte die DDR eine einen halben bis einen Kilometer breite „Schutzzone" eingerichtet, in der sich nur Grenzsoldaten und - unter Bewachung - einige Berechtigte aufhalten durften. Zudem existierte ein fünf Kilometer breites Sperrgebiet, in das nur Anwohner mit einem grünen Stempel im Pass ein- und ausreisen durften. Mitten durch den Harz verlief so ein von beiden Seiten unzugänglicher Korridor, in den zahlreiche naturkundliche Attraktionen gefallen waren. Als die Grenze fiel, kam eine Reihe wertvoller Biotope zum Vorschein: die Steppenhügel bei Osterwieck, die wilde Oker bei Wülperode, die Bergwälder und Moore des Brockens, die Waldwiesen bei Benneckenstein und vieles mehr. Doch damit nicht genug. Der ehemalige Grenzstreifen, den die DDR-Grenztruppen weitgehend vegetationsfrei gehalten hatten, begann sich zu begrünen. Birkenwäldchen, Fichten, Gras- und Staudenfluren etablierten sich und der Todesstreifen entwickelte sich zu einem „Grünen Band", das heute die ehemaligen „Grenzbiotope" verbindet.

Der Harzer Grenzweg

„Die Natur an der ehemaligen Grenze muss geschützt werden, und zwar ohne den Menschen auszuschließen", forderte der Bund für Umwelt und Naturschutz (BUND) und fand mit diesem Ansinnen Unterstützung beim Harzklub und engagierten Bürgern in Ost und West. Darüber hinaus war man sich einig, dass das Grüne Band als nationales Denkmal an die Teilung mahnen sollte. Bemerkenswert ist, dass es hierzu keinerlei Bemühungen von Seiten staatlicher Organe bedurfte. Unter den Brockenaktivisten, die am 3. Dezember 1989 mit dem Slogan „Freie Bürger - freier Brokken" die Öffnung des militäri-

Brockenmauer, Blick zum Torfhaus - Abbau des Grenzzauns bei Vienenburg

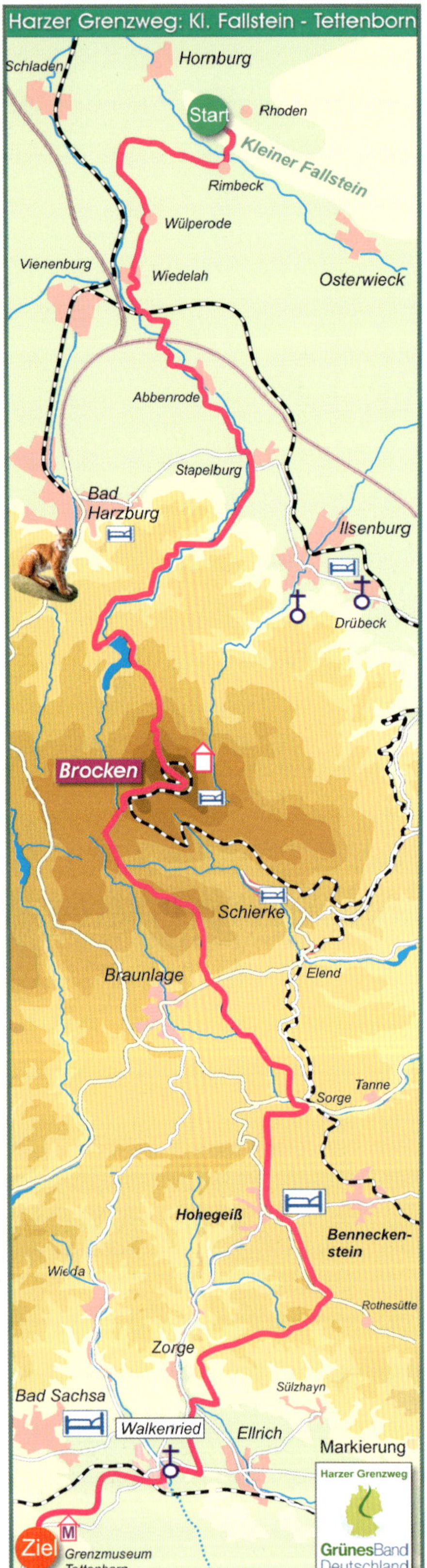

schen Sperrgebiets auf Norddeutschlands höchstem Gipfel erzwungen hatten, war auch ein gewisser Benno Schmidt aus Wernigerode, besser bekannt als „Brocken-Benno". Seine Idee, neben dem ehemaligen Mauertor am Brocken einen Gedenkstein zu errichten, wurde 1994 mit Hilfe des Harzklubs verwirklicht. Und Benno Schmidt, der durch nahezu tägliche Besteigung des Brockens zum Rekordwanderer geworden war - mit Eintragung ins Guiness-Buch der Rekorde - ergriff erneut die Initiative. Beharrlich setzte er sich für die Schaffung eines Harzer Grenzwanderwegs ein. Im Jahre 2006 war es so weit. Der Harzklub hatte, mit Unterstützung des Nationalparks, einen 65 Kilometer langen Wanderweg geschaffen, der immer entlang der ehemaligen Grenze verläuft, durch das Eckertal und über den Brocken bis nach Walkenried. Der mit einem grünen „G" markierte Weg hält die Erinnerung an den Eisernen Vorhang wach und er erschließt den ehemaligen Grenzbereich auf naturverträgliche Weise.

Inzwischen wurde der Harzer Grenzweg im Zuge eines vom Bundesamt für Naturschutz finanzierten Grünen-Band-Modellprojektes vom Harzklub auf 91 Kilometer verlängert. Der Grenzweg verläuft nun auch durch das geschichtlich eng mit dem Harzgebirge verbundene nördliche und südliche Harzvorland. Start ist der ehemalige Rhodener Grenzwachturm auf dem Kamm des Kleinen Fallstein zwischen Hornburg und Osterwieck. Ziel ist das Grenzmuseum Tettenborn in mitten der Karstlandschaft des Südharzes bei Bad Sachsa. Für den Harzklub ist der Harzer Grenzweg (Wanderrichtung: Nord-Süd) neben dem Harzer Hexenstieg (Wanderrichtung: West-Ost) ein Haupt-Fernwanderweg. Entsprechend intensiv hat sich der Harzklub um die Markierung des Grenzweges gekümmert. 650 Schilder wurden entlang des Grenzweges aufgestellt. 1000 Wegemarken wurden angebracht. Dazu kommen 200 Wegeschilder für Zuwegungen und 22 Info-Tafeln. Schließlich wurde der Harzer Grenzweg neu markiert. Das grüne „G" wurde durch das Grüne-Band-Emblem ersetzt. Im Bereich des Nationalparks erscheint das grüne „G" als zusätzliches Markierungselement.

Der Grüne-Band-Fernwanderweg

Der Harzer Grenzweg ist zugleich das nördliche Teilstück des über 800 Kilometer langen Grünen-Band-Fernwanderweges, der vom Nordrand des Harzes bis zur Grenze Tschechiens führt. Der Fernwanderweg folgt dabei der Nahtstelle, an der Deutschland „Ost" und Deutschland „West" zusammenwachsen. Er steht damit für die „wilde Mitte" Deutschlands und für die Entwicklung wahrhaft blühender Landschaften. Als Autor des vorliegenden Bandes bin ich den Harzer Grenzweg und den Grünen-Band-Fernwanderweg in Gänze abgewandert. Zahlreiche

Jahrestreffen des Harzklubs am Denkmal „Brocken wieder frei"

Streckenabschnitte habe ich mehrfach erkundet. Auf diesen „Grenztouren" bin ich auf eine unerwartet reiche und vielfältige Natur gestoßen und auf ein Kulturerbe, das mit jedem neuen Landstrich sein Gesicht wechselt. Die Häuser und Kirchen, die Küche, die Mundart und die Geschichten, die man mir erzählte: All dies stellte sich von Tag zu Tag, von Etappe zu Etappe anders dar. Meine Erlebnisse und Erfahrungen, die ich dabei gesammelt habe, sind in der Buchreihe „Vom Todesstreifen zur Lebenslinie" dargestellt und für Wanderer aufbereitet.

Für den Fernwanderer ist die Harztour in Tettenborn noch nicht abgeschlossen, denn das Grüne Band zieht sich noch ca. 25 Kilometer am Südrand des Harzes entlang, bis kurz vor Pöhlde, bei Herzberg. In der Nähe von Pöhlde liegt die Rhumequelle, die größte Karstquelle nördlich der schwäbischen Alb. Eine Wegstunde von der berühmten Karstquelle entfernt, zwischen den Orten Silkerode und Zwinge, wechseln das Grüne Band und der Grüne-

Nach der Grenzöffnung, Wandern auf dem Kolonnenweg zwischen Wurmberg und Brocken

Band-Fernwanderweg hinüber ins Eichsfeld, wo es weiter Richtung Werrabergland geht. Doch das ist eine andere Etappe, über die im Band 4 der Buchreihe „Vom Todesstreifen zur Lebenslinie" berichtet wird.

Rundtouren rechts und links vom Harzer Grenzweg

Fernwanderwege sind etwas für passionierte und besonders ausdauernde Wanderer. Natur und Kultur am Grünen Band zu erleben, darf aber nicht einer „Elite" vorbehalten bleiben. Daher wurden für das Harzbuch und alle anderen Bücher der Grünen-Band-Buchreihe auch Rundtouren für „Otto Normal-Wanderer" ausgearbeitet. Diese Touren stehen in enger Beziehung zum ehemaligen Grenzstreifen und dem ehemaligen Fünf-Kilometer-Grenzsperrgebiet. Natürlich berücksichtigen die Wandervorschläge auch den niedersächsischen Teil des Harzes, denn infolge der abgeschiedenen Lage haben sich auch in den ehemaligen „Zonenrandgebieten" vielerorts Naturrefugien entwikkelt, die unter Schutz gestellt wurden. Das Grüne Band wird so beiderseits der ehemaligen Grenze durch interessante Naturschutzgebiete flankiert.

Nationalpark und Waldwildnis

Das größte und wichtigste unter diesen Schutzgebieten ist der Nationalpark Harz, der aus einem niedersächsischen und einem anhaltinischen Parkteil zu einer Einheit zusammengewachsen ist. „Natur Natur sein lassen", das ist die Handlungsrichtschnur des Nationalparks. Und so entsteht auf beiden Seiten des Grünen Bandes auf 250 Quadratkilometern anstelle der ehemaligen Wirtschaftswälder nach und nach eine Bergwildnis. Wie und in welchen Zeiträumen sich dieser Wandel vollziehen wird, erfahren wir aus erster Hand auf einer Exklusiv-Wanderung mit Andreas Pusch, dem Leiter des Nationalparks. Ein weiterer spektakulärer Schritt in Richtung Wildnis war die Wiedereinbürgerung des Luchses, von dem vor knapp 200 Jahren im Harz das letzte Exemplar erlegt worden war. Ole Anders, der „Vater" der Harzer Luchse, demonstriert uns am Luchsschaugehege Rabenklippe das Verhalten seiner Zöglinge und steht Rede und Antwort zu kritischen Fragen.

Nicht nur im Nationalpark, auch in den umliegenden „Grenzforsten" tut sich etwas. Herr Thiery und Herr Kelka von der niedersächsischen Landesforstverwaltung führen uns in die Laubwaldbestände am südlichen Gebirgsrand, dem besten Wildkatzenrevier des Harzes. Hier, in unmittelbarer Nähe des Grünen Bandes, wurden große Reservate ausgewiesen, in denen keinerlei Nutzung mehr stattfindet.

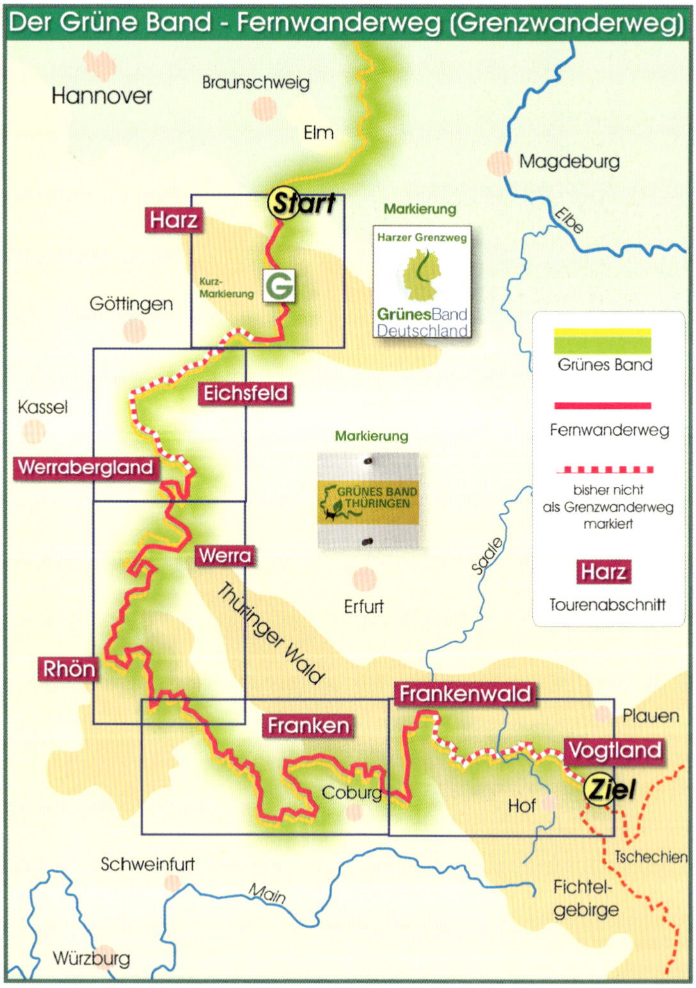

Luchs im Nationalpark Harz (Gehege Rabenklippen)

Bergwiesen, Steppenhügel und Harzer Ziegen

Bei der Erkundung des Grünen Bandes trifft man nicht nur auf Wald und Wildwuchs. Im Harz sorgen Lichtungen und Waldwiesen für Abwechslung und Artenvielfalt. Bis ins Mittelalter wurden Waldlichtungen durch Wisente, Auerochsen und Wildpferde offen gehalten. Die heutigen Bergwiesen sind dagegen ein Produkt des Menschen und der Viehweide. Als die Viehhaltung und der Bedarf an Heu zurückgingen, wurden im Harz viele Wiesen aufgegeben. Hochwüchsige Gräser und aufkommendes Gehölz machten den Blumen den Lebensraum streitig.

Lange Zeit sah es so aus, als ob die Vielfalt der Harzer Bergwiesen bald der Vergangenheit angehören sollte. Doch seitdem die Touristikmanager den Wert bunt blühender Freiflächen für den Fremdenverkehr erkannten, kümmern sich Bergorte wie Hohegeiß, Benneckenstein und Sorge wieder um ihre Wiesen, sodass Arnika, Storchschnabel und Trollblumen wieder um die Wette blühen.

Besonders blumenreich ist das Grüne Band in der Karstlandschaft des Südharzes und auf den Hügelketten des Fallsteins. Während man auf Karsthängen Pflanzen aus der Mittelmeerregion und den Alpen findet, zeigen die Hügel im Norden mit Steppengräsern und Steppenblumen Anklänge an Südrussland. Inzwischen reihen sich am Grünen Band Schutzgebiete für Orchideen, Adonisröschen, Federgras und Enziane. Schafe, Harzer Ziegen und das Harzer Rotvieh haben hier wieder eine Aufgabe und damit ein Lebensrecht erhalten. Rinder- und Ziegenhalter produzieren gesunde Lebensmittel wie Milch, Käse, Fleisch und Wurst, die sie direkt und originell vermarkten und damit zu einer Wiederbelebung des Brauchtums beitragen. Einige Direktvermarkter wie die Ziegenalm im thüringischen Südharz haben sich zu einem Standbein

Arnika

des sanften Tourismus entwickelt. Es versteht sich von selbst, dass wir der Ziegenalm und den Harzschäfern einen Besuch abstatten.

Drei Landschaften, eine Einheit

Folgt man dem Harzer Grenzweg und den im Buch vorgeschlagenen Touren, so lernt man nicht nur die ehemalige Grenzregion kennen, man avanciert zugleich zu einem Kenner der Harznatur, denn das Grüne Band erschließt das Gebirge und sein Umland in einem nahezu idealen Querschnitt. Der Harz wird am Brocken überquert, dem mit 1142 Meter höchsten Berg Norddeutschlands, wobei man vom Flachland bis zur Baumgrenze alle nur denkbaren Höhenstufen der Vegetation durchsteigt. Auf den Hochflächen ist das Klima rau und der Boden steinig und unfruchtbar. Das nördliche Harzvorland mit seinen Fachwerkstädten und ländlichen Orten könnte kontrastreicher kaum sein. Über das flachwellige Hügelland hat der Wind während der Eiszeit eine Schicht aus fruchtbarem Löß abgelagert; hier liegt die Wiege des deutschen Akkerbaus. Und da das Klima warm und trocken ist, haben sich im Schlepptau des Menschen sogar Steppenpflanzen angesiedelt. Der Südrand des Harzes stellt sich völlig anders dar. Hier war die Lößfracht nicht so ergiebig. Zudem ist das Land von Gips- und Dolomitfelsen durchzogen. Da Gips leicht löslich ist, hat sich eine Karstlandschaft mit Klippen, Höhlen und Erdfällen gebildet. An anderer Stelle sprudeln ergiebige Karstquellen.

So unterschiedlich die drei Landschaften sein mögen, sie bilden doch eine Einheit. Von Osterwieck über Ellrich bis Pöhlde: All dies zählt zum Harz, und das schon seit dem Mittelalter. Im Jahre 919, nach der Wahl des Sachsenherzogs Heinrich zum ersten deutschen König, entwickelte sich der Harz zu einem Mittelpunkt des Deutschen Reichs. Rund um das Gebirge entstanden Pfalzen, Königsburgen, Klöster, Städte und Dörfer. Auch Heinrichs Nachfolger machten den Harz zu ihrem Lieblingsaufenthaltsort. Hier konzentrierte sich das Königsgut, das die Macht der Herrscher begründete. Über 200 Jahre gingen vom Harz die Impulse für die deutsche Politik aus und – da die Könige auch Kaiser waren – auch für das Geschehen in Europa. In dieser Zeit haben sich der Harz und sein Umland als Einheit herausgebildet und diese Einheit ist über die Jahrhunderte nie in Frage gestellt worden. Aus diesem Grund war die deutsche Teilung im Harz besonders schmerzhaft und darum wachsen hier Ost und West

Harzer Ziege

Kreuzgang im Kloster Walkenried

schneller wieder zusammen als anderswo. Beide Seiten haben gemeinsame Ziele und so entsteht hier auf der Basis von Traditionen viel Neues.

Klöster, Fachwerk und Museen

Am Grünen Band wird also nicht nur Naturerlebnis geboten, man erfährt auch viel über Geschichte und Kultur des Harzes. Beiderseits des ehemaligen Grenzstreifens liegen ungemein interessante Orte wie Wernigerode, Hermann Löns' „bunte Stadt am Harz", das über 300 Jahre zweigeteilte Benneckenstein oder der Sanatoriumsort Sülzhayn, der einst als das Davos des Harzes bezeichnet wurde. Da ist die ehemalige Grenzstadt Hornburg, die mit der anhaltinischen Nachbarstadt Osterwieck im Wettstreit um das schönste Fachwerk steht, oder Walkenried, das mit seiner eindrucksvollen Ruine der Klosterkirche und einem avantgardistischen Klostermuseum aufwartet. Nicht zu vergessen die Dichterstätte Sarah Kirsch in dem thüringischen Dorf Limlingerode. Das vorliegende Buch stellt die interessantesten Orte und Sehenswürdigkeiten am Harzer Grünen Band in Wort, Bild und Karte dar und gibt jede Menge Tipps zur Entdekkung auf eigene Faust. Man trifft auf die Zeugnisse der großen Zeit der Könige und Kaiser, lernt das Leben der Mönche und Bergleute kennen, erfährt etwas über die deutsche Kleinstaaterei und trifft auf Spuren des Dritten Reichs und der Teilung Deutschlands. Die Reise entlang der ehemaligen Grenze wird damit zugleich zu einer spannenden Fahrt zu Stationen der deutschen Geschichte.

Zum Charakter der Touren und Wege

Bei der Auswahl der Rundtouren stand der Erlebniswert im Vordergrund. Leistung und andere sportliche Kriterien spielten eine untergeordnete Rolle, die vorgeschlagenen Routen entsprechen der Kondition und Ausdauer eines

Asphaltierter Wirtschaftsweg

Befestigter Feld- oder Forstweg

Lochbetonplattenweg (Kolonnenweg)

Unbefestigter Weg, Grasweg

Naturbelassener Pfad

Über Stock und Stein

durchschnittlich trainierten Erwachsenen und sind in einem halben oder einem ganzen Tages problemlos zu bewältigen. Die Wanderzeiten im Vorspann stellen Gehzeiten dar, Pausen, Naturbetrachtungen und Zeit für Besichtigungen sind zusätzlich einzuplanen. Zu jeder Tour wurde eine Übersichtskarte gezeichnet, die jedoch nicht die topographischen Wanderkarten ersetzen kann.

Der Wegecharakter wurde in folgende Kategorien unterteilt:
- asphaltierter Wirtschaftsweg, Straßen
- befestigter Feld- oder Forstweg
- Lochbetonplattenweg (Kolonnenweg)
- Unbefestigter Weg, Grasweg
- Naturbelassener Pfad
- Über Stock und Stein

Der Harzer Grenzweg und die Harzer Wandernadel

Bevor es auf die Harzreise geht, noch ein Tipp für passionierte Wanderer und für jene, die es werden wollen. Es geht um das Projekt „Harzer Wandernadel". An 222 Plätzen befinden sich im Harz Stempelstellen. Die Stempel sind in kleinen Holzkästen untergebracht und die wiederum stehen in Wanderhütten, in der Nähe von Naturdenkmalen oder historischen Plätzen, und zwar immer direkt an einem markierten Wanderweg. Wer stempeln gehen will, besorgt sich den Harzer Wanderpass und ein weg- bzw. themenbezogenes Begleitheft, worin Stellen für die Stempel vorgesehen sind. Das Begleitheft für den Harzer Grenzweg beschreibt 20 Stempelstellen. Hat man diese Stempel in den Pass bzw. das Begleitheft eingetragen, so ist man berechtigt, die Harzer-Grenzweg-Wandernadel zu erwerben. Das Heft und den Pass erhält man gegen eine Schutzgebühr von 2,- Euro in Harzer Tourismus- und Kureinrichtungen und in einem Onlineshop unter www.harzer-wandernadel.de. Dort gibt es auch die Wandernadeln. Die Harzer-Grenzweg-Wandernadel kostet 3,50 €

Also:
1. Wanderpass und Begleitheft besorgen
2. Beim Wandern Stempel sammeln
3. Wandernadel besorgen und anstecken

Die Stempelstellen des Harzer Grenzwegs liegen teils direkt am Grenzweg, teils an Wanderwegen, die in enger Beziehung zum Grenzweg stehen. Die Lage der Stempelstellen ist im Begleitheft und unter www.harzer-wandernadel.de dargestellt. Im vorliegenden Buch werden die Stempelstellen bei den Tourenbeschreibungen verortet.

Wanderkarten:

Karte Harzer Grenzweg im Maßstab 1:30 000 vom Schmidt Buch Verlag. An den Harzer Grenzweg schließt sich im Südharz der Grüne Band Fernwanderweg an, der in Richtung Phölde auf weiter Strecke dem Karstwanderweg folgt. Siehe dazu die Karten unter
www.Karstwanderweg.de.
Zudem gibt es ein Karstwanderweg-Kartenwerk in Form eines Leporellos, Maßstab 1:33 000, von der Kartographischen Kommunalen Verlagsgesellschaft Nordhausen.

Helfen Sie mit, das Grüne Band zu sichern!

Die einzigartige Natur entlang der ehemaligen innerdeutschen Grenze ist gefährdet. Auf 1.393 Kilometer Länge leben im Grünen Band über eintausend bedrohte Tier- und Pflanzenarten. Fischotter, Braunkehlchen und Lungenenzian gehören dazu. Doch Bewirtschaftung und Bebauung drohen den für Mitteleuropa einmaligen Lebensraumverbund zu zerstören. Wir tun etwas dagegen!

Mit Ihrer Spende erwerben wir wertvolle Flächen, üben Druck auf die Politik aus und setzen wichtige Naturschutzmaßnahmen um. Wir tun alles, um möglichst das gesamte Gebiet zu sichern.

Werden Sie symbolischer Anteilseigner oder machen Sie mit einem Anteilsschein lieben Menschen eine Freude!

Als Anteilseigner laden wir Sie und die Beschenkte(n) zu Exkursionen am Grünen Band ein. Dort können Sie persönlich den Einsatz Ihrer Spende in Augenschein nehmen. In unserer Spenderzeitung, dem „Aktionärs-Brief", informieren wir Sie regelmäßig über unsere Arbeit und Erfolge.

Bitte spenden Sie 65 Euro pro Anteilschein auf das Konto 232 der Sparkasse Köln Bonn, BLZ 370 501 98, Stichwort „Grünes Band" und vergessen Sie nicht uns Ihre Adresse zuzuschicken. Sie erreichen uns:

Online: www.dasgrueneband.info, Email: dasgrueneband@bund.net,

per Post: BUND für Umwelt und Naturschutz Deutschland e.V. - Das Grüne Band,
Sabine Kühns, Am Köllnischen Park 1, 10179 Berlin,
Tel: 030 / 275 86 424, Fax: 030 / 275 86 440,

Vielen Dank für Ihre Mithilfe!

Durchs nördliche Harzvorland

Gründes Band am Kleinen Fallstein

Von Hornburg nach Osterwieck

Zitronenfalter

Im filigranen Schatten der Birken und an den Nordhängen hält sich noch der Reif. Doch dort, wo die Frühlingssonne scheint, hat Väterchen Frost keine Chance mehr. Ich bin an der Stelle, wo der Harzer Grenzweg vom Kammweg des Kleinen Fallsteins abbiegt und Kurs auf den Harz nimmt. Heidekraut und Gras sind so trocken, dass ich es wage, mich auf den Boden zu setzen. Lerchen singen. Die ersten Veilchen blühen. Ein Zitronenfalter lässt sich in meiner Nähe nieder. Ich genieße die wärmenden Strahlen der Märzsonne. Die Felder und Dörfer des Harzvorlandes liegen noch im Morgendunst. Auch der am Horizont aufragende Gebirgszug ist nur schemenhaft zu erkennen. Doch ein Berg ragt deutlich hervor, so hoch und ebenmäßig, dass er von Weitem den Blick magisch auf sich zieht: der Brocken. Mit bloßem Auge kann ich den Fernsehmast und das Brokkenhotel erkennen und als ich das Glas zu Hilfe nehme, sehe ich, wie die Brockenbahn ihre Runde um den Gipfel zieht. 30 Kilometer Luftlinie sind es von meinen Ausguck bis auf den höchsten Gipfel des Harzes, und das bei einem Höhenunterschied von knapp tausend Metern.

Drei Tage würde ich brauchen, um vom Fallstein auf den Gipfel des Brockens zu gelangen. Doch ich müsste die Skier mitnehmen, denn auf dem höchsten Berg Norddeutschlands ist noch Winter. Also verschiebe ich die Brockenbesteigung und damit auch die geplante Harzquerung. Es kommt nicht auf den Tag an; für meine Wanderung entlang der ehemaligen innerdeutschen Grenze habe ich mir kein zeitliches Limit gesetzt. Ich kann heute also in aller Ruhe den Kleinen Fallstein und das anhaltische Fachwerkstädtchen Osterwieck erkunden. Bereits im niedersächsischen Städtchen Hornburg habe ich mich auf Fachwerk eingestimmt:

Harzer Grenzweg auf dem Kleinen Fallstein

Veilchen

Stippvisite in Hornburg

Hildesheim, Hannover und Braunschweig, einst Städte mit ungeheuer reichem Fachwerk, waren während der Bombennächte des Zweiten Weltkrieges in Schutt und Asche versunken. Das kleine Hornburg und die nur wenig größere Nachbarstadt Osterwieck blieben dagegen verschont, sodass sich hier das niederdeutsche Fachwerk erhalten konnte. In beiden Städten steht heute die Altstadt unter Denkmalschutz. Es lohnt sich daher, vor dem Aufstieg zum Fallstein eine Runde durch die Altstadt von Hornburg zu drehen. In der Schlossbergstraße (1) und am benachbarten Marktplatz (2) stehen dicht an dicht mehrgeschossige Fachwerkhäuser, die meisten mit bunten Fächerrosetten oder Blendarkaden geschmückt. Vom Marktplatz ist es nur einen Katzensprung zur 1616 erbauten Marienkirche. Und obwohl der Name Marienkirche recht katholisch klingt, war sie der erste protestantische Kirchenbau der Braunschweigischen Landeskirche (3). Hinter der Kirche, in der Wasserstraße, steht das „Neidhammelhaus", das Prachtstück der Hornburger Fachwerkkunst. Zwischen zahlreichen bunten Fächerrosetten und Ornamenten entdecke ich geschnitzte Figuren, von denen eine, der Neidhammel, frech seine Zunge herausstreckt (4).

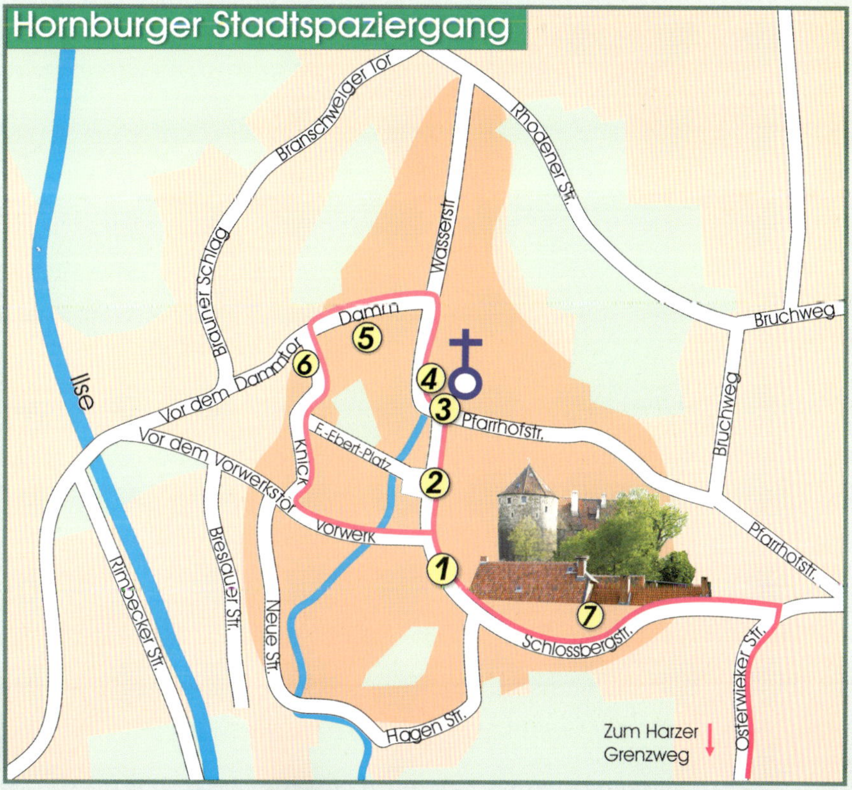

Stadtwappen (das Horn) und Fächerrosetten an einem Haus am Marktplatz

Der Neidhammel in der Wasserstraße

Steinernes Stadtwappen am Dammtor

Der Reigen der Fachwerkhäuser zieht sich durch die gesamte Wasserstraße. Biegt man an der nächsten Straße, der Dammtorstraße, links ab, trifft man auf das zweite „Highlight" des Hornburger Fachwerks, den Hopfenspeicher (5). Das Haus stammt aus dem Jahr 1672, einer Zeit, als im Harzvorland Anbau und Handel mit Hopfen blühten. Auch das gegenüberliegende Haus, das sich mit geschnitzten Flechtbändern und rankenden Rosen schmückt, ist ein Glanzlicht. Ein paar Schritte weiter, am Dammtor, stößt man auf eine bemerkenswerte Darstellung des Hornburger Stadtwappens (6). Sie stammt aus dem 16. Jahrhundert und zeigt ein in Stein gehauenes nacktes Paar, das vor einem überdimensionalen Horn steht und sich mit Bierkrügen zuprostet.

Über den „Knick" und den Friedrich-Ebert-Platz gelangt man zurück zur Schlossbergstraße, die - wie könnte es anders sein - zum Schloss oder - wie die Hornburger sagen - zur Burg hinauf führt (7). Die auf einem Hügel thronende Anlage war im Mittelalter und während des Dreißigjährigen Krieges heiß umkämpft. Mit dem Westfälischen Frieden (1648) fiel die Hornburg an die Preußen (damals Kurbrandenburg), welche die Burg zur Staatsdomäne ausbauten. Burg und Domäne sind inzwischen privat und nicht zugänglich. Nur ein scheuer Blick in den großen Hof der Domäne ist möglich. Dann geht es durch das Halberstädter Tor aus dem Ort hinaus.

An der ehemaligen innerdeutschen Grenze

Mit einer Höhe von 190 Metern ist der Kleine Fallstein wahrhaft kein Gebirge. Doch immerhin: Vom Hornburger Stadtrand muss man mehr als 50 Höhenmeter überwinden, um den Kamm des Höhenzugs zu erreichen. Während ich dort hinauf steige, muss ich an die armen Sünder denken, die hier mit gesenktem Haupt empor getrottet sind. Der Wanderweg führt über den Hornburger Galgenberg. Wie viele unschuldig Verurteilte mögen hier den Tod gefunden haben?

Hinter einem Streifen junger Birken stoße ich unvermittelt auf einen Metallgitterzaun. Ich stehe an der Grenze zur ehemaligen DDR. Der Zaun ist ein Fragment, ein kurzes Stück, das man als Mahnmal stehen gelassen hat. Dennoch gibt es einen Durchlass, ein Tor zum ehemaligen „Osten". Hinter dem „Tor" führt der Wanderweg über den „Todesstreifen", den die DDR-Grenzsoldaten fein säuberlich geeggt hatten. So konnte niemand die Grenze queren, ohne Spuren zu hinterlassen. Nach dem Fall der Grenze haben sich dort Gräser, Blumen und Gebüsch ausgebreitet. Ab und an weiden hier Schafe. Der begrünte Todesstreifen ist heute das Rückgrat des Grünen Bandes, des 1393 Kilometer langen Biotopverbundes, der sich von der Ostsee bis an die Grenze Tschechiens zieht.

Angst vor Minen habe ich beim Queren des ehemaligen Kontrollstreifens nicht. Zum einen ist die innerdeutsche Grenze intensiv von Minenräumkommandos durchkämmt worden, zum anderen überquert man den „Todesstreifen" hier auf einem offiziellen Wanderweg. Weglos würde ich auf dem Grünen Band jedoch nicht spazieren gehen. Erst im Herbst 2010 hat man an der Grenze zwischen Thüringen und Bayern wieder eine Mine entdeckt. Sie war bereits zu DDR-Zeiten von einem Steilhang herunter gekullert und damit den Minenräumkommandos „entwischt". Ich bin auf meinen Wanderungen daher immer auf den Wegen geblieben, Kolonnenweg inklusive. Bis auf die Gefahr, auf kippelnden Beton-

Grenzzaunrelikte am Kleinen Fallstein

platten umzuknicken oder in einem der scharfkantigen Löcher des Lochbetons hängen zu bleiben, ist man auf diesen Wegen sicher.

Ein Abstecher über das Grüne Band

Auch am Fallstein nutze ich den Kolonnenweg, um den begrünten Grenzstreifen zu erkunden. Ich wende mich zunächst nach Norden, jedoch endet das Grüne Band nach gerade einmal hundert Metern. Keine Blumen mehr, keine Sträucher, keine Birken. Stattdessen erstrecken sich Raps- und Getreidefelder bis zum Horizont und geben den Blick frei auf das ehemalige Grenzdorf Rhoden. Ich lasse mich nicht entmutigen und starte zu einer Erkundung in die entgegengesetzte Richtung. Über einen halben Kilometer wandere ich durch Birkenwäldchen und Gesträuch. Dann wendet sich der Plattenweg im rechten Winkel nach links, es wird steiler und ich kann hinunter auf die Straße Hornburg - Osterwieck schauen. Am Südhang steht es besser um die Grenznatur. Eine Heckenlandschaft mit Wiesen, einzelnen Bäumen und von Lianen (Clematis) überwuchertem Gesträuch breitet sich vor mir aus: das Grüne Band, wie es leibt und lebt. Ich erfreue mich am Gesang der Heckenvögel und denke, wie schön es hier im Sommer sein muss.

Plötzlich ertönt Motorengeräusch. Ein Geländewagen kommt über den Plattenweg heraufgefahren. Der Wagen hält an und ein Mittfünfziger in Gummistiefeln steigt aus. Der Mann erzählt, er sei Landwirt unten aus Rimbeck, dem ehemaligen Grenzdorf. Er wolle nach den Zäunen seiner Pferdekoppel schauen. Sobald das Gras wieder wachse, wolle er die Pferde heraufbringen. Im Tal gebe es ja keine Wiesen mehr. Dafür sei das fruchtbare Land dort unten auch viel zu schade. Deshalb habe man alles umgeackert. „Und dabei hat auch das Grüne Band dran glauben müssen", füge ich hinzu, „ausgerechnet in der ausgeräumten Bördelandschaft. Gerade dort wäre ein Biotopverbund doch dringend notwendig. Bis hinauf zum Harz finden Wildtiere doch keinen Unterschlupf".

Also, das mit dem Grünen Band, das sei eine gute Sache, bekomme ich zur Antwort. Da stehe er dahinter. Seine Pferde zum Beispiel hielten hier oben, direkt neben dem Grenzstreifen, die Wiesen offen. Das sei gut für die Blumen und die Vogelwelt und auch für ihn, denn er bekomme dafür vom Land Pflegegelder. Aber ein Grünes Band durch das fruchtbare Ackerland, das gehe nicht an. Man solle lieber den ganzen steinigen Hang des Fallsteins als Naturschutzgebiet ausweisen, das wäre doch viel sinnvoller, als den Bauern ihren wertvollen Boden wegzunehmen. Tja, so unterschiedlich können die Interessen sein.

Ehem. Rhodener Grenzwachturm, Startpunkt des Harzer Grenzweges

Am Startpunkt des Harzer Grenzweges

Zurück auf den Kammweg. Auf einem Kolonnenwegzubringer geht es durch einen Wald aus jungen Birken. Dicht an dicht stehen die Stämme, ein Meer aus schwarz-weiß glänzender Rinde. Hier wurde nichts gepflanzt, hier ist alles Natur. Die Birken haben sich im Umkreis der ehemaligen Grenzsperranlagen von selbst angesamt. Ein paar hundert Meter weiter treffe ich auf einen Beobachtungsturm der Grenztruppen. Das mit braunrotem Klinker versehene Obergeschoss verleiht dem Turm ein ziviles Aussehen. Dazu tragen auch die Birken bei, die den Grenzturm inzwischen überragen. Am Turm entdecke ich die Markierung des Harzer Grenzwegs, ein Emblem des Grünen Bandes. Und wie es sich für den Beginn eines großen Weges ge-

Die Kaiserpfalz von Goslar

hört, kommt nun eine besonders lohnende Strecke: Wiesen mit alten Kirschbäumen, Birkenhaine, Kiefernwäldchen und Heide. Ständig bieten sich andere Bilder, ergeben sich neue Eindrücke und Ausblicke. Nirgends ein Zaun, keine Aufforstungen, keine Überlandleitung. Und obwohl alles so natürlich aussieht, gibt es keine Verbotsschilder oder Barrieren. Der Weg ist so schön, dass es keinen Grund gibt, davon abzuweichen.

Wenig später erreiche ich die Stelle, wo der Harzer Grenzweg nach Süden abbiegt. Ich lege eine Rast ein, erfreue mich an der guten Fernsicht auf den Brocken und beobachte, wie sich der Dunst über dem Harzvorland langsam auflöst. Mit jeder Minute treten die Randhöhen des Harzes deutlicher hervor. Wie eine Mauer ragt das Gebirge aus dem nördlichen Vorland hervor. Im Westen kann ich einen hohen Schornstein ausmachen. Er gehört zur Schladener Zuckerfabrik, die die Rüben der fruchtbaren Bördelandschaft verarbeitet.

Das Harzvorland, Wiege des deutschen Kaiserreichs

Schladen, die kleine Stadt an der Oker, hat nicht nur Süßes zu bieten. Nicht weit von der Zuckerfabrik, auf einer Terrasse über der Oker, hat man die lange gesuchte Kaiserpfalz Werla ausgegraben. Ihre Mauern waren in der Feldflur untergegangen und bei der Bevölkerung der umgebenden Orte in Vergessenheit geraten. Die einst bedeutende Pfalz diente als Aufenthaltsort für keinen Geringeren als Heinrich I., den ersten deutschen König (876-936). Auch die ottonischen Kaiser Otto I., II. und III. hielten Hof auf Werla. Kaiser Heinrich II. kam 1005 und Barbarossa 1180. Barbarossa leitete auf Werla die Ächtung des sächsischen Herzogs Heinrich des Löwen ein. Danach sank der Stern von Werla. Die Kaiser hielten sich immer öfter in Goslar auf. Goslar avancierte zur Lieblingspfalz, was sicherlich auch an den Silberfunden am Goslarer Rammelsberg lag.

Ob in Werla oder in Goslar, das Machtzentrum der deutschen Kaiser lag zu jener Zeit im Harzvorland. Und damit hatte die politische Führungsriege eine gute Wahl getroffen, denn nirgends waren die Voraussetzungen für eine funktionierende Wirtschaft, die die Taschen der Herrschaftshäuser füllte, so günstig. Das Harzvorland mit der fruchtbaren Bördelandschaft war eine einzige Getreidekammer. Der Harz lieferte das begehrte Silber sowie Kupfer, Eisen und weitere Erze. An den Gebirgsflüssen ließen sich Mühlen und Hammerwerke errichten. Und der Bergwald lieferte das für die Verhüttung der Erze notwendige Holz. Harz und Harzvorland waren eine wirtschaftliche Einheit. Der Harz, der für Karl den Großen noch im sächsischen Feindesland lag, entwickelte sich zur führenden Region innerhalb eines Reiches, das sich als Föderation von Herzogtümern verstand. Der Harz und sein Umland waren die Wiege Deutschlands. Umso unfassbarer war es, als sich 1945 plötzlich mitten durch dieses Land eine Grenze zog. Doch die Teilung war nicht mehr als eine geschichtliche Episode und nach der politischen Wiedervereinigung wuchs das geteilte Land rasch wieder zusammen.

Von meinem Ausguck kann ich den ehemaligen Grenzverlauf überblicken. Die Sonne hat die letzten Nebelbänke aufgelöst und eine weite Feldflur tritt zutage. Bis zum Harzrand reiht sich Acker an Acker. Ein Grünes Band, das andernorts den ehemaligen Grenzverlauf markiert, kann ich nicht erkennen. Es wurde im Eifer der Wiedervereinigung umgeakkert.

Doch halt! Wenn ich das Glas zu Hilfe nehme, kann ich im Westen einen breiten Streifen Naturland ausmachen, die Okeraue. Zwischen Vienenburg und Schladen war die Oker Grenzfluss. Dort hat sich das Grüne Band erhalten und - wie ich aus Luftbildern weiß - in einer eindrucksvollen Art und Weise. Der Harzer Grenzweg führt leider nicht durch die Aue, aber bei Wülperode kommt er ihr ganz nahe. Wenn ich auf der Grenzwegtour bin, werde ich von dort aus einen Abstecher zur Oker unternehmen. Jetzt geht es erst mal weiter Richtung Osterwieck. Und auf dieser Strecke warten drei Attraktionen, als Erstes der Steinbruch von Hoppenstedt.

Im Steinbruch

Eine große, tischebene Fläche, die schütter mit Gräsern und Sträuchern bewachsen ist, wird in einem weiten Halbkreis von steilen, teils senkrechten Felsen umstellt, die in den Farben Hellweiß bis kräftig Rotbraun leuchten. Zwei glatt abgehobelte 90-Grad-Wände mit einer um 30-45 Grad gekippten Schichtung stehen wie Monumente an den Flanken des großen Rundes. Ihre von Eisenoxid rot gefärbten Tonminerale verleihen den Wänden des Steinbruchs einen warmen, exotischen Akzent. Dazu die kargen Sträucher - unwillkürlich muss ich an die nordkenianische Savanne denken, wo ich als Biologe gearbeitet habe. Ganz andere Assoziationen habe ich, als ich auf die von Schotterbändern durchzogenen Wände im mittleren Teil des überdimensionalen „Amphitheaters" blicke. Die hellweißen, von einzelnen Sträuchern bewachsenen Kalkfelsen erinnern mich an Felsszenerien in Südfrankreich oder an eine Kulisse für einen Italo-Western.

Im Steinbruch von Hoppenstedt

Die Wände des Steinbruchs präsentieren einen Schnitt durch den ehemaligen Meeresboden, der vor ca. 85-65 Millionen Jahren, zur Zeit der großen Kreide-Sintflut, entstand. Daher auch die gleichmäßige Schichtung. Störungen im Aufbau der Erdkruste haben die Schichten kippen lassen. Pfade erschließen die Felsszenerie. Auf einer Infotafel wird der Aufbau der Schichten erklärt. - Der Hoppenstedter Steinbruch ist, obwohl vom Menschen geschaffen, ein großartiges Naturdenkmal.

Adonisröschen

Die Steppenhügel und das Adonisröschen

Die nächste Attraktion befindet sich gleich „um die Ecke". Gerade einmal drei Minuten hinter Hoppenstedt leuchten mir die hellgelben Blüten der Adonisröschen entgegen. Sie schauen aus dem fahlen Wintergras eines Steilhangs hervor. Ich bin genau zur richtigen Jahreszeit vor Ort. Ein Pfad führt über den baumfreien Hang hinauf zu einer Bank, von der aus man über das weite Land blickt. Der gesamte Anstieg ist von Adonisröschen gesaumt. Bei den Griechen war Adonis der Gott der Liebe, der Schönheit und Verführung, ein Jüngling, der als Fleisch gewordenes Abbild der Aphrodite galt. Der erst Teil des Namens (Adonis-) ist also durchaus zutreffend. Mit einer Rose hat die aus den südrussischen Steppen stammende Pflanze allerdings nichts zu tun. Sie gehört wie das Buschwindröschen zu den Hahnenfußgewächsen. Eingewandert ist das Adonisröschen während der Späteiszeit, als auf den Hügeln des Harzvorlandes noch Rentiere weideten und auf dem Brocken „ewiger" Schnee lag. Als es wärmer wurde und der Wald wieder Fuß fasste, haben Hirten mit ihren Schaf- und Rinderherden dafür gesorgt, dass die Hänge der Harzvorberge waldfrei blieben. Die russischen Steppenblumen erhielten Heimatrecht, das allerdings nur eine Zukunft hat, wenn der Hang weiter beweidet wird. Man muss übrigens nicht unbedingt zur Aussichtsbank hinaufsteigen, um die Blütenpracht zu sehen, auch an dem Grasweg, der am Hangfuß in Richtung Osterwieck führt, wachsen zahlreiche Adonisröschen.

Der Blumenwald vom Fallstein

Auf den „Steppenhang" folgt ein Wald, der wegen seiner Vielfalt unter Naturschutz steht. Hier wachsen viele Baumarten wie Buche, Stiel- und Traubeneiche, Hainbuche, Esche, Vogelkirsche und Feldahorn. Vor dem Laubaustrieb schmückt sich der Waldboden mit den Blüten des Hohlen Lerchensporns, mit Buschwindröschen, Goldnessel, Schlüsselblume, Lungenkraut, Frühlings-Platterbse, Aronstab und anderen. Etwas später erscheint das Maiglöckchen. Im Frühsommer kommen Orchideen hinzu: das Bleiche - und das Langblättrige Waldvögelein, der Kleinblättrige Sitter, Pupur- und Helm-Knabenkraut. Die Krone setzt der Diptam auf, eine prächtige Blume, die auf dem Balkan und dem Karst Istriens zu Hause ist. Man darf den Diptam auf keinen Fall berühren, denn die gesamte Pflanze ist mit Drüsen besetzt, die ein ätherisches Öl

Purpur-Knabenkraut

enthalten. Bei Berührung mit der Haut entstehen Brandblasen, vor allem unter dem Einfluss von Sonnenstrahlung (eine ausführliche Charakteristik zum Diptam und seiner Giftigkeit findet sich in Band 6 dieser Buchreihe: „Von der Rhön zum Thüringer Wald").

Fazit: Die Steppenhänge und der Wald beherbergen seltene Arten, beide sind artenreich und wertvoll, jedes Biotop auf seine Weise. Zusammen bilden sie eine Landschaft, die ihresgleichen sucht.

Die Kirschbaumwiesen am Bismarckturm

Kurz vor Osterwieck stoße ich auf die „Fallsteinklause". Natürlich lege ich eine Rast ein. Als ich erfahre, dass man hier auch übernachten kann, lasse ich mir ein Zimmer zeigen. Preis und Leistung erscheinen mir o.k. und so bleibt mein Rucksack gleich im Zimmer liegen. Als ich mich zur Erkundung von Osterwieck aufmache, gibt mir die Wirtin den Rat, zuvor einen Abstecher zum Bismarck-Turm zu unternehmen. Und so steige ich über Kirschbaumwiesen einen Hang hinauf, auf dem ein wuchtiger Turm thront, ein Beispiel für die Architektur der Jahrhundertwende (19./20. Jahrhundert). Von der Aussichtsplattform schaut man hinunter auf Osterwieck, wo die St.-Stephanikirche mit ihren Doppeltürmen alle Blikke auf sich zieht. Beim Abstieg nehme ich mir vor, zur Kirschenblütenzeit wiederzukommen. Leider hat dies nicht geklappt. Aber zur Reifezeit bin ich, den Bauch voller Süßkirschen, wieder zum Bismarck-Turm hinaufgestiegen. Zu dieser Zeit ist der Bismarck-Turm für mich die Attraktion Nummer drei am Fallstein.

Osterwieck und St. Stephani

Ich passiere die ehemalige Stadtbefestigung von Osterwieck, wandere an einem Rittergut vorbei und stehe dann unvermittelt vor der Stephanikirche mit ihren wie ein Bollwerk erscheinenden Doppeltürmen. Die Rundbögen der sparsam gesetzten Fenster verraten den romanischen Ursprung der Kirchenfront, die auf die untergehende Sonne ausgerichtet ist, dem Einbruchstor der Finsternis und des Bösen. „Westwerk" wird die Front genannt. Die Mauern des Westwerks stehen für die weltliche Macht, die die Kirche beschützen will. Gegenpol ist der Chor. Er ist zur aufgehenden Sonne ausgerichtet. Im Chor befindet sich der Altar, der Christus, das Licht der Welt, darstellt. Zwischen Westwerk und Chor, von weltlicher und geistlicher Macht ge-

Der Bismarckturm bei Osterwieck

schützt, hat die Gemeinde ihren Platz. Kirchenschiff und Chor sind in gotischem Stil erbaut. Ein Stilbruch, sollte man meinen, doch dem Kunstgenuss tut dies keinen Abbruch. Auf jeden Fall sollte man einen Blick ins Innere der Kirche wagen, zumal man fachkundige Erläuterungen erhält.

Osterwieck ist wesentlich älter als die St.-Stephanikirche. Bereits im Jahr 780 wurde hier auf Anweisung von Karl dem Großen eine Missionsstation gegründet. Aus dieser Zeit existieren jedoch keine baulichen Zeugnisse mehr. Das Bild der Altstadt wird vom Fachwerk des Spätmittelalters und der Renaissance geprägt. Die Formenfülle ist überwältigend. Neben bunten Rosetten, dem Markenzeichen des niedersächsischen Fachwerks, finden sich Blendarkaden und Renaissance-Beschlagwerk, Flechtbänder, Familien- und Allianzwappen, lustige Figuren, magische Zeichen, Perlenschnüre, Zauberknoten und vieles mehr ... Einen Stadtrundgang zu beschreiben, auf dem man alle Facetten des Osterwiecker Fachwerks zu sehen bekommt, dafür reicht hier leider nicht der Platz. Es folgt die Beschreibung eines Stadtspaziergangs, bei dem man zumindest die „Highlights" kennen lernt.

Die St.-Stephanikirche

Stadterkundung Osterwieck

Start: An der Stephanikirche (1). Vom Kirchplatz über einen Durchgang, den „Schling", zur Kapellenstraße, wo links mit dem Haus Nr. 1 die erste Attraktion wartet: ein Doppelhaus, dessen vorderer, um 1537 erbauter Teil spätmittelalterlichen Fachwerkstil repräsentiert, während die hintere, aus dem Jahr 1612 stammende Haushälfte Schnitzwerk im Stil des Renaissance zeigt. Gegenüber befindet sich das ehemalige Gasthaus „Zur Rose" (1614) mit Allianzwappen und Zauberknoten sowie lateinischen und deutschen Inschriften (2).

Das Fachwerk in der Kapellenstraße wurde restauriert. In der links abbiegenden Straße „im Hagen" sind die Farben der Balken und Gefache dagegen verblasst (3). Viele Häuser stehen leer, und wenn nicht bald etwas passiert, droht der Einsturz. Zu DDR-Zeiten hat man sich wenig um die Altbausubstanz gekümmert und lieber in Neubauten vor den Toren der Stadt investiert. Heute kommt hinzu, dass die Alteigentümer der leer stehenden Häuser oft nicht mehr leben und die Erben nicht bereit sind, in die Häuser zu inve-

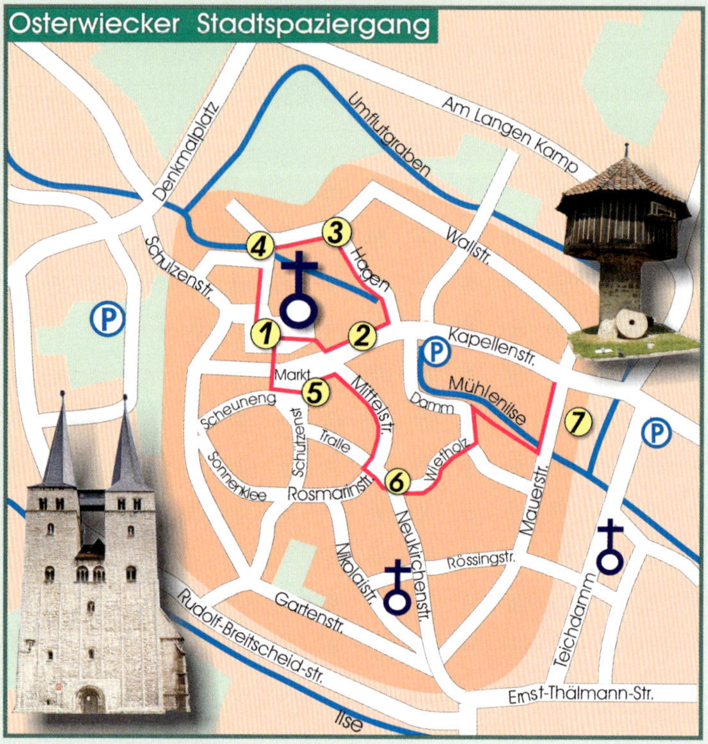

stieren. Das Land Sachsen-Anhalt und mehrere Stiftungen bemühen sich, die wertvollen Häuser zu erhalten. Doch das erfordert viel Geld, welches nicht von heute auf morgen verfügbar ist. Zum Trost gibt es im „Hagen" die „Hafenbar", wo der durstige Wanderer ein Bier oder eine Apfelschorle erhält, zu einem Preis, von dem man in den meisten Orten Westdeutschlands nur träumen kann. Zudem lohnt es sich, die umfangreiche Speisekarte zu studieren. Neben Schnitzel- und Nudelgerichten findet man Ausgefallenes: Wie wäre es mit einer Pferdebockwurst, Pferdegulasch oder einem „Falschen Hasen"?

Für „gehobenere" Ansprüche ist der „Braune Hirsch" zuständig, das Hotel-Restaurant um die Ecke. Das am Vogteiplatz gelegene Gebäude wurde 1722 im klassizistischen Stil errichtet. Der „Braune Hirsch" war früher ein Lokal der organisierten Arbeiterschaft. 1922 fiel dem damaligen Besitzer eine originelle Werbung ein: Auf einer Postkarte ließ er vor seiner Gaststätte Segelschiffe ankern, wobei die Mühlenilse, die offen über den Vogteiplatz fließt, als Fahrwasser diente. Der Fotograf hatte die Ilse mit Hilfe einer Fotomontage etwas breiter gemacht. Der Vogteiplatz wurde so zum Hafenviertel, was auch die Herkunft der „Hafenbar" erklärt. Der Vogteiplatz hat sich zu einem Schmuckstück Osterwiecks entwickelt, wozu neben dem „Braunen Hirsch" auch die Häuserzeile an der offenen Mühlenilse beiträgt (4).

Vom Vogteiplatz links durch die Kirchgasse zu St. Stephani. Doch dieses Mal geht es an der Kirche vorbei und über einen Durchgang direkt zum Markplatz. Am Markt stehen das neue und das alte Rathaus. In letzterem hat man die Polizei untergebracht. In einem Erker befindet sich dort das Stadtwappen Osterwiecks, eine rotweiße Rose . Eine Sehenswürdigkeit ganz anderer Art ist das Kurzwarengeschäft Pieczyk am Markt 9, das in der Auslage mit eleganten Hüten wirbt (5).

Vom Markt geht es in die Fußgängerzone (Mittelstraße). Auch hier gibt es wieder schönes Fachwerk aus verschiedenen Epochen. Doch viele Geschäftsräume stehen leer. Die Lichtspiele sind verwaist. Auch in der Rosmarinstraße, am Ende der Fußgängerzone rechts, sieht es nicht anders aus: eine verblichene Fassade, abbröckelnder Putz und zugenagelte Fenster. Ein aus Holz geschnitzter bärtiger Mann schaut farblos und traurig

Perlschnur-Fächerrosetten

Dudelsackpfeifer und Eule / Neukirchner Str.

vom oberen Stockwerk auf die Straße hinunter und niemand achtet mehr auf das Familienwappen mit dem Fuchs, der eine Brille im Maul trägt, und dem Herz, aus dem Bäume wachsen (6). Dabei war der leer stehende Fachwerk-Komplex früher voller Leben. Hier befand sich das Gasthaus „Zur Tanne". Hinter den großen Rundbogen-Fenstern im Erdgeschoss saßen Menschen bei Kaffee oder Bier und schauten dem Treiben auf der Straße zu.

Hätten die Denkmalpfleger nicht immer wieder Sicherungs- und Instandsetzungsarbeiten vorgenommen - hier eine Dachrinne, dort eine Dachausbesserung - wären das Traditionsgasthaus und die Nachbargebäude längst verfallen. So aber besteht Hoffnung, dass eines Tages Geld für die Restaurierung zur Verfügung stehen wird und dass vielleicht sogar die Gasthaustradition wieder belebt werden kann. Bei den fünfzackigen Sternen an den Gasthausfenstern handelt es sich übrigens um Drudenfüße, magische Zeichen, die das Böse abwehren sollen. Einer der Gastwirte hatte sie 1893 einschnitzen lassen. Vielleicht helfen sie heute, den Verfall der Häuser zu verhindern.

Zum Abschluss des Rundgangs geht es zu der ehemaligen Hofstelle „Schäfers Hof" (Kapellenstraße 27). Durch das Hoftor gelangt man in einen geräumigen Innenhof, wo der Blick auf ein pilzförmiges Gebäude fällt. Tauben gurren und flattern durch die Lüfte - wir stehen vor einem Taubenhaus (7). Der Verein „Kultur in Schäfers Hof" und die Volkshochschule bringen neues Leben in das ehemals bäuerliche Ensemble, zum einen mit Kursen und Veranstaltungen, zum anderen über den Bürgergarten, den man über

Textil- und Kurzwarengeschäft Pieczyk am Markt 9

Zauberknoten

Brauhaus zum güldenen Löwen (1579) / Schützenstraße

Taubenhaus im Schäfershof

einen Durchgang erreicht. Dort gibt es eine Abteilung, wo Osterwiecker Bürger Nutzgärtchen bewirtschaften. Radieschen, Kohlrabi und Spinat von Bürgerin A. grenzen hier ohne Zaun an die Erbsenbeete und Zucchinipflanzungen von Bürger B. Maschendraht oder andere Absperrmaterialien sucht man vergeblich. Neben dem Gemüse schlängeln sich Wege um Rosenbeete, und durch einen weinumrankten Laubengang gelangt man zu einer Bank im Schatten eines großen Walnussbaumes. Von dort blickt man hinüber zu der Skulptur „Ulrike und Andreas und der Rest der Welt" des französischen Bildhauers Phillip Peyron.

Bürgergarten am Schäfershof

Auf dem Harzer Grenzweg nach Stapelburg

Am nächsten Morgen folge ich wieder dem Fallstein-Kammweg (Markierung „N"), jetzt in umgekehrte Richtung. Ich will bis zu der Stelle, wo der Harzer Grenzweg abzweigt. Wenn man einen Weg zweimal geht, entdeckt man oft Neues. Dieses Mal ist es ein Erdbunker, den ich beim Hinweg übersehen habe. Er befindet sich direkt am Abzweig des Grenzweges. Die über den Erdboden herausschauenden Beobachtungsschlitze sind auf das Dorf Rhoden gerichtet. Merkwürdig, warum nahm man die eigenen Leute ins Visier?

Ich vertraue mich der Markierung des Grenzwegs an und steige über Schafweiden hinunter zu den Ortschaften Bühne und Rimbeck, die viel von ihrem ländlichen Charakter bewahrt haben, trotz Putenfarm und Agrargenossenschaft. Weiter geht's durch die Feldflur nach Göddeckenrode, wo ich einen Abstecher zum „Grenzfluss" Oker unternehme.

An der wilden Oker

Gut einen Kilometer westlich von Göddeckenrode stehe ich am Rand des ehemaligen Grenzstreifens. Hier beginnt der Korridor, in dem sich die Oker als Wildfluss gebärden darf. Auf drei Kilometern stellt der Fluss sein gesamtes natürliches Repertoire zur Schau: Es gibt langsame und schnelle Fließstrecken, tiefe und flache Stellen; es bilden sich Sand- und Kiesbänke, Inseln, steile Uferabbrüche, sanfte Gleithänge und sogar Flussverzweigungen. Die Strukturen sind dynamisch. Nach jedem Hochwasser sehen die Uferlinien und die Unterwasserlandschaft anders aus. Genau das brauchen viele der seltenen Arten der Flusslandschaft. An der wilden Oker findet der Flussregenpfeifer immer aufs Neue Schotterflächen, auf denen er seine Jungen aufziehen kann; hier gibt es genügend Uferabbrüche, in die der Eisvogel seine Brutröhren graben kann. Und da die Kiesbänke durch die Kraft der Frühjahrshochwässer jedes Jahr umgeschichtet und vom Schlamm befreit werden, erhält die Fischbrut von Kieslaichern ausreichend sauerstoffreiches Wasser zum Atmen,

Auf älteren, aber noch häufig vom Hochwasser überspülten Schotterbänken wachsen vor allem Hochstauden, darunter viele exotische Arten wie der aus dem Kaukasus stammende Riesenbärenklau, der Japanische Knöterich oder das in Indien heimische Drüsige Springkraut. In der sich ständig neu darstellenden Umwelt des Wildflusses haben alle eine Chance, die alteingesessenen Arten und die Exoten. Trotz aller Wertschätzung für die „Grüne-Band-Oker": So ganz richtig wild und natürlich ist sie auch wieder nicht. Seitdem man oberhalb von Goslar die Okertalsperre errichtet hat, fallen die großen Hochwasser, die einst die Flusslandschaft geprägt haben, aus. Die höher liegenden Flussterrassen werden

Die Wilde Oker bei Wülperode

kaum noch oder gar nicht mehr überflutet. Hier finden sich heute magere Grasfluren, die sich mit rosa blühenden Grasnelken schmücken. Die Nelke ist an trokken-warme Bedingungen angepasst, was im Hinblick auf die Flussnähe zunächst verwundert. Doch der aus Sand, Kies und Schlacke bestehende Boden ist extrem wasserdurchlässig, sodass in warmen und trockenen Sommern Feuchtigkeit liebende Pflanzen im Angesicht des Flusswassers vertrocknen.

Die gesamte Aue steht unter Naturschutz, was die Menschen aus der Umgebung nicht davon abhält, im Gebiet spazieren zu gehen. Mit dem klaren Fluss, den Kiesbänken, den buntblumigen Rasenflächen und den Birken übt die Oker-Aue eine große Anziehungskraft aus. Es hat sich ein Trampelpfad gebildet, der über einen ehemaligen Deich führt. Der Besucherdruck konzentriert sich also auf eine Linie, sodass Mensch und Natur miteinander auskommen. Flussaufwärts, bei Wülperode, zog sich die Grenze der DDR vom Fluss zurück. Hier hat man ein Stück des Grenzzauns als Mahnmal stehen gelassen.

In Wülperode treffe ich wieder auf den Harzer Grenzweg. Weiter geht's nach Wiedelah und durch die Feldflur nach Abbenrode, immer mit Blick auf das näher rükkende Gebirge. Und obwohl ich zweimal die Landesgrenze überschreite, ist nichts, aber auch gar nichts vom Grünen Band zu entdecken. Die Landwirte haben sorgfältig alle Grenzspuren verwischt.

Die Mühle von Abbenrode und der Schillerwald

Bei Abbenrode ist der Harzrand erreicht und auch das Grüne Band ist wieder in Sicht. Es taucht hinter der einsam gelegenen Zimmermannsmühle auf, wobei es sich wie so oft als Birkendickicht zeigt. Die Mühle lag nur 300 Meter von der Grenze entfernt und es grenzt an ein Wunder, dass sie nicht abgerissen wurde. Der Grenzweg verläuft nun längs der Ecker hinauf nach Stapelburg. Von der Zimmermannsmühle bis hinauf zur Quelle war die Ecker Grenzgewässer.

Beim Austritt aus dem Gebirge hat die Ecker einen riesigen Schwemmfächer aufgebaut, eine nach Norden geneigte Ebene, die den Schimmerwald umfasst und sich in mehrere Terrassen gliedert. Der Gesteinsschutt wurde vor allem während der Eiszeit angeschwemmt, als der Harz nur von einer schütteren Vegetation bedeckt war und Wind und Wetter dem Gestein zusetzten. Auf diesem Schwemmfächer hatte sich die Ecker in zahlreiche Arme aufgespaltet und dabei immer wieder ihren Lauf verlegt. Wie bei der Oker haben die mächtigen Frühjahrshochwässer das Flussbett je-

Oker, Regenpfeifer

Abbenroder Zimmermannsmühle

des Jahr aufs Neue modelliert. In den vierziger Jahren des vergangenen Jahrhunderts hat man am Oberlauf der Ecker eine Talsperre errichtet. Hochwässer gibt es seitdem nur noch selten und wenn, dann in abgeschwächter Form - wie an der Oker. Der einst reißende Gebirgsfluss ist gezähmt. Für die Grenzer war das eine erfreuliche Situation. Man brauchte keine Angst zu haben, dass der Grenzfluss seinen Lauf plötzlich verlegte.

Hinter einem Maschendrahtzaun am Wegrand verbirgt sich ein felsiger Prallhang, an dem die Ecker nagt. Millimeter um Millimeter rückt der Fluss dem Weg zu Leibe; ganz hat sich die Ecker wohl noch nicht geschlagen gegeben. Ein paar Meter weiter kann ich die Spuren eines ehemaligen Eckerlaufs ausmachen: ein sumpfiges Gerinne, durch das heute Hangquellwasser fließt. Im Mai ist dieser Sumpf mit den Blüten des nach Knoblauch duftenden Bärlauchs überzogen.

Ein Haus taucht auf, ein Obstgarten, eine Straße. Ich bin an der alten B6. Hier hat sich für die Stapelburger und die umliegenden DDR-Orte im Dezember 1989 die Grenze geöffnet. Bis zur Wiedervereinigung im Oktober 1990 existierte hier eine Grenzübergangsstelle. Ein Denkmal erinnert an diese Ereignisse. Ich wechsele das Bundesland und wandere hinüber nach Stapelburg, wo ich bei den Leßmanns eingeladen bin. Drei Tage werde ich dort zu Gast sein.

Bärlauch

Tourenbeschreibung

Über den kleinen Fallstein von Hornburg nach Osterwieck

Wegstrecke ohne Stadtbesichtigungen: *13 Kilometer*
Anstiege: *ca. 124 Höhenmeter ohne anstrengende Steigungen*
Wegecharakter: *befestigte Wirtschaftswege, Rasenwege*

Vom Marktplatz in Hornburg (1) über die Schloßbergstraße zum östlichen Stadttor hinaus. Die Markierung „grünes N" führt auf die Höhen des Kleinen Fallsteins. Man passiert den ehemaligen Grenzstreifen (2), den Rhodener Wachturm, wo der Harzer Grenzweg seinen Anfang nimmt. Nach ca. 700 m, kurz hinter einer Schutzhütte (3), zweigt der Grenzweg rechts ab und führt hinunter ins Ilsetal. Auf der Höhe bleiben und dem grünen „N" weitere 1,6 km folgen. Es geht durch ein Wäldchen, dann ein längeres Stück am Waldrand entlang. Dort, wo der Weg erneut auf ein Wäldchen trifft, rechts ab und hinunter auf die Straße Rhoden – Hoppenstedt. Auf der Straße rechts und weiter bergab bis zum Ortseingang von Hoppenstedt. Dort steht rechts ein Wegweiser mit der Aufschrift „Geopark Harz". Der Weg führt an ehemaligen LPG-Gebäuden vorbei zu einem Hohlweg, der rechts zu dem aufgelassenen Steinbruch von Hoppenstedt (4) führt. Zurück auf die Straße und auf ihr Richtung Rhoden (bergan). Nach ca. 200 m, noch im Bereich der Feldflur, zweigt rechts ein Weg ab. Dieser Weg führt uns in drei Minuten an den Fuß eines grasigen Steilhangs, auf dem im Frühjahr die Adonisröschen blühen (5). Auf dem Grasweg bleiben. Nach 1,3 km stößt man auf die Kante eines Wäldchens, in dem vor dem Laubaustrieb zahlreiche Blumen blühen (6). Hier trifft man auch wieder auf die Markierung „grünes N", der man nun bis nach Osterwieck folgt. Nach einer Ausflugsgaststätte geht es zum Bismarckturm hinauf (7) und von dort hinunter nach Osterwieck (8). Mit der Busverbindung zurück nach Hornburg sieht es schlecht aus. Wandergruppen können sich behelfen, indem sie ein Auto in Osterwieck stellen.

1. Etappe des Harzer Grenzweges

Wegstrecke: *ohne Abstecher zur Oker 29 km*
Anstiege: *ca. 130 Höhenmeter, keine steilen Passagen*
Markierung: *Emblem des Grünen Bandes*
Start: *Rhodener Wachturm auf dem Kleinen Fallstein*
Ziel: *„Hexenstübchen" in Stapelburg*
Zugang zum Start: *Über Hornburg oder Osterwieck*
Gastronomie: *Wülperode, Wiedelah, Stapelburg*
Übernachtungsmöglichkeiten: *Ilsenburg (mit der DB erreichbar)*

Der Harzer Grenzweg ist gut markiert, sodass sich eine detaillierte Tourenbeschreibung erübrigt. Im Folgenden werden daher nur die entscheidenden Landmarken genannt.

Mensch und Natur am nördlichen Harzrand

Stapelburger Grenzgeschichten

Das Haus der Leßmanns lag zu DDR-Zeiten am Rande der 500-Meter-Schutzzone. Da es das letzte Haus der Straße war, hatten die Grenztruppen das Grundstück gleich an zwei Seiten mit dem Signalzaun umfasst. „Mehrmals täglich wurden die Elektrozäune auf Schädigungen durch Grenzverletzer kontrolliert", erzählt Ilse Leßmann, die Seniorin des Hauses. Sie hat vier Jahrzehnte DDR erlebt, von der Gründung der Republik bis zur Wende. Sie führt mich durch den Garten ihres Hauses.

„Jede Leiter und jeder Müllkübel auf unserem Grundstück musste sorgfältig angeschlossen werden, was immer wieder kontrolliert wurde. Schließlich hätten Grenzgänger damit über den Grenzzaun klettern können. Mein Sohn hat mit Spielkameraden den Zaun näher unter die Lupe genommen. Die Jungs haben die Drähte mit einem Stock berührt und so Signal ausgelöst. Lampen leuchteten auf und ein durchdringender Ton war zu vernehmen. Jetzt hieß es laufen, so schnell es ging, denn gleich kamen die Grenzer. Um die Ursache für die Auslösung des Signals zu finden, mussten die Grenzer eine ganz schön lange Strecke abgehen. So hatte sich der Streich der Jungen irgendwie gelohnt."

Ilse Leßmann und Ernst Lüttge († 2010) auf dem Harzer Grenzweg nahe Jungborn

Über ein Gartentor gelangen wir zur Stimmecke, einem Bach, der unmittelbar am Grundstück der Leßmanns entlang fließt. Am gegenüberliegen Ufer zog sich der Grenzsignalzaun entlang. An der oberen Ecke des Grundstücks, dort, wo die Stimmecke auf das Leßmannsche Grundstück trifft, querte der Signalzaun den Bach und verlief entlang der Grundstücksgrenze zur Straße.

„Meine Eltern hatten eine kleine Flugentenzucht, um für den Weihnachtsbraten zu sorgen", erzählt Frau Leßmann. „Die Enten hielten sich im Garten auf, nahe der Stimmecke. Eines Tages flog der größte Erpel über den zwei Meter hohen Zaun ins „Schutzgebiet". Wir überlegten, wie man den Entenmann zurücklocken könnte. Ich wusste, dass der Erpel sich mit der Ente des Nachbarn gepaart hatte. Was lag näher, als die Entenfrau in die Stimmecke zu setzen und zwar direkt vor der Brükke, über die der Grenzsignalzaun den Bach querte. Das Wunder geschah, die Ente lockte den Erpel, und prompt kehrte der Erpel zurück, diesmal auf dem Wasserweg unter der Brücke."

Wir schlendern zurück zum Haus und lassen uns auf der Terrasse nieder. „Der Grenzsignalzaun hat unseren Aktionsradius eingeschränkt. Wir konnten nicht mehr auf die Eckerwiesen. Wie gerne wäre ich dort wieder einmal spazieren gegangen. Dazu kamen die Einschränkungen, die das Leben im Grenzsperrgebiet mitbrachte. Zwischen Stapelburg und Ilsenburg befand sich die Kontrollstelle, wo wir unseren Pass vorzeigen mussten, egal wie gut uns der Grenzer kannte. Unser Pass hatte einen grünen Stempel. Das hieß: Wir durften passieren. Verwandte oder Bekannte von außerhalb der Sperrzone durften nur „einreisen", wenn wir sie eingeladen hatten und sie im Besitz eines gültigen Passierscheins waren. Diesen Schein mussten wir vier Wochen vorher beim Volkspolizei-Kreisamt (VPKA) beantragen. Im Jahre 1974 hatten wir für den in Wernigerode lebenden Freund meiner Tochter einen Passierschein beantragt. Der Antrag wurde genehmigt und so kam der junge Mann zu Besuch. Die Freude war groß und der Tag nicht lang genug, besonders da man so verliebt war. So fuhr mein künftiger Schwiegersohn erst um 23.55 Uhr zurück, mit dem allerletzten Bus. Als der Bus die Kontrollstelle passierte, war es kurz nach 24 Uhr. Bei der Passkontrolle wurde der junge Mann aus dem Bus zitiert. Sein Passierschein war um 24 Uhr abgelaufen. Zwar durfte er seine Reise fortsetzen, aber der Vorfall wurde beim VPKA aktenkundig festgehalten.

Am 19. Februar 1976 bahnte sich ein familiärer Höhepunkt an. Mein Mann wurde 50. Vier Wochen vorher stellte ich für die Familie meiner Tochter, die inzwischen mit ihrem Wernigeroder Freund verheiratet war, Anträge für die Einreise ins Sperrgebiet. Wenige Tage vor dem Geburtstag erhielt ich vom VPKA Wernigerode die beantragten Passierscheine für meine Tochter und meine neun Monate alte Enkelin. Meinem Schwiegersohn wurde die Einreise ins Sperrgebiet verwehrt. Es hieß wie so oft: „Dem Antrag konnte nicht stattgegeben werden". Doch warum ?

Ich bin am nächsten Tag im VPKA vorstellig geworden, um den Passierschein doch noch zu erwirken. Ich wurde von einem Büro zum anderen gereicht. Kein Polizist hatte auch nur die geringste Ahnung, warum der Antrag abgelehnt wurde. Es vergingen viele Stunden, zwischendurch die üblichen Kaffeepausen. Aktenberge wurden durch das Haus geschleppt und ich wartete und wartete. Inzwischen war es Nachmittag geworden. Ich war so wütend, dass ich den Plan fasste, zur „höheren Instanz" vorzudringen. Ich bat, den Amtmann sprechen zu dürfen. Ich durfte.

Der Chef war freundlich, aber auch er verstand angeblich nicht, warum es zu einer Ablehnung gekommen war. „Wenn hier im Haus keiner den Grund der Ablehnung nennen kann, werde ich es Ihnen sagen", platzte es aus mir heraus. Darauf schilderte ich, wie mein Schwiegersohn vor zwei Jahren um 0.05 Uhr am Kontrollpunkt Stapelburg-Ilsenburg aus dem

Linde unterhalb der Stapelburg

Stapelburg

Bus geholt wurde. Und siehe da! Nun tauchte auf einmal die „Verbrecherakte" meines Schwiegersohns auf, in der „unerlaubter Aufenthalt in der Sperrzone" vermerkt war. Doch der Amtmann hatte Verständnis. Zehn Minuten später konnte ich den Passierschein in Empfang nehmen."

Die Stapelburg

Beim Abendessen zitiert Ulrich Leßmann, der Sohn meiner Gastgeberin, aus einer alten Stapelburger Chronik. „Den Bergen des Nordharzes vorgelagert, hebt sich in einigen Kilometern Entfernung vom Gebirge ... der kegelförmige Burgberg der Ruine Stapelburg aus der Ebene empor. Nur selten sucht ihn ein Harzwanderer auf, weil er abseits von den Waldwegen liegt. Und doch würde ihn die landschaftliche Schönheit, die er von dort genießt, aufs Höchste entzücken. Weithin sichtbar beherrscht er einen guten Teil des nördlichen Harzvorlandes." Dann lädt mich Ulrich Leßmann zu einem Abendspaziergang zur Stapelburg ein. Ulrich ist Gründungsmitglied der „Interessengemeinschaft Burgberg e.V.", die sich vorgenommen hatte, die verschüttete Kelleranlage der Stapelburg auszugraben und instand zu setzen. Der Burgberg erhebt sich direkt hinter der Dorfkirche. Vis-à-vis befindet sich ein alter Gutshof. „Das ist das Gut Bilashausen, einst das Vorwerk der Burg", sagt Leßmann, „das Gut war die Keimzelle von unserem Dorf." Wir steigen den steilen Burgberg empor. Der Berg ist ein einziger Kirschgarten. Auf einer Verebnung steht eine riesige Linde. Dahinter tun sich die Wallanlagen auf. „Wer pflegt denn die schöne Streuobstwiese?", möchte ich wissen. „Das macht der Burgbergverein, wir kümmern uns um den gesamten Burgberg."

Noch ein paar Höhenmeter, dann stehen wir im ehemaligen Burghof.

„Die Ursprünge der Stapelburg liegen im Dunkel. Wahrscheinlich war sie zum Schutz der Handels- und Heerstraße von Goslar nach Halberstadt und zum Schutz der Grafschaft von Wernigerode errichtet worden. Wie viele Burgen hat sie eine wechselvolle Geschichte. Immer wieder wurde sie verkauft und verpfändet und nur selten hatte ein Besitzer Mühe darauf verwendet, sie ordentlich instand zuhalten. Die Bischöfe von Halberstadt, die Grafen von Stolberg, ein Münchhausen und ein gewisser Heinrich von Bila, der im 16. Jahrhundert das Gut erbauen ließ, waren nacheinander Eigentümer der Burg. Um das Gut haben sich bald weitere Häuser geschart. Bila wird daher als Gründer des Ortes Stapelburg angesehen. Aber vielleicht ist unser Dorf doch schon älter, denn in der Gemarkung wird bereits im 10. Jahrhundert die Ortschaft Windelberode erwähnt. - Im Laufe des 18. Jahrhunderts zerfielen die Mauern. Nur eine Außenwand und das Kellergeschoss blieben erhalten, aber das war verschüttet."

„Und wie seid ihr auf die Idee gekommen, das Kellergewölbe freizulegen?"

„Das war so eine Bierlaune bei einem Treffen der Stapelburger Heimatfreunde. Zunächst hatte kaum jemand daran gedacht, dass etwas daraus wird. Aber dann haben sich doch einige an die Arbeit gemacht und sind dabei auf großes Interesse bei der Bevölkerung gestoßen. Wir haben die Kelleranlage in Abstimmung mit dem Amt für Archäologie und Denkmalpflege instand gesetzt und nach historischen Vorgaben eingerichtet. Zudem haben wir einen Brunnen nach historischem Vorbild errichtet. Kommen Sie, wir gehen jetzt mal hinunter in den Gewölbekeller. Dort drüben, die neue Tür, das ist der Eingang."

Ulrich schließt auf und betätigt einen Lichtschalter. Dann steigen wir eine steile Treppe hinunter. Unten erwartet uns eine nach historischen Vorbildern eingerichtete Taverne, in der man gemütlich seinen Met trinken kann. Wir setzen uns an einen der rustikalen Tische und Ulrich erzählt mir von urigen Kellerabenden und vor allem von den Ritterfesten, die sie im Sommer veranstalten, mit Gauklern, Buden, mittelalterlicher Musik und Ritterkämpfen. Die Termine kann man im Internet nachschauen unter www.die-stapelburg.de.

Lufthäuschen auf dem Jungborn-Gelände

Jungborn, Kafka und das Befremden gegenüber der Nacktheit

Am nächsten Morgen fragt mich Ilse Leßmann, ob ich schon einmal etwas vom Jungborn-Sanatorium gehört hätte. „Nein? Dann lassen Sie uns mit dem Rad zu der Stelle fahren, wo der Ilsenburger Stieg

das Eckertal quert. Dort standen die Gebäude des Sanatoriums. Die Grenztruppen haben alle Gebäude abgerissen und das Jungborn-Gelände dem Erdboden gleich gemacht. Das Sanatorium war ihnen beim Ausbau der Grenzsperranlagen im Wege. - Sie können das Rad meines Sohns nehmen. Aber fahren Sie nicht so schnell, ich möchte nicht außer Puste kommen."

Wir radeln am Rande des Eckertals auf die Frontberge des Harzes zu. Kein einziges Gebäude ist auf der weiten Flur zu sehen. Zu DDR-Zeiten fuhren hier Grenzsoldaten über Lochbetonplatten Streife. An einer Birkengruppe biegt Frau Leßmann vom Weg ab. Wir passieren ein Tor und gelangen auf ein parkähnliches Gelände, wo zwei weiß-grau gestrichene Holzhäuschen stehen. „Das sind Licht-Luft-Häuschen des Sanatoriums Jungborn, darin haben die Kurgäste gewohnt", sagt Frau Leßmann. „Ach, haben die Grenzer doch etwas stehen lassen?" „Natürlich nicht. Das sind Nachbauten. Stellen Sie sich vor: Zu Jungborn-Zeiten, also in der ersten Hälfte des 20. Jahrhunderts, war das ganze Tal voll von diesen Häuschen. Aber das war längst nicht alles: Es gab große Gesellschaftshäuser mit lichtdurchfluteten Speisesälen, Badehäuser, ein Krankenhaus mit einem OP-Trakt, eine Gärtnerei mit Gewächshäusern und was weiß ich noch alles. Das war eine richtige kleine Stadt. Die Nachbau-Häuschen stehen übrigens direkt am ehemaligen Grenzstreifen."

Die Häuschen haben Namen: Rica, Martha. Drinnen stehen stilvoll gestaltete Gartenmöbel aus Birkenholz. Ich werfe einen Blick in die Runde. „Sagen Sie, was hat das mit den beiden Toren, die dort „zaunlos" auf dem Gelände stehen, für eine Bewandtnis?", frage ich.

„Die markieren die Stellen, wo sich die Eingänge für die Luftparks befanden, für den Damen- und den Herrenpark. In den Parks frönten die Kurgäste der Freikörperkultur. Deshalb hatte man Männlein und Weiblein getrennt und Sichtschutzwände gebaut."
„Kehrt zurück zur Natur!", lautete das Motto des Sanatoriums, lese ich auf einer der Info-Tafel. Und so standen Bewegung an frischer Luft und Naturheilverfahren im Vordergrund des Kurbetriebs. Allmorgendlich absolvierten die Sanatoriums-Gäste Freiübungen, die von Gesang und Spiel begleitet waren. Als weitere Anwendungen standen Luft- und Sonnenbäder, Heilerde-Kuren, Massagen, Gymnastik und Atemübungen auf dem Programm. Jeder Jungborn-Gast bekam seiner Veranlagung entsprechend eine besondere Kur verordnet, ausgerichtet auf die vier „Urelemente" Licht, Luft, Lehm und Wasser. Der Gast sollte zur Besinnung auf das Wesentliche geführt werden, zur Hinkehr auf die natürliche Einfachheit im Denken und Leben. Natürlich aß man vegetarisch, vor allem Rohkost und Nüsse. Dessen ungeachtet haben in Jungborn berühmte Persönlichkeiten gekurt wie Marika Rökk, Hans Albers oder Franz Kafka.

Franz Kafka auf Kur im Jungborn

Wie Franz Kafka, der im Juli 1912 zu einem Kuraufenthalt in Jungborn weilte, mit dem Kurprogramm zurechtkam, kann man in seinen „Reisetagebüchern" nachlesen:

„8. (Juli 1912) Mein Haus heißt „Ruth". Praktisch eingerichtet. Vier Luken, vier Fenster, eine Tür. Ziemlich still. Nur in der Ferne spielen sie Fußball, die Vögel singen stark, einige Nackte liegen still vor meiner Tür. Alles bis auf

Franz Kafka

mich ohne Schwimmhosen. Schöne Freiheit ..."

„11. (Juli 1912) ... Hie und da bekomme ich leichte oberflächliche Übelkeiten, wenn ich, meistens allerdings in einiger Entfernung, diese gänzlich Nackten langsam zwischen den Bäumen sich vorbeibewegen sehe. Ihr Laufen macht es nicht besser. – Jetzt ist an meiner Tür ein ganz fremder Nackter stehen geblieben und hat mich langsam und freundlich gefragt, ob ich hier in meinem Hause wohne, woran doch kein Zweifel ist. – Sie kommen auch unhörbar heran. Plötzlich steht einer da, man weiß nicht, woher er gekommen ist. – Auch alte Herren, die nackt über Heuhaufen springen, gefallen mir nicht. Abends Spaziergang nach Stapelburg. Mit zweien, die ich einander vorgestellt und empfohlen habe. Ruine. Rückkehr 10 Uhr. Zwischen den Heuhaufen auf der Wiese vor meiner Hütte einige schleichende Nackte, die in der Ferne vergehen. In der Nacht, als ich durch die Wiesen nach dem Kloset wandere, schlafen drei im Gras."

„14. (Juli 1912) Kirschen gepflückt auf Leiter mit Körbchen. Hoch im Baum oben gewesen. Vormittag Gottesdienst an den Eckerplätzen. Der ambrosianische Lobgesang ..."

„15. (Juli 1912) ... Ohne Schwimmhosen. Exhibitionistisches Erlebnis ... Die große Beteiligung des nackten Körpers am Gesamteindruck des Einzelnen ..."

Eine Lektüre von Kafkas ausführlichem Bericht, einschließlich der Darstellung des Stapelburger Schützenfestes, kann nur empfohlen werden. Weiteres im Internet unter www.bela1996.de/literature/kafka-tagebuch.

Lehmbäder im Jungborn-Sanatorium

Im Herrenpark

Frau Leßmann drängt zum Aufbruch. Sie möchte noch einen Abstecher zur Pappenfabrik unternehmen, und die liegt zwei Kilometer weiter oben im Eckertal, also bereits im Nationalpark. Seltsam, eine Fabrik im Nationalpark. Jedenfalls verbinde sie mit dieser alten Fabrik Erinnerungen an die Jugend. Also auf! Langsam schieben wir unsere Räder über die Birken-Wiese, auf der einst Kafka und Marika Rökk hüllenlos kurten. Am Brunnen bleibe ich kurz stehen.

„Sagen Sie, Frau Leßmann, wer pflegt eigentlich das Gelände?

Und wer hat den Brunnen wieder in Funktion gesetzt und Fundamente freigelegt?"
„Das machen die 15 Langzeitarbeitslosen des Bildungsseminars „Heureka" aus Wernigerode. Das sind Männer im Alter 50 plus, die mit dieser Arbeit „aktiv in die Rente" geführt werden. Die „Heureka-Männer " machen das aber gern. Sie haben auch die Lufthäuschen errichtet und die Birkenholz-Gartenmöbel gebaut."

Wer mehr über das Jungborn-Sanatorium wissen will, sei auf die Info-Tafeln auf dem Gelände des ehemaligen Sanatoriums und auf den Jungborn-Infopunkt hingewiesen, den man gegenüber dem Stapelburger „Hexenstübchen" aufgebaut hat, im Stil eines Lufthäuschens, versteht sich. Im Info-Punkt befindet sich ein naturgetreues Modell vom ehemaligen Sanatoriumsgelände mit all seinen Prachtbauten, den Wirtschaftsgebäuden, den Lufthäuschen und den Parks. Der Info-Punkt ist Freitag und Samstag von 15.00 bis 17.00 Uhr geöffnet, und zwar von Mai bis September bzw. Oktober, je nach Wetter. Über die Telefonnummer 039452-86247 kann man Sondertermine vereinbaren. Zudem werden regelmäßig Veranstaltungen durchgeführt: zum Beispiel das Frühlingsfest, das meist Ende Mai stattfindet, oder der Tag der Regionen im Herbst. Neben Führungen durch das Gelände und der Vorstellung der Jungbornphilosophie werden hierbei Proben der Jungbornkost angeboten.

Niedergang und Ende des Sanatoriums

Oberhalb des Jungborn-Geländes, am Ilsenburger Stieg, macht mich Frau Leßmann auf die Fundamente eines Hauses aufmerksam, die fast vollständig von Brombeeren und Gehölzen überwuchert sind. „Sehen Sie dort das Kellerloch? Da stand früher mal ein Forsthaus. Mit der Tochter des Försters habe ich gespielt. Gegenüber stand das Traditionsgasthaus „Eckerkrug". Dort haben sich die Rohkostabtrünnigen des Sanatoriums getroffen, um mal ein ordentliches Schnitzel zu essen und ein Bier zu trinken."

Und dann erzählt Frau Leßmann, wie die Grenze das Leben aus dieser fidelen Ecke nach und nach vertrieben hat. 1946 wurde das Sanatorium zu einem Tuberkulosen-Heim umfunktioniert. 1960-1962 war es Altersheim. 1964 schließlich hat man alle Gebäude dem Erdboden gleich gemacht und einen breiten Grenzstreifen gezogen. Heute sprießen hier Bäume und Sträucher. Der ehemalige Grenzstreifen und das Trümmerfeld von Jungborn sind Teil des Grünen Bandes.

Ein geheimes Wehrmachtslager und die Pappenfabrik

Anderthalb Kilometer radeln wir durch Grenzbirkenwald. Dann taucht urplötzlich die Pappenfabrik auf. Die düstere Produktionsstätte würde sich als Schauplatz für einen Krimi eignen. Die Fabrik, die auf niedersächsischer Seite liegt, geht auf eine Holzschleifmühle zurück. Die Gebäude wurden während des Zweiten Weltkriegs als Textillager der Wehrmacht genutzt.

„Als der Krieg zu Ende war, machte sich alles, was Beine hatte, auf den Weg zur Schleifmühle im Eckertal", berichtet Ilse Leßmann, die damals 15 Jahre alt war. „In der Schleifmühle stapelten sich die herrlichsten Uniformstoffe in Grau und Grün, dazu jede Menge Schneehemden aus weißer Fallschirmseide. Letztere eigneten sich für die Fertigung von Blusen und Kostümen, während man aus den Uniformstoffen Anzüge und Mäntel schneidern konnte. Es gab auch Lederballen, aus denen man Schuhe und Handtaschen machen konnte. Weitere Renner waren die Knobelbecher und ganz, ganz dicke Filzstiefel, von denen

einige sicher heute noch in Stapelburg oder Ilsenburg zu finden sind. Nach dem Motto „Es ist alles zu gebrauchen" wurden aus den „Filzlatschen", die in den Stiefeln getragen wurden, todschicke Damenhüte modelliert, die wir u.a. für Lebensmittel eintauschten. In der Schleifmühle lagerten auch ungeheure Mengen an Garnen und Zwirnen. Nun konnten auch die Häkel- und Stricknadeln wieder klappern."

Wir radeln zurück zum Jungborngelände und queren auf die niedersächsische Seite. Auf einer einsamen Waldstraße geht es hinunter zur Siedlung Eckertal und an deren Ende wieder hinüber nach Sachsen-Anhalt. Direkt hinter der Landesgrenze liegt das „Hexenstübchen", ein provisorischer Bau aus der Wendezeit. Dort genehmigen wir uns Kaffee und Kuchen.

„Es ist noch nicht lange her, da hieß das hier Rast an der Grenze", sagt Frau Leßmann, „und die Mauer hinter uns war Teil der Grenzbefestigung."
„Aber die sieht doch fast wie eine Gartenmauer aus, auf jeden Fall ganz anders als die Mauer damals oben am Brocken und auch viel niedriger."
„Als Sichtschutz hat es gereicht. Aber warum man hier Deko-Steine genommen hat, entzieht sich meiner Kenntnis. Vielleicht hatte jemand von den Grenzorganen in der Muna-Siedlung gewohnt."
„Die Muna-Siedlung, was war denn das?"
„Das sind die Häuser, die dort an der Straße nach Stapelburg liegen. Auch die Häuser schräg gegenüber gehörten zur Muna-Siedlung."
„Und was heißt Muna-Siedlung?"
„Wissen Sie denn nicht, dass sich in der Nazizeit im Schimmerwald

Nov. 1989: Bau eines provisorischen PKW-Grenzübergangs an der Stapelburger Muna-Siedlung. Währenddessen fluten Fußgänger über die Grenze. Am 11. November 1989, drei Tage nach dem Fall der Berliner Mauer, hatte ein Bagger die Betonklötze auf der alten F 6 weggeschafft, die Schichtschutzmauer wurde eingerissen und der Streckmetallzaun aufgeschnitten. In der Nacht machten sich DDR-Grenzsoldaten und das Technische Hilfswerk Goslar daran, die marode Eckerbrücke zu stabilisieren. Für den Fußgängerverkehr hatte man inzwischen einen Steg über die Ecker gebaut. Dann verlegten Grenzsoldaten im Bereich des Todesstreifens Betonplatten. Und so rollte bereits einen Tag nach der Grenzöffnung, am Sonntag den 12. November, das erste Auto über die Grenze.

ein großes Munitionslager befand? In den Häusern haben die Arbeiter und Angestellten des Lagers gewohnt. Für die leitenden Angestellten und Offiziere hat man sogar Häuser im Fachwerkstil errichtet. Am 10. April, als die US-Streitkräfte vor Harzburg standen, ließen die Deutschen das Lager mitsamt ihren Bomben sprengen. Die Muna-Siedlung, die Siedlung Eckertal und Stapelburg wurden dazu evakuiert.

Ich kann mich noch gut erinnern, dass wir meine 84-jährige Urgroßmutter im Handwagen sowie ein Baby im Kinderwagen mit ins Eckertal oberhalb Jungborn nahmen, um dort vor den Sprengun-

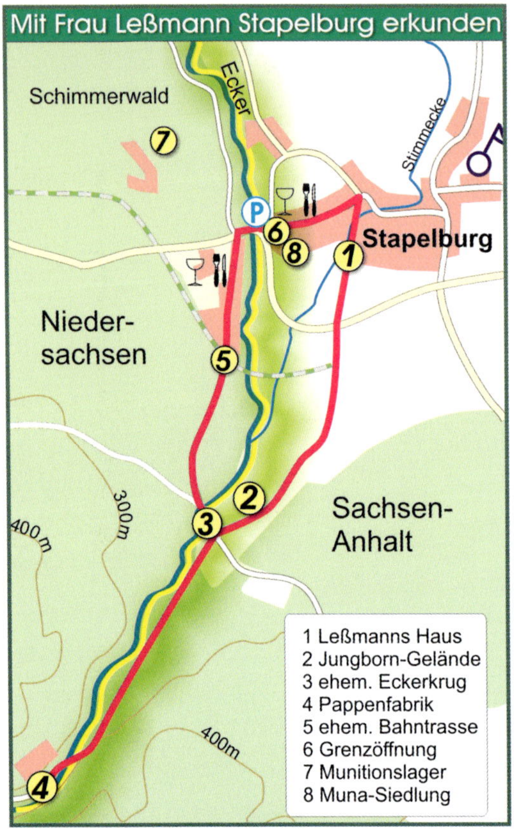

gen sicher zu sein. Mein Vater und mein Bruder blieben trotz Warnungen zu Hause – man musste ja mit Plünderungen rechnen. Erst spät abends ging es mit großer Angst wieder nach Hause. Noch auf dem Heimweg hörten wir einzelne Detonationen. Wir flüchteten uns immer wieder in den Straßengraben. Es war viel zerstört worden: Haus und Stalldach waren zum Teil abgedeckt, in der Wohnung waren Möbel umgekippt und unser einziges Radio lag auf dem Boden."

Im Jahre 1952 wurde zwischen der Muna-Siedlung und der Ecker der erste Grenzzaun gezogen. Ihm folgte 1973 ein zweiter Zaun, der mit Elektrodrähten und Übersteigsicherung versehene Grenzsignalzaun. Dieser verlief zwischen der Muna-Siedlung und Stapelburg und markierte den Beginn der 500-Meter-Schutzzone. Die Bewohner der Siedlung sowie die Anwohner der nach Westen vorgeschobenen Häuser an der alten Reichsfernstraße 6 (zu DDR-Zeiten: F6) waren nun von zwei Seiten eingeschlossen. Wenn die Bewohner der Siedlung ihren Hochsicherungstrakt verlassen wollten, mussten sie am Tor des Grenzsignalzauns eine Passkontrollstelle passieren. Hier wurde penibel - und täglich aufs Neue - geprüft, ob sich in ihrem Pass ein spezieller Eintrag befand, der zum Aufenthalt in der Schutzzone berechtigte.

Den übrigen Stapelburgern war das Betreten der Schutzzone nicht gestattet. Wenn Jugendliche aus der Muna-Siedlung ihre Freunde aus Stapelburg treffen wollten, so war dies nur in Stapelburg möglich. Ein Besuch in der Schutzzone wurde nur in dringenden Familienangelegenheiten genehmigt, bei Tod oder bei schwerer Krankheit. Die Bewohner der Muna-Siedlung konnten zu DDR-Zeiten also getrost auf ihren Hausschlüssel verzichten. Besser bewachte Häuser gab es in der Umgebung kaum."

Und dann kommt Frau Leßmann auf die Grenzöffnung zu sprechen: „Wie ein Lauffeuer ereilte uns die Nachricht: Heute wird in Stapelburg die Grenze geöffnet. Ich konnte es nicht glauben. Doch als ich von unserem Garten aus die vielen Menschen an der Harzburger Straße sah, begann ich das Ganze zu begreifen. Mein Sohn mit Frau und Kindern und ich gingen ebenfalls los, um dieses Ereignis hautnah mitzuerleben. Es folgten etliche Durchsagen wie: Berlin müsse erst die Entscheidung treffen. Endlich, um 15.30 Uhr war es soweit. Der Bürgermeister von Stapelburg organisierte einen Bagger, dann ging alles ganz schnell. Metallplatten wurden abgeschraubt, der Graben mit Erde zugeschoben und Bohlen über die Ecker gelegt. Nach jahrzehntelanger Trennung war zwischen Ost und West wieder eine Brücke entstanden.

Am anderen Morgen gingen wir zu Fuß nach Bad Harzburg. Die Busse waren hoffnungslos überfüllt. Auch auf der Straße waren Völkermassen unterwegs. In der Ilsenburger Straße in Bad Harzburg hatte eine ehemalige Mitschülerin aus Stapelburg ein großes Plakat am Balkon angebracht: „Bad Harzburg grüßt Stapelburg". Nachdem wir unser Begrüßungsgeld abgeholt hatten, kauften wir Weintrauben und anderes Obst ein. Mein Enkel, gerade zehn Jahre alt, erklärte sich bereit, die Tüte mit Obst auf dem Rückweg zu tragen. Die Weintrauben gingen natürlich bei dem langen Weg drauf! Doch das war ganz verständlich."

„Unmittelbar nach der Grenzöffnung wurde begonnen, die Elektrozäune (Signalzäune) abzubauen. Auch der Streckmetallzaun direkt neben unserem Grundstück wurde abgebaut. Wir haben selbst mitgeholfen. Für mich gab es jetzt nur einen großen Wunsch: Ich

Feuersalamander in der Grünen-Band-Wildnis

musste sofort einmal durch unsere schönen Wiesen entlang der Stimmecke laufen, die vorher im „Schutzgebiet" lagen. Ganz einfach – ich musste die Freiheit genießen. Zusammen mit meiner dreijährigen Enkelin ging ich bis zum Bahndamm Stapelburg/Eckertal. Dort befand sich ein Wachturm, aus dessen Fenster ein Grenzsoldat hinausschaute. Ich fragte ihn, was er da oben machen würde, es gebe doch keine Grenze mehr. Seine Antwort: Er habe noch keinen anderen Befehl erhalten."

Wir machen uns über die alte F6 auf den Weg ins eigentliche Stapelburg. Zu DDR-Zeiten war die Muna-Siedlung durch Wiesen und Äcker klar von Stapelburg getrennt, inzwischen schießen hier Eigenheime in die Höhe.

Über den Besenbinderstieg nach Ilsenburg

Stapelburg, Harzer Grenzweg, Jungborn-Denkmal und dann schnurgerade die Ecker aufwärts: Ich folge dem Grünen Band, das mich mit Pionierwald empfängt. Links - dicht auf dicht - die schmalen Stämme eines Birkendickichts, rechts ältere Birken, die mit anderen Gehölzen ums Licht kämpfen. Die Birken sind hier allesamt Erben des DDR-Grenzregimes. 1952 hat man am östlichen Ufer der Ecker sämtliche Gehölze abgeschlagen und einen Stacheldrahtzaun gezogen. Im Laufe der sechziger und siebziger Jahre hat man die „moderne Grenze" errichtet, mit Kolonnenweg und Streckmetallzaun. Das Umfeld des Kolonnenwegs wurde penibel von Gehölzen frei gehalten. Dafür hat man das Gelände zwischen der Ecker und dem neuen Zaun ein wenig nachlässiger behandelt. Und so wuchsen dort einige Birken und Fichten auf, die inzwischen ein lockeres, etwa 40 Jahre altes Gehölz bilden. Die Birken-Fichtendickichte links des Wegs sind ca. 20 Jahre alt. Sie haben sich nach dem Fall der Grenze auf dem ehemaligen Kontrollstreifen etabliert. Die ersten hundert Meter des Besenbinderstiegs führen durch dieses Grüne-Band-Dickicht, das sich ohne Lücke bis an den östlichen Talrand erstreckt. Dann geht es durch Fichtenhoch-

Karl Berke 1. Vors. des Harzklubs Ilsenburg auf dem Kienberg/Besenbinderstieg

wald bergan. Teile des Waldes sind von einem Wildzaun umgeben. Hier helfen die Nationalparkförster der Natur auf die Sprünge, das heißt: Sie haben Laubbäume unter die Fichten gepflanzt, wodurch langsam ein Mischwald entsteht.

Die Naturwaldparzelle vom Kienberg

Auf der Höhe wechseln Weg und Wald ihr Gesicht. Der Weg wird zum Pfad, der sich unter hoch aufragenden Buchen und Eichen hindurchschlängelt. Immer wieder muss der Pfad umgestürzten Bäumen ausweichen. Der Wurzelteller einer Buche, die den Frühjahrsstürmen nicht Stand gehalten hat, ragt in die Höhe. An anderer Stelle liegen modernde Stämme, in denen neues Leben keimt. Und in den Lücken, die die gestürzten Baumriesen hinterlassen haben, schießen dicht an dicht Buchen, Bergahorn und Eschen hoch. Der Wald ist aus einer Naturwaldparzelle hervorgegangen, in der schon vor der Gründung des Nationalparks kein Baum mehr gefällt werden durfte. Amseln singen. Buchfinken schlagen. Ein Specht klopft. „Schöner und naturnaher geht es kaum noch", so denke ich. Doch schon werde ich eines Besseren belehrt. Der Pfad führt hinunter zu einem Waldbach. Ein Holzbrückchen führt ans andere Ufer. So macht Wandern Spaß.

Wanderungen leben von Kontrasten. Nach einem kurzen Anstieg endet der Prachtwald und ich stehe vor den Betonplatten eines Kolonnenwegs. Der Plattenweg hat den ehemaligen Grenzsignalzaun begleitet, der vom Scharfenstein über die Ernstburg und das Tuchfeldstal zum Ilsenburger Stieg zog. Drei Minuten später ändert sich die Szenerie erneut. Der Wald öffnet sich und vor mir liegt ein breites Wiesenband, auf dem Schottische Hochlandrinder grasen. Hinter dem Wald schaut der schneebedeckte Brockengipfel hervor. Wolkenfetzen jagen um den Fernsehturm – oder sind es Schneefahnen? Wie dem auch sei, vorerst wird es mit der Brockenbesteigung nichts. Aber in einem Monat sollte der Weg für die Harzquerung frei sein.

Ilsenburger Brauchtum

Am westlichen Stadtrand von Ilsenburg treffe ich auf den Ilsenburger Stieg. Eine viertel Stunde später wandele ich über dem Damm des Forellenteichs, der sich zur Flaniermeile gemausert hat. Hier hält man Schwätzchen, füttert die Enten und blickt hinüber zur Terrasse des „Landhauses zu den Rothen Forellen", das mit exklusiven Gerichten für den kleinen Hunger und den großen Geldbeutel aufwartet. Das übrige Ilsenburg gibt sich volkstümlich.

Harzer Brauchtum vor dem Ilsenburger Rathaus

Kein Wunder, denn Ilsenburg war ein Ort, in dem rund 2500 Arbeiter in den Hüttenwerken in Lohn und Brot standen. Und, obwohl sich seit der Wende vieles geändert hat, die Ilsenburger bleiben ihrem Brauchtum treu. Damit ist nicht nur das Forellenfest gemeint, an dem „Mönche" von einem Floß aus Fischbrut in den Forellenteich aussetzen. Volksverbundener ist die Kehraktion, die man dann und wann auf den Stufen des alten Rathauses, direkt vor dem noblen Landgasthaus, beobachten kann. Ein „Sträfling" im schwarz-weiß gestreiften Anzug, versehen mit Kette und Kugel, kehrt die über und über mit Sägespänen bedeckten Stufen des Rathauses. Der Ärmste gehört zu jener Gruppe von männlichen Ilsenburgern, die dreißig Jahre alt geworden sind, ohne verheiratet zu sein. Um die Strenge seines Arbeitseinsatzes abzumildern, erhält der „Sträfling" für jede gekehrte Stufe „Leckereien" in Form von belebenden Getränken. Auf die Frage, ob denn nur die Männer zu dieser erzieherischen Maßnahme gezwungen würden, bekommt man zur Antwort, dass man gerecht sei. Wer als Dreißigjährige noch nicht verheiratet sei, müsse unter Aufsicht Klinken putzen.

Was macht der Zar in Ilsenburg?

In Ilsenburg gibt es Einiges zu sehen. Das hatte auch Zar Peter der Große gedacht, als er Anno 1697 auf einer Reise nach Holland in der Grafschaft Stolberg-Wernigerode Station machte. Der Zar betrachtete seine Westeuropareise als eine Art Industriespionage. In Ilsenburg interessierte ihn die

Landhaus „Zu den Rothen Forellen"

Schloss Ilsenburg, Robert Riefenstahl, Privatbesitz Dr. Bode, Hamburg

gräfliche Eisenhütte, die mit einem Hochofen, einem Frischherd, zwei Pochwerken und zwei Hämmern zu den führenden Hütten Europas gehörte. Die Bedeutung Ilsenburgs als Ort der Eisenverarbeitung wurde durch die Gründung weiterer Produktionsstätten unterstrichen. Seit Mitte des 18. Jahrhunderts existierten im Ilsetal allein drei Drahthütten, eine Blankschmiede – sie stellte Beile und landwirtschaftliche Geräte her - und eine Nagelschmiede. Später kamen eine Achsenschmiede und eine Achsendreherei hinzu. Die Ilse, ein kleiner Fluss, der unterhalb des Brockengipfels entspringt, lieferte die für Blasebälge, Hämmer, Bohr- und Walzmaschinen notwendige Energie. Wer damals durch das Tal der Ilse wanderte und fragte, wem denn dieses oder jenes Werk gehöre, der bekam immer die gleiche Antwort: „Unserem Herrn, dem Für-

Blick vom Hochofenteich über Ilsenburg und den Ilsenstein zum Brocken. Ernst Helbig 1859, Privatbesitz Dr. Bode, Hamburg

Zar Peter der Große, Ölgemälde von Paul Delaroche (1838)

sten zu Stolberg-Wernigerode". Selbst das 1803 begründete Gasthaus „Zu den Rothen Forellen", wo Heinrich Heine auf seiner Harzreise einkehrte, gehörte der Wernigeröder Herrschaft. Der seltsame Name des Restaurants „Zu den Rothen Forellen" geht auf das Wappen derer zu Stolberg-Wernigerode zurück, das zwei rote Forellen zeigt.

Kloster Ilsenburg

150 Meter oberhalb des Mönchs- oder Forellenteichs liegt der Zainhüttenteich und zwei Querstraßen weiter, am Schickendamm, steht das „Backhus" von Karl Berke. Karl, ein zäher und ausdauernder Bergwanderer, der zu DDR-Zeiten bis in den Kaukasus vordrang, ist Erster Vorsitzender des Harzklubs Ilsenburg. Wir haben uns auf einer Wanderung kennen gelernt. Heute will Karl mir das Kloster Ilsenburg zeigen, das nur zehn Minuten von seiner Backstube entfernt auf einem steilen Hang über der Ilse liegt. Über den „Vogelgesang" gelangen wir zur Pfarrstraße, wo eine Brücke über die Ilse führt. Karl macht mich auf eine Gedenkplatte aufmerksam, die daran erinnert, dass hier am 31. Juli 1858 sechs Menschen den Tod fanden. Ein Gewitterregen hatte die für gewöhnlich so harmlos dahinströmende Ilse anschwellen lassen. Der Wildbach entfaltete ungeheuere Kräfte und brachte die Brücke zum Einstürzen.

Hinter der Brücke führt ein Fußweg durch einen Park zum Kloster und dem direkt davor stehen neoromanischen Schloss der Wernigeröder Grafen bzw. Fürsten hinauf. In dem Schloss befand sich vor kurzem noch ein Hotel. Doch die Bausubstanz ist so schlecht, dass die Betreiber schließen mussten. Karl erzählt mir, dass man jetzt daran gehe, zunächst einmal das Dach zu sanieren. Danach werde man weitersehen.

Auch die Klostergebäude wurden lange Zeit vernachlässigt. Inzwischen haben sich die Stadt Ilsenburg und eine Stiftung unter dem Vorsitz von Maria Fürstin zu Stolberg-Wernigerode darum bemüht, die kulturhistorisch bedeutsamen Räume wieder nutzbar zu machen. Die Klosterkirche ist bereits komplett saniert. Das Westwerk, das einst die Gläubigen mit monumentalen Doppeltürmen beeindruckte, hat man allerdings nicht wieder aufgebaut. Das wurde nämlich bereits im Jahre 1525 durch die Bauernkrieger verstümmelt. Bei den nachfolgenden Instandsetzungsarbeiten blieb nur der Torso eines Turms erhalten, der heute eine hölzerne Haube trägt. Dessen ungeachtet, die von der Stadt restaurierte Klosterkirche ist einen Besuch wert. (Öffnungszeiten Mo-Fr 10-16 Uhr, Sa+So 14-16 Uhr). Gleich am Eingang, an der Basis der westlichsten Säule werden wir von einer Fratze begrüßt, die das Böse abhält. Dann gibt es Fragmente eines mittelalterlichen Estrichfußbodens zu bestaunen. Rillen im Boden, in die man Farbpasten eingelegt hatte, zeigen eine geflügelte Schlange und einen Hirsch, der von einem Hund angefallen wird. Karl weist mich auf das Tympanon des Westportals hin, das aus dem 13. Jahrhundert stammt und einen segnenden Christus zwischen Johannes dem Täufer und dem Heiligen Johannes zeigt. Unabhängig von diesen Details beeindruckt mich die ruhi-

„Hammerhütte Ilsenburg 1893", Gemälde von Robert Riefenstahl

Klostersiegel

ge Harmonie des Raums mit seinen wuchtigen, zwischen rund und vierkant wechselnden Säulen, die ganz ohne Schnörkel auskommen.

Die Klosterkirche war Teil der Klausur, also des Gevierts, das den Mönchen vorbehalten war. Karl, der einen Klosterschlüssel besitzt, führt mich auch durch den Süd- und den Ostflügel der Klausur. Zuerst kommen wir durch den Kapitelsaal (hier fanden Lesungen und Ansprachen statt). Dann steigen wir hinauf in den zweiten Stock, wo sich das Dormitorium (Schlafsaal) befand. Schließlich geht es in den Südflügel, ins Refektorium (Speisesaal), wo ich romanische Säulen mit wunderschönen Würfelkapitellen zu sehen bekomme. Die Kapitelle sind mit Palmfächern verziert. Die Säulenschäfte weisen Rauten, Zickzackbänder und gedrehte Taue auf. Während im Ostflügel noch einiges zu tun bleibt, ist der Südflügel inzwischen so weit hergerichtet, dass man es wagen konnte, in dem Raum eine Ausstellung zu veranstalten. Karl Berke ist sicher, dass die Restaurierung in absehbarer Zeit in Gänze abgeschlossen sein wird. Den Westflügel kann mir Karl leider nicht zeigen. Er musste bereits vor langer Zeit dem Schloss weichen.

Die Geschichte des Klosters

Gegründet wurde das Kloster Ilsenburg im Jahr 1003. Damals schenkte der fromme König Heinrich II. der Halberstädter Kirche seine Jagdpfalz „Elysynaburg“, die an der Stelle stand, wo sich heute das Kloster befindet. Die Kirchenväter hat dies gefreut und noch im selben Jahr begannen sie mit den Vorbereitungen zur Gründung des Klosters, das mit Benediktiner-Mönchen besetzt wurde. Die königliche Mannschaft der Jagdpfalz indessen war empört. Sie wurde auf die zugige Burg Ilsenstein versetzt, die sich auf der Höhe der gleichnamigen Klippe befand. Von dort aus bekämpften sie über lange Zeit das Kloster. 1107 wurde die Burg schließlich auf Geheiß des Papstes zerstört.

Zweihundert Jahre später hatte das Kloster Ilsenburg erneut Pro-

Im Refektorium des Klosters

bleme mit der weltlichen Herrschaft. 1308 beschwerte sich der Abt beim Papst über die Wernigeröder Grafenbrüder Albert und Friedrich. Sie seien als Vögte zwar die rechtmäßigen Verwalter des Klosters, doch mit ihren Forderungen nach drastischer Erhöhung der Klostersteuer und weiteren Abgaben hätten sie ihre Befugnisse weit überschritten. Die Beschwerde scheint nicht viel genutzt zu haben, denn als der Abt die Steuer verweigerte, überzogen die Wernigeröder Grafen das Kloster mit blutiger Fehde. Mönche wurden misshandelt und erschlagen. Klostergebäude gingen in Flammen auf. Der Papst schleuderte den Bannstrahl und bezeichnete die Grafen als „Söhne der Bosheit". Doch das kümmerte die beiden Ritter wenig. Zwölf Jahre später erkannte das Kloster Ilsenburg die Vogteirechte der Wernigeröder Grafen an. Die Grafen gaben dem Kloster alle geraubten Gegenstände zurück und der Papst hob den Kirchenbann auf.

Den Ilsenburger Mönchen blieben nun gut 200 Jahre Zeit, sich in Demut christlich zu betätigen. Dann, im Jahre 1525, fiel das Ilsenburger Kloster dem Bauernkrieg zum Opfer. Nach der Reformation begannen die Grafen zu Stolberg-Wernigerode, Teile des alten Klosters zu einem Wohnsitz umzubauen. 1862 wurde unter dem Grafen Botho an der Nord- und Westseite des Klosters das besagte neoromanische Schloss errichtet.

Ilsenburg erscheint mir ausgesprochen interessant. Neben mittelalterlichen Klostergebäuden und einem Hütten- und Technikmuseum fasziniert mich vor allem die Ilse, die einem alpinen Wildbach gleicht. Auf halben Weg zum Brocken soll die Ilse über Katarakte ins Tal stürzen. Keine Frage, dass ich wiederkomme. Ich habe vor, auch von Ilsenburg aus auf den Brocken zu steigen.

Grenzsicherung am Ilsenburger Stieg

Auf meinem Heimweg begleitet Karl mich ein Stück. Er will mir die Stellen zeigen, wo sich die verschiedenen Grenzsperren befanden. Wieder geht es am Forellenteich vorbei und dann die Kastanienallee bergwärts. Bald liegen die schmucken Harz-Häuser Ilsenburgs hinter uns. Ein breiter Wanderweg zieht sich zwischen Wald und Gärten entlang. Karl macht mich auf weiße Ringe an den Waldbäumen aufmerksam. Sie markierten den Beginn des Sperrgebiets. Die am Weg liegende Gartenkolonie war dagegen noch allgemein zugänglich. Ein paar hundert Meter weiter, wo der Wanderweg in den Wald eintaucht, befand sich eine Schranke. Wer es dennoch wagte, weiter Richtung Westen vorzudringen, für den war in ca. einem Kilometer endgültig Schluss. Dort versperrte der Signalzaun den Weg. Potentiellen Grenzverletztern hatte man das Übersteigen dieses Zauns durch eine Sollbruchstelle

Die Ilse bei Ilsenburg

Am Trompeterkopf/Ilsenburg Stieg, Winter 1990, Reste der Grenzsperranlagen

im V-förmigen Alarmdrahtträger zusätzlich schwer gemacht. Versuchte jemand sich emporzuziehen, brachen die Träger ab.

Der Zaun war mit einem Tor versehen. Schließlich mussten die Grenzer auf die andere Seite gelangen, denn dort verlief der aus Lochbetonplatten gefügte Patrouillenweg, der Kolonnenweg. Karl weist auf einen Betonstreifen, der sich quer über den Waldweg zieht. Er markiert die Stelle, wo sich das Tor befand. Ein paar Schritte weiter und wir stehen am Trompeterkopf. Früher verkehrten hier Postkutschen. Am Trompeterkopf blies der aus Goslar kommende Kutscher in sein Horn, um das baldige Eintreffen seines Gefährts in Ilsenburg anzukünden.

Auf dem ins Eckertal hinunter führenden Abschnitt war der Weg auf beiden Seiten von Zäunen umgeben: links, in Blickrichtung Ecker, verlief der 3,2 Meter hohe Grenzzaun, im Behördendeutsch der DDR als „sprengstofflose Pioniersperre in einer Pfahlreihe" bezeichnet. Rechts des Wegs zog sich der Grenzsignalzaun entlang. An die Pfähle des Grenzzauns hatte man die berüchtigten Selbstschussanlagen montiert, die nach internationalen Protesten 1985 abgebaut wurden. Hinzu kamen die Spurensicherungsstreifen, die vegetationsfrei gehalten wurden. Schließlich hatte man eine Hundefreilaufanlage eingerichtet. Die scharf gemachten Tiere „patrouillierten" Tag und Nacht zwischen dem Grenzsignalzaun und einem parallel verlaufenden Maschendrahtzaun. Karl hat gleich nach der Grenzöffnung Fotos von den Sperranlagen am Trompeterkopf gemacht. Das war gut so, denn heute künden von den Zäunen nur noch Vertiefungen im Boden und die ehemaligen Spurensicherungsstreifen sind längst von Gehölzen überwachsen.

Zum Abschluss unserer Tour erzählt mir Karl Berke, woher der Name Besenbinderstieg kommt: Die Gegend, in der heute der Grenzstreifen-Pionierwald wächst, wurde Birkensträuchkopf genannt. Auch damals wuchsen dort also schon viele Birken. Im Winter, wenn in den Birkenreisern noch kein Saft war, kamen die Besenbinder in das Eckertal um „Birkenhecke" zu schneiden und daraus Besen zu binden.

Die Harzburg und der Canossagänger

Heinrich IV., König von Deutschland und späterer Kaiser des Heiligen Römischen Reichs, war jener Canossagänger, der im Winter 1076 mit seiner Frau und einer Handvoll Getreuer über die Alpen zog, um sich im Apennin dem Papst zu Füßen zu werfen, womit ihm die Lösung des Kirchenbanns gelang, den der Papst über ihn verhängt hatte. Heinrich IV., in Goslar geboren, hatte sich zum Ziel gesetzt, das Umland des Harzes zu einer Königslandschaft zu entwickeln. Die Reichsstadt Goslar war bereits unter seinem Vater Heinrich III. mit einer prächtigen Kaiserpfalz ausgestattet worden. Doch die Pfalz war nicht befestigt und auch im übrigen Land fehlte es an Burgen.

Bischof Benno von Osnabrück, sein technisch versierter Vertrauter, legte Heinrich nahe, sich für den Burgenbau zu engagieren. Vor allem beschwor er Heinrich, für den Fall der Fälle in der Nähe von Goslar eine sichere Zuflucht zu errichten. Heinrich IV. war nämlich bei den (Nieder-)Sachsen und Thüringern, die damals wie heute rund um den Harz zu Hause waren, nicht sonderlich beliebt. Dazu hat er selbst einiges beigetragen, doch vieles am problembeladenen Verhältnis des jungen Herrschers mit seinen sächsischen Landeskindern war Schicksal.

Klein Heinrich wird gekidnappt

Einhundert Jahre hatten sächsische Ottos und Heinrichs als Kaiser und Könige auf dem deutschen Thron gesessen. Das Land um den Harz war ihr Stammland. Dort befand sich ihr Königsgut, das ihnen den finanziellen Rückhalt gab, um Deutschland zu regieren. Als die Ottonen ohne Nachkommen blieben, erhoben die Stammesherzöge und Bischöfe einen Franken zum König. Und mit dem Thron gingen die Königsgüter, die Harzer Silberbergwerke und alle anderen königlichen Rechte in und um den Harz an das neue Herrschergeschlecht, die Salier, über. Heinrich IV., der zweite Salier auf dem deutschen Thron, blieb, obwohl in Goslar geboren, für die Sachsen ein Fremder. Heinrich IV. hatte zudem das Pech, dass sein mächtiger Vater, Heinrich III. – der im Reich alle Fäden in der Hand gehalten hatte – mit 39 Jahren, also im besten Mannesalter, starb. Damit nahm das Schicksal seinen Lauf, denn Klein Heinrich, den sein Vater bereits als Nachfolger hatte designieren lassen, war damals gerade vier Jahre alt. Seine Mutter, die vorerst die Regierungsgeschäfte übernahm, war weder ihrem kaiserlichen Amt noch ihrer Funktion als Mutter gewachsen. Und so verwundert es nicht, dass Heinrich eines Tages bei einem Besuch in Köln, er war damals sechs Jahre alt, von „amtlicher" Seite aus gekidnappt wurde. Anstatt bei seiner Mutter aufzuwachsen, wurde er der Staatsräson zuliebe unter die Obhut des Bischofs von Köln gestellt. Doch auch der Bischof achtete nicht sonderlich auf die Erziehung und der heranwachsende Heinrich genoss das

Seilbahn Harzburg, im Hintergrund das ehem. Spielcasino

Leben in Köln unter dem Motto „Wein, Weib und Gesang" in vollen Zügen.

König Heinrich IV. will es wissen

Als Heinrich die Volljährigkeit erreicht hatte und zum König gesalbt wurde, traf ihn die Last des Amtes mit voller Wucht. Die gute Mutter hatte sich von diesem und jenem bereden lassen, Königsgüter verschenkt, Positionen aufgegeben und sich auch sonst mehr schlecht als recht um das Reich gekümmert. Kurzum, die Machtverhältnisse im Stammland der deutschen Könige hatten sich sehr zu deren Ungunsten geändert. Doch Heinrich, der bisher ein Lotterleben geführt hatte, wollte nun den harten Mann spielen und das verlorene Terrain zurückgewinnen, womit er sich keine Freunde machte.

Heinrich IV., knieend, bittet Mathilde von Tuszien und Abt Hugo von Cluny in Canossa um Vermittlung im Streit mit dem Papst (aus Codex Vat. lat., ca. 1115)

Erstürmung der Burg, mittelalterliche Miniatur

Heinrich IV. baut sich eine Zuflucht

Es war also durchaus verständlich, dass er sich mit seinem Mentor, Benno von Osnabrück, in der Umgebung von Goslar nach einem Platz für den Bau einer befestigten Zuflucht umsah. Die Wahl der beiden fiel auf einen am Rand des Harzes aufragenden Berg, ca. zwei Stunden östlich von Goslar. Von drei Seiten war dieser Berg ob seiner Steilheit uneinnehmbar. Nur an der Stelle, wo der „Burgberg" über einen niedrigen Sattel mit dem Harzmassiv verbunden ist, schien ein Angriff möglich. Doch dieses Problem schien lösbar, man musste eben einfach eine starke Befestigung errichten. Und so wurde in den Jahren 1065-1068 auf dem „Burgberg", oberhalb des heutigen Bad Harzburg, eine Anlage errichtet, wie man sie in Sachsen bisher nicht gesehen hatte. Auf diesem Berg wurde deutsche Geschichte geschrieben. Hier nahm ein Königsdrama seinen Anfang, das Heinrich IV. in bewundernswerter Ausdauer über vier Jahrzehnte durchhielt. Ein abenteuerlicher Lebenslauf, nicht ohne tragisch-komische Züge. Heinrich geriet von einem Schlamassel in den anderen. Doch immer gelang es ihm, durch spektakuläre Taten ausweglos erscheinende Situationen zu meistern und dem Schicksal ein Schnippchen zu schlagen, wie in Canossa oder bei den filmreifen Ereignissen, die sich um die Belagerung der Harzburg im Jahre 1073 ranken.

Die Sachsen belagern die Königsburg

Heinrich IV. war, wie gesagt, nach Übernahme der Regierungsgeschäfte nicht eben geschickt vorgegangen. Mit Macht wollte er das im Harz verlorene Königsgut zurückgewinnen und darüber hinaus ausbauen. Seine Burgen dienten nicht, wie im alten Sachsen üblich, als Fliehburgen für die Bevölkerung, sondern waren Königsburgen, die den Zweck hatten, den Herrschaftsanspruch des Königs zu manifestieren. Da Heinrich IV. zudem den Sachsen von Grund auf misstraute, setzte er landfremde Burgverwalter ein, vor allem Schwaben, die Abgaben eintrieben und sich auch sonst nach Herzenslust daneben benahmen. Kein Wunder, dass die Sachsen, vom Adligen bis zum einfachen Bauern, Heinrich IV. zu hassen begannen.

Im Sommer 1073 war das Fass zum Überlaufen voll. König Heinrich hatte das Aufgebot zu einem Feldzug nach Polen erlassen. Am 22. August sollten sich die Truppen bei Goslar zur Heerschau versammeln. Aber unter den Sachsen kursierte das Gerücht, der Feldzug sei nur ein Vorwand, um sie endgültig dem tyrannischen Regiment des Königs zu unterwerfen, und so rüsteten sie sich zum Kampf für ihre Freiheit. Heinrich bekam es mit der Angst zu tun und floh mitsamt seinem Gefolge auf die Harzburg. Das war das Signal für die Sachsen; am 13. August umzingelten sie die Harzburg

und waren wohl bereit, vom gegenüberliegenden Sachsenberg aus die Burg des Königs anzugreifen.

Heinrichs Flucht durch den Urwald

Heinrich, dem klar war, dass dies das Ende seiner Regentschaft oder vielleicht sogar seines Lebens bedeutet hätte, entzog sich den wütenden Sachsen durch die Flucht. Dazu der ursprünglich lateinisch gefasste Bericht des Mönchs Lampert zu Hersfeld, eines Zeitgenossen von Heinrich IV.

Die Burg lag auf einem hohen Berge und war nur auf einem, noch dazu sehr schwierigen Weg zugänglich. Die übrigen Seiten des Berges hüllte ein ungeheuer ausgedehnter Wald in Dunkel, der sich als zusammenhängender Urwald von dort viele Meilen weit bis an die Grenze von Thüringen hinzieht, und deshalb konnte keine Wachsamkeit der Belagerer den Eingeschlossenen Ausgang oder Eintritt versperren. Nach einer Beratung mit seinen Leuten schickte der König noch mehrmals Gesandte zu ihnen, durch die er den Frieden forderte und Abstellung aller ihrer Beschwerden versprach. Während die Sachsen nun alle ihre gespannteste Aufmerksamkeit auf diese Verhandlungen richteten und wegen des günstigen Ausgangs schon in unzeitiger Sicherheit lässig wurden, nahm der König in einer Nacht, als sie sich dessen ganz und gar nicht vorsahen, Herzog Berthold und die beiden oben genannten Bischöfe und viele seiner übrigen Vertrauten mit, schickte in dem Gepäck die Reichsinsignien und einen Teil der Schätze, so viel Zeit und Umstände erlaubten, voraus und verließ dann heimlich die Burg, nachdem er den Zurückbleibenden den Auftrag gegeben hatte, am folgenden Tag mit aller List so zu tun, als wäre er noch anwesend , um die Feinde von einem Verdacht, dass er geflohen sei, abzulenken.

Drei Tage lang, so wird berichtet, zogen sie ohne Essen durch den Urwald auf einem schmalen, bis dahin nur wenig bekannten Fußpfad, den ein Jäger, ihr Führer, entdeckt hatte, als er in seinem Jagdeifer abgelegene Teile des Waldes eingehend durchforschte; voll Furcht erwarteten sie bei jedem Rauschen des Windes einen feindlichen Angriff und den auf ihre Kehle zielenden Tod. Am vierten Tag langten sie in Eschwege an, bis zum Äußersten erschöpft von Hunger, Nachtwachen und Anstrengungen der langen Reise. Hier stärkten sie sich ein wenig durch Speise und Schlaf und zogen am folgenden Tag, dem 13. August, als dem König schon zahlreiches Kriegsvolk zuströmte, nach (der Reichsabtei, Kloster) Hersfeld.

Wolf, letztes Tier im Harz 1798 erlegt

Bär, letztes Tier im Harz 1705 erlegt

Heinrich IV. hatte sich also über 200 Kilometer bis über die Südgrenze Sachsens ins Fränkische durchgeschlagen. Im Harz war er vermutlich dem Weg gefolgt, der die Kaiserpfalz Goslar mit den Pfalzen Nordhausen und Pöhlde verband. Der Verlauf dieses „Kaiserwegs" wurde von Historikern rekonstruiert und von Harzfreunden mit Wanderzeichen markiert. Bis an den Rand des Südharzes verläuft er weitgehend parallel zum heutigen „Grenzweg".

Von der Burg Heinrichs ist leider nicht viel übrig geblieben. Im Frieden von Gerstungen (einem Ort am Grünen Band Hessen - Thüringen) wurde Heinrich IV. gezwungen, seine Burgen im Harz bis auf die Grundmauern schleifen zu lassen. Zwar wurde die Harzburg im 11. Jahrhundert wieder aufgebaut. Aber der spätere Besitzer, der Herzog von Braunschweig-Lüneburg, ließ die alte Königsburg im Jahre 1651 niederlegen, vermutlich, um die Kosten einer Unterhaltung zu sparen. Dennoch erhält man beim Gang durch das Ruinenfeld einen Eindruck von der Größe der Anlage, die bezeugt: Dies war eine Königsburg. Beeindruckend sind auch die Ausmaße des ehemaligen Bergfriedes, dessen Stärke an den freigelegten Grundmauern sichtbar wird. Interessant ist der in den Fels getriebene Brunnenschacht, den man bis zu einer Tiefe von 42,6 Meter frei gelegt hat, ohne auf Grund zu stoßen. In 10 Meter Tiefe ist man auf einen Seitenstollen gestoßen, über den Quell- oder Zisternenwasser zugeführt wurde. Ist dies der Stollen, über den Heinrich IV. geflohen ist?

Die Luchse von der Rabenklippe

Eines ist sicher, in der Wildnis, durch die Heinrich IV. geflohen ist, lebten noch Bären, Wölfe und Luchse. Der letzte Harzer Bär wurde 1705 in der Nähe des Brockens erlegt, der letzte Wolf 1798 am Pfortenberg, unweit des Jagdhauses Plessenburg. Der letzte Luchs wurde 1817 bei den Sonnenklippen im Oberharz erschossen. Für Bären und Wölfe ist derzeit im Nationalpark Harz kein Platz. Dafür sind der Park und der angrenzende Naturraum zu klein. Doch der Luchs schleicht inzwischen wieder auf leisen Pfoten durch das Harzer Revier. Zur Jahrtausendwende hat man im Harz nämlich eine Jahrhundertentscheidung getroffen: Im niedersächsischen Teil des Nationalparks wurden Luchse ausgewildert. Als Symbol der Harzer Bergwildnis schleichen inzwischen wieder einige Dutzend Luchse durch das Gebirge. Kaum ein Harz-Wanderer wird die Chance haben, eine der großen Katzen in freier Wildbahn zu sehen. Doch unweit der Harzburg, an den Granitfelsen der Rabenklippen, von denen man tief hinunter ins Tal der Ecker blickt, kann man die Katzen mit den Pinselohren bewundern. Dort hat die Nationalparkverwaltung, ein Luchs-Schaugehege eingerichtet. Zweimal in der Woche kann man hier den Luchs bei der Fütterung beobachten. Ich habe mit Ole Anders, dem Koordinator des Luchsprojektes, am Schaugehege einen Termin vereinbart, um Tipps für die Luchsbeobachtung zu erfragen und um aus erster Hand etwas über das Schicksal der in Freiheit lebenden Artgenossen der Gehegeluchse zu erfahren. Das Treffen fand am frühen Abend, kurz vor Sonnenuntergang statt.

Ole Anders, der „Vater" der Harzer Luchse

Mit Ole Anders, dem „Vater" der Harzer Luchse im Schaugehege

„Herr Anders, wann ist die beste Zeit, um die Luchse zu beobachten?"

„Jetzt! Zu Beginn der Dämmerung werden die Tiere aktiv. Tagsüber stehen die Chancen für eine Beobachtung nicht so gut. Dann halten sich die Luchse manchmal versteckt und dösen."

Wir gehen langsam entlang der hohen Gehege-Umzäunung in Richtung Klippe. Ich strenge meine Augen an, kann aber außer Granitblöcken und Gehölzen nichts erkennen. „Schauen Sie dort", Anders weist mit der Hand nach links, wo direkt hinter dem Zaun für einige Sekunden das Antlitz einer großen Katze mit pinselförmigen Ohren erscheint. „ Keine Angst", sagt Anders, „das ist Tamino, unser Kuder (männliches Tier), der kommt wieder. Er will se-

Harzer Luchs

hen, wer hier um diese Zeit noch um das Gehege herum läuft." Und tatsächlich, drei Minuten später ist der Luchs wieder da und streift vor uns am Zaun entlang. Einen Augenblick verharrt das hochbeinige Tier direkt vor uns. Dann zieht es sich wieder ins Innere des Geheges zurück und entschwindet unseren Blicken. Ich bin begeistert.

„Das Tier sieht ja gar nicht wie eine Raubkatze aus, eher wie ein großes Schmusetier. Was wäre passiert, wenn ich versucht hätte, die Katze zu streicheln?"

„Wenn Tamino gerade schlechter Laune gewesen wäre, dann hätte er ihnen einen Schlag mit den Pfoten verpasst. Und das kann unangenehm werden, besonders wenn er die Krallen ausgefahren hat. Damit so etwas nicht passiert, haben wir vor den Zaun noch eine Absperrung gezogen. So kommt niemand den Tieren zu nahe. Die Gehege-Partnerin von Tamino, die Luchsdame Pamina, wurde zwar mit der Flasche aufgezogen, aber auch sie ist und bleibt ein Wildtier."

„Und wenn ich einem Luchs in der Wildbahn begegne, kann der mir gefährlich werden? Schließlich streifen ja wieder Luchse durch den Harz."

„Also, die Wahrscheinlichkeit, dass Ihnen auf einer Wanderung ein Luchs begegnet, ist nicht sehr groß. Wir haben nur Tiere in die Freiheit entlassen, die eine möglichst große Fluchtdistanz haben. Selbst wenn er in Ihrer Nähe wäre, würden Sie das Tier kaum zu Gesicht bekommen. Luchse nutzen sehr große Streifgebiete und sind unstet. Ich könnte Ihnen daher keine Stelle im Harz nennen, wo Sie mit hoher Wahrscheinlichkeit eines der Tiere sehen könnten. Da Luchse vor allem dämmerungs- und nachaktiv sind, können Sie sich ihre Chance für eine Begegnung ausmalen. Deshalb haben wir ja das Luchsgehege eingerichtet. Hier leben Tiere, die an den Menschen gewöhnt sind und mit ein klein wenig Geduld bekommen Sie, wie Sie gesehen haben, die Tiere auch zu Gesicht. Davon abgesehen stellt der Luchs mit seinen etwa 25 Kilo Körpergewicht generell keine Bedrohung für den Menschen dar."

„Und wieso sind die freilaufenden Luchse scheu und die Gehegeluchse zahm? Stammen sie von unterschiedlichen Herkünften?"

„Nein, alle unsere Luchse stammen aus Tierparks. Aber es gibt einen entscheidenden Unter-

schied: Luchse, die in die Wildbahn entlassen werden sollen, stammen aus großen, naturnahen Gehegen. Bevor diese Tiere ausgewildert wurden, verbrachten sie eine Zeit lang in einem Auswilderungsgehege, wo sie keinen näheren Kontakt mit Menschen hatten und sich akklimatisierten. Tamino, den sie eben gesehen haben, war auch für die Auswilderung vorgesehen. Er wurde dazu eigens aus dem finnischen Wildpark Ranua am Polarkreis eingeflogen. Beobachtungen im Auswilderungsgehege haben aber gezeigt, dass er nicht für das Freiland geeignet ist. Seit 2006 wildern wir aber ohnehin nicht mehr aus – das Projekt ist ein Selbstläufer geworden."

„Wovon lebt der Luchs, wenn er selbst seine Beute schlagen muss?"

„Den weitaus größten Teil seiner Nahrung, über 50 %, machen Rehe aus. Daneben erbeutet er Hirschkälber und Frischlinge, Hasen, Vögel und andere Kleintiere. Kommen Sie, vielleicht zeigt Ihnen unsere Luchsin, auf welche Weise die großen Katzen jagen."

Anders führt mich auf die gegenüberliegende Seite des Geheges, wo sich eine Tür befindet. Er öffnet die Tür und bittet auch mich einzutreten.

„Sie brauchen keine Angst zu haben", sagt Anders, der meinen unsicheren Blick bemerkt hat, „wir befinden uns hier im Wirtschaftsbereich des Geheges, zu dem die Luchse keinen Zugang haben. Sehen Sie, und dort in dem separaten Gehege ist Pamina untergebracht, die Luchsdame. Sie ist an den Menschen gewöhnt. Allerdings können wir zusammen nicht in das Gehege hinein gehen. Auch wenn das Tier nur zum Spielen animiert, so könnte das Spiel doch deutlich rauer ausfallen, als uns lieb ist."

Spielende Gehegeluchse

Es ist mittlerweile schon dämmrig geworden, doch man kann die Luchsin, die an den Gehegezaun herankommt, noch gut erkennen. Anders krault sie am Kopf und sofort beginnt das hochbeinige Tier nach Katzenart zu schnurren, nur mit tieferer Stimme. Dann spaziert Pamina durchs Gehege und beißt mit ihren großen Zähnen einmal kurz in das Stück Fleisch, das am Boden liegt, wie um zu zeigen: Das gehört mir!

„In der Natur kehren die Luchse über mehrere Tage hinweg zu ihrer Beute zurück", klärt Anders mich auf. „Und jetzt markiert sie mit ihrem Urin ihr Revier."

„Und wann kommt das mit der Jagd?", frage ich.

„Warten Sie. Pamina spult gerade ihr Repertoire ab. Ich bin sicher, dass sie uns auch noch zeigen wird, wie ein Luchs jagt." Vorerst passiert nichts Besonderes. Die Luchsdame streift langsam durch das Gehege und duckt sich dann ins hohe Gras. Kaum drehen wir ihr den Rücken zu, schnellt sie mit riesigen Sätzen hervor und landet direkt vor uns am Gehegezaun. Sie schaut zu uns herüber. Es ist, als ob sie uns sagen wollte: „Seht, was ich Tolles kann."

„Der Luchs ist ein Beutegreifer, der mit dem Überraschungseffekt arbeitet", kommentiert Anders, „Nur auf diese Weise vermag er Rehe zu überwältigen."

„Haben sie wegen der Rehe, die von den Luchsen geschlagen werden, Ärger mit den Jägern?", frage ich. „Kaum. Das liegt vor allem daran, dass die Landesjägerschaft Niedersachsen, neben dem Land Niedersachsen, Träger des Luchsprojektes ist. Es kann schon einmal vorkommen, dass ein Jagdpächter verunsichert ist, wenn ein Stück Wild gerissen wird. Doch wir nehmen dann sofort Kontakt mit den betreffenden Leuten auf, erklären die Situation und bitten um Mithilfe bei der Luchsbeobachtung. In fast allen Fällen haben die Jäger daraufhin akzeptiert, dass der Luchs wieder durch unser Land streift. Die Beobachtungen von Jägern und Förstern sind die Grundlage dessen, was wir über die Harzer Luchse wissen.

Die Meldung eines Rissfundes wird Jagdpächtern sogar mit einem Pauschalbetrag von 50 Euro vergütet."

„Vergreift sich der Luchs auch mal an Haustieren?"

„Das ist selten. Aber es kann schon einmal vorkommen, dass ein Schaf oder eine Ziege gerissen wird. In so einem Fall erhalten die Geschädigten eine Kompensationszahlung, die dem Marktwert des gerissenen Tieres entspricht."

„Wie viele Luchse verträgt die Region? Wird die Zahl der Luchse, die durch den Harz streifen, in der Zukunft noch steigen?"

„Das Streifgebiet einer Luchsdame liegt in der Größenordnung 100 Quadratkilometer, das eines Luchsmännchens bei 300 bis 400 Quadratkilometern. Damit sind wir mit dem jetzigen Bestand an der Grenze der Kapazität angelangt. Einige Luchse tragen GPS-Halsbandsender und geben uns so ständig Auskunft über ihre Wege durch das Mittelgebirge."

„Bleiben alle Luchse im Harz?"

„Nein, bei der Größe ihres Streifgebietes ist es nicht zu vermeiden, dass sie auch in andere Gebiete ziehen. Bis hinauf zum Elm und herunter in die nordhessischen Berge liegen uns inzwischen Luchsbeobachtungen vor. Einen endgültigen Wiedereinbürgerungserfolg können wir aber erst dann vermelden, wenn unsere Harzer Luchse mit den Luchsen in Austausch treten, die von Tschechien aus Nordbayern durchstreifen. Doch der Weg nach Bayern ist lang und gefährlich. Überall zerschneiden Autobahnen und Schnellstraßen die Landschaft. Zudem fehlt es an Deckung. Die Schaffung von Biotopverbindungen wie dem Grünen Band könnte für Abhilfe sorgen."

„In Richtung Süden bietet das Grüne Band ja bereits recht günstige Verhältnisse. Über das Werrabergland, den Hainich, könnten die Luchse in den Thüringer Wald gelangen. Am Grünen Band Hessen - Thüringen sind bereits Luchse gesichtet worden."

„Da gebe ich Ihnen Recht, auch für das Ohmgebirge bei Duderstadt liegen inzwischen Luchsbeobachtungen vor", sagt Anders, „allerdings stellt das Eichsfeld mit seinen großen Ackerflächen eine Barriere für den Luchs dar. Hier weist das Grüne Band noch Defizite auf ...", „ ... die hoffentlich in den nächsten Jahren im Rahmen eines vom Bundesamt für Naturschutz finanzierten Projektes geschlossen werden", falle ich Anders ins Wort.

„Ja, ich denke, mit dem Grünen Band sind wir auf dem richtigen Weg."

„Das ist ein schönes Schlusswort. Herr Anders, ich danke Ihnen für dieses Gespräch."

„Gern geschehen! Öffentlichkeitsarbeit hat für uns einen hohen Stellenwert. Und jetzt passen Sie auf: Wenn wir gehen, schauen Sie sich zunächst nicht um, unsere Luchsdame startet dann bestimmt einen Überraschungsangriff. Das ist ihre Art zu spielen."

Kaum sind wir ein paar Schritte gegangen, hört man Pfoten über den Boden trommeln, ein Satz, und dann wieder Stille. Wir drehen uns um, und da steht Panima steifbeinig am Gehegezaun, so als ob nichts geschehen wäre.

Ole Anders erreicht man über die Telefonnummer 05582-9189-37 bzw. über die E-Mail-Adresse: anders@nationalpark-harz.de

Heiliger Antonius

Tourenbeschreibung

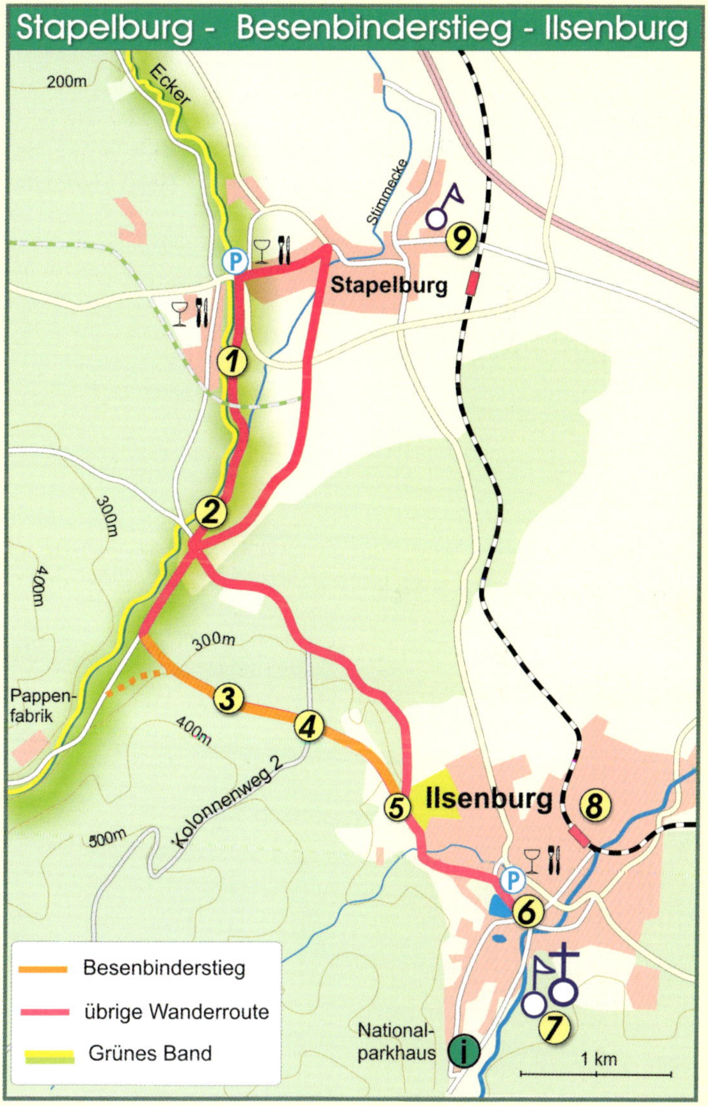

Stapelburg-Ilsenburg und zurück

Kurze Wanderung im Bereich des Grünen Bandes, mit hohem Erlebniswert.
Länge: *10 km*
Dauer: *3-3½ Stunden*
Anstiege: *ca. 170 m*
Min. 1: Start (244 m); max. 1: Naturwaldparzelle (357 m), Bachtal 320, hinter Kolonnenweg (330 m)
min. 2: Forellenteich (256 m), max. 2: Trompeterkopf (304 m)
Wegecharakter: *befestigte Wege und Pfade*
Markierungen: *am Besenbinderstieg gelber Punkt, am Ilsenburger Stieg blauer Punkt*

Start am Parkplatz in der Eckersiedlung. Man folgt dem Harzer Grenzweg, der am östlichen Ufer der Ecker durch Grüne-Band-Wildnis (1) zum Gelände des ehemaligen Sanatoriums Jungborn führt (2). Am Jungborn-Denkmal wird der Isenburger Stieg gequert. Weiter auf dem Harzer Grenzweg, der auf dem Weg zur Eckertalsperre mit Nationalpark-Wanderweg (Markierung „Rotes Dreieck") zusammenfällt. Nach ca. 1 km zweigt der Besenbinderstieg links ab. Man quert das Tal und steigt durch Fichtenhochwald bergan. Auf der Höhe wandert man durch einen naturnahen Laubwald, der als Naturwaldparzelle ausgewiesen ist (3). Auf der Höhe wird der Kolonnenweg des Hinterlandzauns gequert (4). Kurz darauf öffnet sich das Gelände. Über Wiesen und Weiden geht es hinunter zu den Gärten von Ilsenburg (5), wo man wieder auf den Ilsenburger Stieg trifft. Es bietet sich ein Abstecher in die 1 km entfernte Innenstadt an. Dazu folgt man der Markierung des Ilsenburger Stiegs über die Kastanienallee. Man wird über den Forellenteich direkt ins Zentrum (6) geleitet. In Ilsenburg lohnt der

Besuch des Klosters (7). In der Eisenmanufaktur Fürst Stolberg Hütte GmbH (Schmiedestraße 17) kann man werktags um 10 und um 14 Uhr beim Gießen zuschauen (8).

Zurück über den Ilsenburger Stieg. Am Jungborn-Denkmal rechts ab und auf dem Harzer Grenzweg zum Ausgangspunkt der Tour. In Stapelburg bietet sich ein Abstecher zum Burgberg an (9).

Über die Harzburg zum Luchsgehege

Länge: *9 km*
Anstiege ohne Seilbahn: *300 Höhenmeter*
Dauer: *3-4 Stunden*
Wegecharakter: *befestigte Wege*
Gastronomie: *im Kurpark, auf dem Burgberg und an der Rabenklippe*

Eine Fußgängerbrücke führt vom Haus der Natur im Kurpark von Bad Harzburg sicher über die verkehrsreiche B4. Man folgt dem Hinweis „Burgberg-Café" und der Markierung „Grünes Dreieck", womit man, bei vertretbarer Steigung, auf einem Zickzack-Weg in ca. 3 km zum Gipfelplateau geleitet wird. Zunächst steigt man unter dem Dach von hohen Buchen auf einem ausreichend breiten Weg über den abschüssigen Westhang aufwärts. Nach der ersten Kehre geht es unter der Seilbahntrasse hindurch und weiter über den ebenso steilen Südhang, der von Geröll und Felspartien durchsetzt ist. Die Buchen treten zurück und machen Eichen Platz, die mit ihrem krüppeligen Wuchs einen lichten Wald bilden, mit etwas dürftigem Gras und ein paar Heidelbeersträuchern darunter. Eine karge Szenerie. Wer über diesen gerölldurchzogenen Steilhang versuchte den Berg zu erstürmen, hatte schon verloren.

Der Verteidigungsring der Harzburg

In 468 m Höhe erreichen wir den Sattel zwischen dem 482 m hohen Burgberg und dem 545 m hohen Sachsenberg. Hier befand sich die Schwachstelle der Burg. Des Königs Baumeister hat dem Problem mit einem mehrfach gegliederten Verteidigungssystem Rechnung getragen. Auf einen Wall mit Graben folgte eine starke Außenmauer. Über eine Treppe, die durch die Trümmer des Burgtors führt, betritt man den ehemaligen Hof der Ostburg. Die Lage der Gebäude und Verteidigungsanlagen ist nur noch anhand der Grundmauern nachzuvollziehen. An die Ostburg schloss sich, durch einen Graben getrennt, die Westburg an (siehe Skizze). Um beide zog sich die Burgmauer (braune Linie), die man zum Sachsenberg hin mit einem zweiflügeligen Wehrbau (rote Linien) verstärkt hatte. Damit hatte man einen Sicherungsraum zwischen Burgmauer und Wehrbau geschaffen (Zwinger), der durch einen flankierenden Turm zusätzlich gesichert wurde (Turm1).

Zu den Rabenklippen

Folgen wir der Spur von Heinrich IV. ein Stück weit über den Kaiserweg - wir nehmen damit zugleich Kurs auf die Nationalpark-Waldgaststätte Rabenklippe und das Luchsschaugehege. Der Kaiserweg beginnt im Sattel zwischen Burgberg und Sachsenberg, wo viele Wege kreuzen. Hier verehrte man einst den Heiligen Antonius, den Heiligen der Suchenden. Der heilige Antonius steht heute, lebensgroß in Buchenholz geschnitzt, am Beginn des Besin-

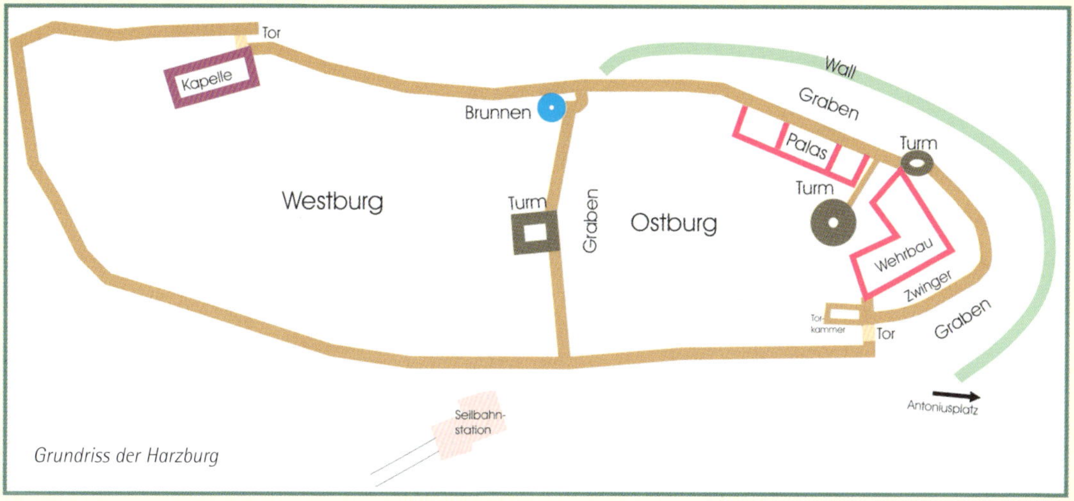

Grundriss der Harzburg

nungsweges. Während dieser Weg links um den Sachsenberg führt, zieht sich der Kaiserweg an dessen rechter (südlichen) Flanke entlang. In diesem Abschnitt müssen am 13. August 1073 die Truppen der aufständischen Sachsen gelegen haben. Der Weg zu den Rabenklippen ist ausgeschildert. Markiert ist die Strecke mit einem roten Band und im weiteren Verlauf mit einem roten Kreuz.

Als Rückweg bietet sich die Runde über das Kreuz des deutschen Ostens an, das auf einer Klippe mit Blick auf Bad Harzburg steht und, zusammen mit Gedenksteinen der verschiedenen Landsmannschaften, an die Vertreibung aus den deutschen Ostgebieten erinnert. Der gut ausgeschilderte Weg ist kaum zu verfehlen. Er führt durch Fichtenforsten, die vom Nationalparkamt mit jungen Buchen unterbaut werden, um der Natur „auf die Sprünge zu helfen". Vom Kreuz des deutschen Ostens ist man in weniger als 1 Stunde wieder am Burgberg, wo man sich eine Talfahrt mit der Seilbahn gönnen sollte.

Wildbeeren, Nahrung von Heinrich IV auf seiner Flucht

Eckertal - Scharfenstein - Brocken

Ecker-Stausee

Durchs Eckertal

Im April bin ich wieder in Stapelburg. Jetzt endlich geht es auf den Brocken, und zwar über das Eckertal. Gleich zu Beginn tauche ich in eine Grüne-Band-Wildnis ein. Auf schmalem Pfad wandere

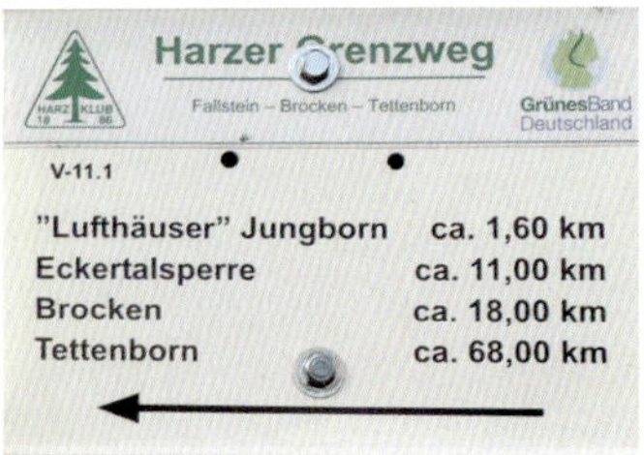

ich durch einen Birken-Ahorn-Dschungel, der sich im „Niemandsland" der Eckeraue entwickelt hat. Die Grenzer haben früher regelmäßig die aufkommenden Gehölze abgeschlagen. Dem Ahorn macht das so gut wie nichts aus. Er treibt wieder neu aus und zwar gleich mehrfach, sodass abenteuerliche Baumgestalten entstehen. Nach einiger Zeit treffe ich die ehemalige Trasse der Bahnlinie Ilsenburg - Bad Harzburg. Hinter dem Damm steht ein schwarz-rot-goldener Grenzpfahl am Ufer der Ecker und stellt klar: Das „Niemandsland" war Bestandteil der DDR.

Ein Bach wird gequert. Aber der fließt nicht in die Ecker. Hier wird Eckerwasser abgezapft und durch die Stapelburger Wiesen geleitet. Es ist dies der Beginn der Stimmecke, der Bach, von dem aus der Erpel der Leßmanns zu seiner Erkundung des „500-Meter-Schutzgebiets" aufgebrochen war. Kurz hinter der Stimmecke dann plötzlich intensiver Knoblauchgeruch. Es geht wieder einmal durch Bärwurzteppiche und dahinter, welche Überraschung, unzählige Märzenbecher. Dann führt der Grüne-Band-Pfad zum ehemaligen Grenzkontrollstreifen hinauf.

Der „Dschungel" lichtet sich und macht der „Parklandschaft" Platz, in der sich einst die Gewächshäuser und Gartenanlagen des Jungborn-Sanatoriums befanden. Auf dem Kolonnenweg geht es zum Kernbereich des ehemaligen Sanatoriums, wo man durch Mahd und Strauchschnitt die ehemalige Parklandschaft wieder sichtbar gemacht. Die sanfte Pflege schafft Vielfalt, der „Park" als Ergänzung zum Grünen-Band-Dschungel an der Ecker.

Bergahorn in der Grünen-Band-Wildnis

Sonderbiotop auf historischer Schlackendeponie

Am oberen Ende des Friedrichsparks, am Ilsenburger Stieg, befindet sich das Jungborn-Denkmal. Hier beginnt der Nationalpark. Auf einem schnurgeraden Weg geht es nun durch eine Grenz-Birken-Fichtenwildnis. Nach einer viertel Stunde Marsch öffnet sich rechter Hand der Wald und eine hügelige Freifläche wird sichtbar. Hier wachsen rosa blühende Grasnelken, Rentierflechten und sparrige Gräser. Die Grasnelke, Armeria maritima, ist ein Indiaktor für schwermetallhaltige Böden. Im Harz wächst sie gern auf den Schlackenhalden ehemaliger Kupfer- oder Bleihütten. Und um eine solche Schlackenhalde handelt es sich hier. Schlacke ist unfruchtbar und die Besiedelung durch Pflanzen geht dementsprechend langsam vonstatten. Grasnelken und Flechten sind Erstbesiedler, später gesellen sich Birken hinzu. Damit die seltenen und schönen Nelken-Flechten-Fluren erhalten bleiben, wird auf diesem historischen Platz von der Nationalparkleitlinie „Natur Natur sein lassen" abgewichen und der Gehölzaufwuchs entfernt.

Ich quere die Ecker und die Pappenfabrik kommt in Sicht. Das düstere Industrieensemble, von dem ein die Atemwege reizender Säuregeruch ausgeht, wirkt wie eine Enklave. An eine Einstellung der nicht gerade umweltfreundlichen Produktion ist vorerst nicht zu denken. Die Pappenfabrik ist eine

Märzenbecher

Altlast aus der Gründungszeit des Nationalparks, der man notgedrungen Bestandesschutz zusichern musste.

Die Ahlsburg und der Kolonnenweg

Am Werkszaun wechselt der Wanderweg auf die westliche Seite der Ecker, denn das östliche Ufer wird steil und felsig. Der Kolonnenweg bleibt natürlich auf der anhaltinischen Seite. Er zweigt vom Wanderweg ab und übersteigt den felsigen Hang. Anderthalb Kilometer talaufwärts erreiche ich eine felsige Engstelle, eine Klause. Auf beiden Seiten der Ecker erheben sich düstere Granitklippen, die grade einmal Platz für einen Weg lassen. Auf den Klippen am östlichen Ufer stand bis ins 14. Jahrhundert die Ahlsburg, deren Besatzung für den Schutz des umliegenden Reichsbannforstes verantwortlich war.

An dieser Stelle führt der Grenzweg wieder ans östliche Ufer, ich überschreite erneut die ehemalige innerdeutsche Grenze. Hier, im Dunkel des Waldes, am Ufer eines rauschenden Wildbachs vergisst man dies leicht. Einen Pfad, der zur Burg heraufführt, kann ich nicht entdecken. Stattdessen türmen sich vor mir Felsen auf. Ein paar Meter weiter stößt der Plat-

Sonderstempelstelle „Eckerkrug"

Grasnelke auf historischem Hüttengelände

tenweg in spitzem Winkel auf den Grenzweg. Der Kolonnenweg muss also oberhalb der Ahlsburg verlaufen. Also dann nach links und den Plattenweg hinauf. Nach gut 100 Metern wendet sich der Kolonnenweg nach rechts. In dieser Kurve hängen zwei Schilder. Auf dem einen steht: „Ahlsburg", auf dem anderen: „Betreten auf eigene Gefahr". Wie ich bald merke, ist diese Warnung ernst zu nehmen. Die senkrecht abfallenden Klippen sind nicht gesichert. Noch nicht einmal ein Steig ist vorhanden. Da von der Ahlsburg ohnehin nur ein paar Mauerreste übrig sind, begnüge ich mich damit, vom Kolonnenweg aus auf den felsigen Bergsporn zu schauen. Wenn man nicht in die Ferne schauen kann, schärft sich der Blick für Naheliegendes. Unmittelbar am Kolonnenweg entdecke ich Isolatoren, die im Stamm einer Fichte stecken. Von den Porzellanköpfen hängen noch die Fernmeldedrähte herunter.

Zurück auf dem Harzer Grenzweg geht es nun fast vier Kilometer aufwärts, durch das enge, wildromantische Eckertal. Immer wieder erheben sich über dem Weg Granitklippen. Den Wanderweg zieht es bald wieder ans westliche Ufer, in den niedersächsischen Teil des Nationalparks. Obwohl die Ecker auch hier Grenzfluss war, existierte hier oben kein Grenzzaun. Der endete kurz hinter der Ahlsburg blind. Für Grenzgänger bestand dennoch keine Hoffnung. Der eigentliche Sperrriegel verlief auf der Höhe, zwischen Scharfenstein, Ernstburg und Trompeterberg. Der Eckertalzaun Jungborn - Ahlsburg war nur ein Seitenast in einem lückenlosen Sperrsystem.

Hohltaube

Zudem haben besonders verlässliche Unteroffiziere, sogenannte Grenzaufklärer, diesen Abschnitt regelmäßig kontrolliert. Auf einem Weg, der am östlichen Ufer zur Mauer der Eckertalsperre führte, sind sie Patrouille gefahren. Selbstverständlich hat man das Umfeld des Patrouillenweges gehölzfrei gehalten, was man noch heute an einem Streifen junger Birken und Fichten erkennen kann.

Silberblatt

Zur Staumauer

Inzwischen habe ich die 500-Meter-Höhenlinie erreicht. Bis zur Sperrmauer ist es nicht mehr weit. Auf dem Steilhang über dem Weg wächst urwüchsiger Laubwald. Dieser Wald gehört zum Besten, was der Nationalpark zu bieten hat. Baumveteranen und Jungwuchs von Bergahorn, Esche und Buche beherrschen den Bestand. Und obwohl der Boden von Steinen und Blöcken übersät ist, hat sich – bedingt durch die für den Harz außergewöhnlich hohe Nährkraft des Bodens - eine prächtige Krautschicht entwickelt. Besonders attraktiv ist die Mondviole, deren Schoten im Spätsommer wie Silberblätter leuchten. Wegen der vielen alten Bäume ist der Bestand ein Dorado für Spechte. Hier lebt auch die seltene Hohltaube, die verlassene Spechthöhlen als Nachmieterin nutzt. Dieser artenreiche Wald, den die Botaniker als „Schluchtwald" bezeichnen, erstreckt sich bis kurz vor die Eckertalsperre.

Die geteilte Staumauer

Der Fahrweg endet am Fuße der 57 Meter hohen Staumauer. Ein Treppenpfad auf niedersächsischer Seite führt hinauf zur Mauerkrone. Von dort oben hat man

Eckersee-Staumauer

An der oberen Ecker

einen gruseligen Tiefblick ins Ekkertal. Dreht man sich um, schaut man über einen tiefblauen See, der von dunkelgrünen Bergen umrahmt wird. Zu DDR-Zeiten war auf der Sperrmauer nach gut 100 Metern die Welt mit Brettern vernagelt. Da die innerdeutsche Grenze mitten durch den See lief, war die Staumauer geteilt. Ein DDR-Grenzpfahl erinnert daran. Die Talsperre wurde zu Beginn des Zweiten Weltkrieges errichtet, um die Trinkwasserversorgung im Harzvorland zu verbessern. 1942, mitten im Krieg, wurde die Eckertalsperre in Betrieb genommen. Eine Flakeinheit sicherte auf beiden Seiten den Damm. Bei Fliegeralarm ließ man Fesselballons aufsteigen. Drei Jahre später trafen sich hier Russen und Amerikaner und die Talsperre wurde teils der sowjetischen, teils der britischen Besatzungszone zugeschlagen. Heute nutzen Wanderwege die Staumauer als Eckerübergang, u.a. der Harzer Grenzweg, der über die Scharfenstein-Rangerstation dem Brockengipfel zustrebt.

Auf abenteuerlichen Pfaden um den Eckerstausee

Ich möchte gern noch etwas tiefer in den Nationalpark eindringen. Ich will wissen, wie es am oberen Ende des Stausees aussieht. Dort sollen sich Fuchs und Hase gute Nacht sagen. Die Nationalparkverwaltung hat einen Weg ausgewiesen, der in diese abgelegene Ecke führt, den „Pionierweg". Auf ihm kann man den See auch umrunden. Die Wegbezeichnung scheint Programm zu sein. Es beginnt recht harmlos. Genussvoll wandert man auf einem gut ausgebauten Weg hoch über dem Seeufer. Doch kaum hat man sich eingelaufen, wandelt sich der Weg in einen schmalen und zum Teil recht abschüssigen Pfad. Am Ende des Stausees entwickelt sich der „Pionierweg" schließlich zu einem Pfad der Kategorie „Über Stock und Stein". Ständig muss ich darauf achten, wo ich meine Füße hinsetze. Der Weg passt sich der Landschaft an, die Züge einer Bergwildnis annimmt: uriger Blockwald mit Fichten, die bis auf den Boden beastet sind, tiefgrüne Moospolster, kniehohe Beerensträucher. Dazu das Rauschen der Ecker, die sich ihren Lauf um riesige Granitblöcke bahnt.

Naturbrücke nach Sachsen-Anhalt

Nach einer Weile trifft der Pfad auf die Ecker. Im Bachbett liegt ein toter Baum, auf seinem Stamm balanciert Fichtenjungwuchs. Daneben hat der Bach große Mengen von goldbraunem Granitgrus abgelagert. Über Granitblöcke und Geröll geht es ekkeraufwärts, wobei ich inzwischen mehr stolpere als gehe - die Ecker hat die Talsohle ausgewaschen und ein Meer von Steinen hinterlassen. Schließlich ereiche ich eine Stelle, wo riesige Granitblöcke die Ecker überbrücken. Den Markierungen zufolge führt der Pionierweg dort hinüber. Und so hüpfe ich über die Blöcke ans anhaltinische Ufer. Alle Achtung! Da hat der Nationalpark wirklich einen tollen Weg angelegt, der selbst erprobten Alpen-Wanderern etwas abverlangt. Am östlichen Ufer geht es auf einem ehemaligen Grenzkontrollpfad eckerabwärts. Bäche, die am Westhang des Brockens entspringen, queren den Weg. In dem blockigen Gelände verzweigt sich ihr Lauf und es entstehen Sümpfe. Nach und nach wird der Weg breiter und ich erreiche einen Abzweig. Links führt der Pionierweg zur Staumauer. Ich wende mich nach rechts und folge einer Abkürzung zur Ranger-Station, wo ich wieder auf den Harzer Grenzweg treffen werde.

Am Scharfenstein

Nach einem kurzen Anstieg öffnet sich der dunkle Forst. Der Weg führt über eine Wiese, der man ansieht, dass sie seit langem nicht mehr gemäht wurde. Ich befinde mich im Gebiet der Wiesen und Weiden des ehemaligen Viehhofs Scharfenstein. Diese werden, weil sie im Nationalpark gelegen sind, sich selbst überlassen. Am Weg, neben einer großen Esche, stehen die Mauern des ehemaligen Stalls. Das Dach ist längst eingebrochen. Auf der halb abgetragenen Mauerkrone haben sich Ebereschen angesiedelt. Im Innern, wo ehemals die Kühe gestanden haben, wachsen Disteln und Brennnesseln. Noch sind die Ansätze der Fensteröffnungen zu erkennen. Doch es wird nicht lange dauern, bis die Mauern in sich zusammenfallen. Gras und Brennnesseln werden die Herrschaft übernehmen, Gehölze werden die Mauerreste überwachsen und irgendwann wird der Viehhof in der vordringenden Natur untergegangen sein.

Ein paar Schritte weiter, am Waldrand, stand ehemals ein Forsthaus. Es war ein romantischer Ort. Hinter dem Haus ragten die Klippen des Scharfensteins auf, davor weidete das Harzer Vieh. Von dem Forsthaus ist nichts, aber auch gar nichts mehr zu sehen. Hier hat der Mensch dem natürlichen Verfall vorgegriffen: Die DDR-Grenztruppen haben das Forsthaus zerstört. Wenn - vielleicht in 100 Jahren - die Ruine des Viehhofs von Gehölzen überwuchert ist, dann wird das letzte sichtbare Zeichen vom einstigen Leben unter der Scharfensteinklippe verschwunden sein. Doch mit dieser Einschätzung liege ich nicht ganz richtig. Wenig später stehe ich nämlich vor zwei neu erbauten Blockhäusern mit rustikalen Bänken, wo fröhliche Menschen bei Kaffee und Kuchen sitzen. Ich habe die Ranger-Station Scharfenstein erreicht. Hier legen alle Wanderer eine Rast ein. Wer könnte auch an dem „Ranger-Imbiss" mit seinen sonnigen Kaffee-Terrassen achtlos vorbeigehen, zumal die Preise solide sind (täglich geöffnet von 10 bis 16 Uhr).

Da draußen alle Plätze besetzt sind, lasse ich mich drinnen vor der Theke nieder.

„Haben Sie auch etwas Kräftiges zu essen?", frage ich den Ranger, nachdem er mir ein großes Glas Apfelschorle über den Tresen gereicht hat.
„Na klar, Sie können eine Bockwurst haben, eine anhaltinische, aus Magdeburg. Wenn Sie ein klein wenig Geduld haben, machen wir sie warm."

Natürlich bestelle ich. Und während ich auf die warme Wurst warte, betrachte ich die Bilder, die an der Wänden hängen. Dabei fallen mir alte Aufnahmen vom Viehhof und dem Forsthaus Scharfenstein ins Auge. Der Ranger drückt mir ein Heftchen in die Hand. „Wenn Sie sich für die Geschichte des Scharfensteins interessieren, habe ich etwas für Sie. Unser ehemaliger Oberförster, der Joachim Wernecke, hat dazu einiges zusammengetragen, Bilder und Texte. Das können Sie sich hier gerne anschauen. Mitgeben kann ich es Ihnen leider nicht." - Die Ausarbeitungen sind reich be-

Karl-Heinz Liedtke, Ranger a. d. Informationsstelle Scharfenstein

bildert und ausgesprochen interessant.

Meine Wurst kommt, sie ist richtig heiß und mit Bornsenf schmeckt sie köstlich, was sicher nicht nur an dem anstrengenden Weg liegt. Neue Gäste kommen. Eine Küchenhilfe geht dem Ranger zur Hand. Ich wundere mich, dass ein Ranger nach den Wünschen von Gästen fragt und sie mit Getränken und einem Imbiss versorgt. Dazu gibt er Ratschläge für den Aufstieg zum Brocken, der am Scharfenstein beginnt. Mein Bild von einem Ranger war bisher ganz anders. Ich habe ihn mir als eine Art Hilfspolizist vorgestellt, der mit Argusaugen darauf achtet, dass Wanderer nicht vom markierten Weg abweichen. Er erklärt mir: Natürlich müsse er schon darauf achten, dass im Nationalpark kein Unfug getrieben wird. Aber gegenüber den Wanderern verstehe er sich als Helfer. Und an so einer Raststation käme man mit vielen Menschen ins Gespräch. Er heiße übrigens Karl-Heinz Lüdtke und komme aus Ilsenburg. „Die Telefonnummer von Joachim Wernecke, unserem „Grenzförster"? Warten Sie mal. Ich glaube, die steht auf der letzten Seite seiner Ausarbeitung. Ja, das ist sie."

Später, als ich wieder zu Hause war, habe ich Joachim Wernecke in Wernigerode angerufen. Er hat mir weiteres Material und auch Fotos zur Verfügung gestellt, u.a. von der Grenzkaserne, die bis 1999 am Fuße des Scharfensteins stand.

Vom Viehhof zur Grenzkaserne

Der Viehhof

Soweit sich die Ilsenburger zurückerinnern können, wurde ihr Jungvieh während des Sommers auf die Hochweide am Fuße der Scharfensteinklippen getrieben. Auf einer großen Wiese westlich der Klippen entstand ein Viehhof, den der Ilsenburger Maler Riefenstahl in seiner 1861 gefertigten Zeichnung festgehalten hat. Hinter einem einfachen, aus Holz gefügten Hirtenhaus mit Schuppen und Außentoilette befand sich ein großer, gemauerter Stall; ein karges Ensemble, das wunderbar in die Landschaft passte.

Das Forst-Gasthaus

Im Jahre 1870 gesellte sich zu dem Viehhof ein Forsthaus, das von Fürst Otto zu Stolberg-Wernigerode, dem Besitzer des Brokkenwaldes, errichtet wurde. Diesem ganz aus Holz erbauten Haus schien eine glänzende Zukunft beschieden. Die Försterfrau hatte den Trend der Zeit erkannt und die in immer größerer Zahl eintreffenden Wanderer mit Getränken und einem Imbiss versorgt. Mit dem bewirtschafteten Forsthaus waren die Scharfensteinklippen einen Ausflug wert. Zudem lag das Haus an der Aufstiegsroute der von Harzburg kommenden Brockenwanderer. Das Geschäft florierte. Bier, Brause, Brot und Bockwürste kamen mit den Rückepferden aus Ilsenburg. Frische Milch lieferten die Kühe der Försterfamilie. Hilfskräfte wurden eingestellt und das Forsthaus entwickelte sich zu einer beliebten Waldgaststätte.

Die Waldarbeitersiedlung (1918-1938)

Die Zeit nach dem Ersten Weltkrieg brachte für den Scharfenstein eine Zäsur. Da die Wanderer ausblieben, verlor der Schankbetrieb an Bedeutung. Dafür wurde der Forstbetrieb rationalisiert und intensiviert. Unter der Regie des Forstmeisters von Eschwege und seines Revierförsters Meter entwickelte sich am Scharfenstein eine kleine Waldsiedlung. Das Hirtenhaus wurde ausgebaut. Seit 1925 wohnte hier die aus Rothesütte stammende Waldarbeiterfamilie Rübesam. Ca. 200 Meter unterhalb entstand 1929 ein Doppelhaus für zwei weitere Waldarbeiterfamilien, mit Stallungen und Heuboden. Schließlich wurde das alte Logierhaus, in dem der Fürst seine Jagdgenossen unterzubringen pflegte, abgerissen und an seiner Stelle ein Haus erbaut, das Saisonarbeitern als Unterkunft diente.

Mit dem Aufschwung der Wirtschaft kamen auch wieder Ausflügler, jetzt sogar in Bussen. Dementsprechend wurde die Gaststätte ausgebaut: Man schuf mehr Platz für Stühle, verlegte eine Wasserleitung und selbst Wasserklosetts wurden eingebaut. Zudem gestaltete sich der Einkauf komfortabler: Einmal in der Woche kamen Bäcker Gramm und Brausefahrer Kruschel mit frischem Brot und Getränken zum Forsthaus.

1933 verabschiedete sich Förster Meter in den Ruhestand. Meter hatte seine Waldarbeiter noch vom Pferd aus dirigiert. Der neue Revierförster Erich Ramme besaß bereits einen Mercedes. Ein Motorrad wurde angeschafft. Elektrisches Licht gab es jedoch erst 1943, der Strom kam vom Kraftwerk an der Eckertalsperre. Bis dahin mussten für den „Volksempfänger" alle zwei Tage die Batterien in Ilsenburg aufgeladen werden. Frische Milch kaufte man im Forsthaus, wo ständig 4-5 Kühe gehalten wurden. Im Sommer und im Herbst bereicherten Steinpilze, Maronen, Heidelbeeren und Eckerforellen den Speiseplan der Scharfensteiner.

Forsthaus Scharfenstein, Postkarte

Großbaustelle Eckertalsperre und der Krieg (1938-1945)

1938 entstand in der Nähe der Waldsiedlung eine Großbaustelle. Die Scharfensteiner Holzhacker mussten, zusammen mit anderen Waldarbeitern, das obere Eckertal freischlagen. An der Dreiherrenbrücke, über die bisher die Wanderer von Harzburg kamen, wurde der Damm einer Talsperre errichtet. Das Baustellengelände wurde weiträumig abgesperrt, die Wanderer aus Harzburg kamen jetzt nur noch über Umwege zum Scharfenstein. Der Krieg kam und Ende 1944 gab es für den Mercedes von Förster Ramme kein Benzin mehr. Bald darauf ging auch dem Motorrad der Sprit aus. Das Brotauto von Bäcker Gramm und auch der Brausefahrer kamen immer seltener, bis sie schließlich ganz ausblieben. Nun wurde das Fahrrad für die Scharfensteiner zum Hauptverkehrmittel.

Amerikaner und Russen am Scharfenstein (1945-1951)

Am 12. April 1945 erreichten die amerikanischen Soldaten den

Viehhof Scharfenstein, Robert Riefenstahl (1861), Privatbesitz Dr. Peter Bode

Scharfenstein. Die deutschen Soldaten zogen sich zurück und der Scharfenstein wurde kampflos besetzt. Auf der Wiese vor dem Forsthaus errichteten die Amerikaner eine Zeltstadt. Im Potsdamer Abkommen wurde der Scharfenstein der sowjetischen Besatzungszone zugeschlagen. Am 1. Juli 1945 hielten russische Soldaten auf dem Scharfenstein Einzug und bis zum September mussten alle Deutschen die Waldsiedlung verlassen. Das zivile Leben am Scharfenstein erlosch.

Leben unter dem „Schutz" der Grenzsoldaten (1951-1961)

Mit der Gründung der DDR zogen sich die Russen ins Hinterland zurück und DDR-Grenztruppen, damals noch in blauer Uniform, übernahmen die Grenzsicherung. Von 1949 bis 1951 waren die Grenzsoldaten im Hirtenhaus untergebracht, von 1951 bis 1955 im Forsthaus. Unter dem „Schutz" der Grenzer entwickelte sich am Scharfenstein wieder Leben. Das Vieh wurde wieder auf die Hochweide getrieben und am Ostufer des Stausees nahm man eine großflächige Aufforstung in Angriff, wozu man eine Baracke mit Unterkünften für die Waldarbeiter errichtete. In das leer stehende Doppelhaus zog eine Holzhauerfamilie ein, die zugleich die Versorgung der Arbeiter und der Grenzer übernahm, welche in der Küche des Forsthauses bekocht wurden.

Inzwischen hatte man sich auf eine länger andauernde Existenz der innerdeutschen Grenze eingerichtet und oberhalb des Forsthauses, am Sattel zwischen Scharfenstein und Brocken, am Frickenplatz, für die Grenzer eine Kaserne errichtet, die 1955 bezogen wurde. Das frei werdende Forsthaus diente noch kurze Zeit als Erholungsheim, bis es 1961, im Zuge des Ausbaus der Staatsgrenze West, wie alle anderen zivilen Gebäude am Scharfenstein abgerissen wurde. Die Waldsiedlung an der Scharfensteinwiese existierte nicht mehr.

Die totale Grenze (1961-1989)

Das soldatische Leben entwickelte sich dagegen weiter. An die Stelle der Holzkaserne trat ein Steinbau, und da in der DDR zu einer Grenzkaserne auch ein Patrouillenweg und ein moderner Grenzzaun gehörten, wurde 1971 der Kolonnenweg auf den Brocken gebaut und die alte Stacheldrahtgrenzsicherung durch einen verzinkten Streckmetallzaun ersetzt. Die Grenzkaserne überdauerte die DDR zehn Jahre. Der Landkreis wollte sie als Landheim oder eine Jugendherberge nutzen, die Stadt Ilsenburg hätte hier gern eine Gaststätte mit Unterkünften gesehen. Aufgrund der Lage im neu gegründeten Nationalpark Hochharz erteilte das Land diesen Plänen jedoch eine Absage.

Die Ranger-Station

Im Juli 1999 wurde die Kaserne abgerissen. An ihrer Stelle entstanden 2002 zwei Blockhäuser, wo Wanderer einen Imbiss und Informationen über den Nationalpark erhalten.

Nach Aufzeichnungen von Heinrich Dirlam und Joachim Wernecke.

Die Besteigung der Scharfensteinklippen

Ich verabschiede mich von dem freundlichen Ranger und steuere auf die hinter der Station liegenden Scharfensteinklippen zu. Ein markierter Pfad führt über die relativ flache Rückseite zur Abbruchkante. Am Gipfelgrat stehen auf 690 Metern über dem Meer einzelne sturmzersauste Fichten, Ebereschen und eine Buche. Die Buche kommt mir vor wie ein Relikt aus einer naturnäheren Zeit, einer Zeit, in der Laubwälder den Brocken umringten und bis zum Gipfel hinauf Mischwälder vorkamen. Bergbau und Forstwirtschaft im Verein haben die Fichte zur Vorherrschaft gebracht. Doch das ist schon vor einigen hundert Jahren passiert und die Buche vom Scharfenstein ist in der Fichtenzeit groß geworden. Sie ist also kein Relikt, ihr Vorkommen ist aber ein Fingerzeig für die natürliche Zusammensetzung des Brockenwaldes.

Der Aufstieg hat sich gelohnt. Der Blick von der Abbruchkante ist grandios. Er wird durch den Brokken beherrscht, der wie ein Koloss erscheint. Deutlich tritt der Kolonnenweg hervor, der sich von der Ranger-Station aus auf den Gipfel zieht. Der Plattenweg folgt der Linienführung des ehemaligen Hirtenstiegs, auf dem man einst Kühe auf den Gipfel getrieben hat.

Auf dem Hirtenstieg zum Brockengipfel

Der Hirtenstieg führt ohne Wenn und Aber geradewegs auf den Gipfel. Klippen säumen den Aufstieg, die Hermannsklippe und die

Blick von der Scharfensteinklippe auf die ehem. Grenzkaserne. Im Hintergrund der Brocken

Bismarckklippe. Letztere liegt bereits auf einer Höhe von über 900 Metern. Man muss gar nicht auf die Klippen steigen, um Aussicht zu haben. Der Wald am Westhang und an der Nordrampe des Brokkens hat schwer unter Borkenkäfern gelitten. Die älteren Fichten sind fast alle abgestorben. Und so ist die Sicht vorerst frei. Doch nicht mehr lange! Der Wald regeneriert sich rasch, ohne Anpflanzung.

Bei 935 Metern Höhe steht eine kleine Schutzhütte. Ich lege eine Rast ein, denn ich benötige Kraft für das vor mir liegende Steilstück. Weiter geht s in langsamem Schritt über den Beton des Plattenwegs. Von oben kommt mir leichtfüßig eine Schulklasse entgegen. Mich drückt der Rucksack, die Ferse schmerzt. Ich überschreite die 1000-Meter-Höhenmarke. Noch 142 Höhenmeter. Bei 1018 Meter flacht der Anstieg ab. Ich bin am Kleinen Brocken und die Sicht auf den Gipfel ist frei. Nach der Wende bot sich dem Wanderer hier ein seltsames Bild. Der Kolonnenweg wurde von einer Grenzmauer à la Berlin begleitet, einem Ausläufer der Ringmauer um die „Festung Brocken". In dieser Festung befand sich ein Abhorchposten der Roten Armee. Erst 1994 zogen die letzten Soldaten ab.

An der Baumgrenze

Festung Brocken

Jetzt, wo es nicht mehr so steil bergan an geht, habe ich auch wieder einen Blick für den Wald. Die Bäume sind kleiner geworden. Doch es sind keine Jungfichten, die den Weg säumen, sondern „erwachsene" Bäume, die nahe der Baumgrenze wachsen. Das erkennt man an dem gedrungenen und zerzausten Wuchs. Zudem ist der Bestand licht. Wir befinden uns an der natürlichen Waldgrenze. Der Brocken liegt halt schon ziemlich nördlich und er ragt völlig übergangslos aus dem Tiefland hervor. Ein Pfiff ertönt, es rattert und schnauft. Nicht weit von mir kreuzt die Brockenbahn den Kolonnenweg. Nur noch ein kurzer Aufschwung, dann ist der Gipfel des Brockens erreicht, mit 1142 Metern über dem Meer der höchste Punkt des Grünen Bandes Deutschland.

Sieben Touren frei nach dem Motto: Rund um den Brocken

Es versteht sich von selbst, dass man über einen solchen markanten Punkt nicht einfach hinwegwandern kann, zumal der Brocken im Mittelpunkt eines Nationalparks liegt. Für morgen habe ich einen Termin mit dem Leiter des Nationalparks Andreas Pusch und seinem Pressesprecher Dr. Friedhart Knolle gemacht. Wir wollen zusammen über den Goetheweg auf den Brockengipfel wandern. Dazu muss ich in aller Frühe hinunter nach Torfhaus. Einen Tag später bin ich mit Brocken-Benno verabredet, dem Rekordwanderer aus Wernigerode, der seit der Wende nahezu täglich auf den Brocken steigt. Ich werde ihn bei seinem Aufstieg über das Eckerloch begleiten. Benno hatte mir bereits vorher den Rat gegeben, mich auch im Elendtal und an den Hohenklippen umzusehen, was ich noch vor der Harzquerung getan habe. Mein Bericht füge ich dem „Broken-Wander-Zyklus" bei. Und es gibt noch jemanden, auf dessen Rat ich in Sachen Brocken höre: auf Karl Berke, den 1. Vorsitzenden des Harzklubs Ilsenburg. Er meint, dass sich keiner als Brocken-Wanderer rühmen dürfe, der nicht den Aufstieg durch das Ilsental bzw. über den Heinrich-Heine-Weg absolviert hat. Recht hat er, der Karl. Also, als Fünfter kommt der Heine-Weg an die Reihe. Doch damit nicht genug. Auch am niedersächsischen Brocken-Südhang, bzw. an seinen Oberharzer Ausläufern, gibt es zwei lohnende Touren: die Achtermann- und die Wurmbergrunde. Die haben zudem den Charme, in enger Beziehung zum ehemaligen Grenzstreifen zu stehen. Zwischendurch lassen wir noch zwei besondere Kenner des Brockens zur Wort kommen: den Chef des Brockengartens, Dr. Gunter Karste, und Karlheinz Goldammer, einen Wettertechniker, der zu DDR-Zeiten auf dem Brocken Dienst gemacht hatte. Kurzum, der Brocken wird uns noch einige Zeit in Anspruch nehmen.

Der Brockenwirt

Nach meinem anstrengenden Aufstieg über den Hirtenstieg werde ich mir etwas Besonderes leisten. Ich werde in der „Herberge" des Brockenwirts Hans Steinhoff und seines Sohns Daniel übernachten, und zwar in einem Komfort-Zimmer im sechsten Stock. Sicher hätte ich auch in einem preiswerten Mehrbettzimmer im zweiten Stock unterkommen können. Aber die nächsten Abende ganz in Ruhe auf dem Brocken zu verbringen und dazu die phantastische Aussicht von meinem Zimmer zu genießen, ist es mir wert. Das Brockenhotel ist im ehemaligen Fernsehturm untergebracht. Ganz oben, im achten Stock befindet sich eine rundum verglaste Aussichtsplattform, auf der ab und an die Tische für festliche Empfänge gedeckt werden. Ein Stockwerk tiefer, in der Hexenklause, kann man Kaffee trinken, Kuchen essen oder ge-

Abendliche Talfahrt der Brockenbahn, im Hintergrund der Wurmberg

pflegt speisen, zu überraschend zivilen Preisen. Wer es noch preiswerter wünscht, der ist im Touristensaal im Erdgeschoss richtig. Hier ist Selbstbedienung angesagt. Hier gibt es nach wie vor Erbsensuppe mit Bockwurst, das Markenzeichen von Hans Steinhoffs Brockenimbiss. „Ich habe mit geliehenen Festzeltgarnituren angefangen", erzählt Steinhoff. „Als die Grenzer aus der Bahnhofsbaude raus waren, kriegte ich einen Vertrag bei der Reichsbahn als Heizer." Damit hatte das Provisorium ein Ende. Steinhoff kümmerte sich um den Bahnhof und konnte dafür seine Erbsensuppe unter einem festen Dach kochen. Der Startschuss für einen Neubeginn der Brockengastronomie war gefallen.

Als die Telekom den einstigen Fernsehturm am Brockengipfel zur Vermietung freigab, erhielten Hans Steinhoff und sein Sohn Daniel den Zuschlag, und Zug um Zug machten die beiden die Brokkengastronomie zu dem, was sie heute ist. Wie man sich denken kann, ging dies angesichts der Lage inmitten des neu gegründeten Nationalparks nicht ganz ohne Reibungsverluste vor sich.

Natürlich hatte der Brockenwirt wirtschaftliche Interessen im Auge, musste er als Hotelier ja auch. Doch Hans Steinhoff war kein

Die Brockenwirt-Familie, v.l.: Daniel Steinhoff (Brockenwirt Junior), Christiane Hopstock (Brockenwirt-Tochter), Ursel Steinhoff (Mutter) und Hans Steinhoff (Brockenwirt)

Auf dem abendlichen Rundgang auf dem Brocken sind mir Füchse begegnet

seelen- und namenloser Investor. Er und seine Familie stammen aus dem Brockenort Schierke. Und als Mann der Region, der Hinz und Kunz kennt, gründete er den Brockenstammtisch, zu dem er immer wieder Persönlichkeiten und Politiker aus verschiedenen Lagern eingeladen hat. Während der ersten Nachwendejahre ist auf den Stammtischrunden natürlich heftig um die Zukunft des Brockens gerungen worden. Es ging um das Verhältnis von Kommerz und Naturschutz auf Norddeutschlands höchstem Gipfel, eine Auseinandersetzung, die normalerweise mit harten Bandagen ausgetragen wird. Auch auf den Brocken-Stammtischrunden ging es hoch her. Schließlich hatte Steinhoff nicht zu Kaffeekränzchen eingeladen. Doch mit Hilfe dieses Forums gelang die Einigung. Brockentourismus und Naturschutz stehen heute in einem akzeptablen Verhältnis und der Brocken hat sich zu einem Info-Schwerpunkt des Nationalparks entwickelt. Die besondere Lage auf Norddeutschlands höchstem Berg scheint der Diskussionskultur zu bekommen. Und so ist es nur konsequent, dass die Steinhoffs auch heute noch zu ihren Stammtischrunden auf den Gipfel einladen.

Brockenhotel-Aussichtsplattform im ehemaligen Fernsehturm

Der Brockenrundweg

Nachdem ich mich in der Brokkenherberge eingerichtet habe, zieht es mich noch einmal nach draußen. Der Gipfel beginnt sich zu leeren. Es ist die Zeit der einkehrenden Ruhe. Der letzte Zug begibt sich auf die Fahrt zurück nach Drei Annen Hohne. Langsam rollt er den Schienenstrang hinunter, dahinter die Kulisse des Wurmberges. Am Brockenbahnhof beginnt ein schöner Gipfelrundweg. Tagsüber ist er voller Menschen, jetzt kann ich das Privileg genießen, die Abendstimmung mit nur einer Handvoll Spaziergängern zu teilen. Eine Felsgruppe erstrahlt im Licht der untergehenden Sonne: Ich stehe vor der Teufelskanzel und dem Hexenaltar, einer Gruppe von Klippen, die durch Goethes Walpurgisnachtszene im Faust I Weltruhm erlangte. Goethe griff auf eine alte Überlieferung zurück, nach der die Hexen in der Nacht zum 1. Mai, der Walpurgisnacht, mit ihren Reisigbesen den letzten Schnee vom Brocken kehren. Bei den gelben Flecken auf den Granitsteinen handelt es sich übrigens nicht um die schwefeligen Hinterlassenschaften des Teufels, sondern um Landkartenflechten. Die Klippen sind nicht hoch, doch ihre Lage am Rande der waldfreien Brockenkuppe macht sie einmalig. Kein Baum oder Strauch verdeckt die Felsen, in weitem Umkreis nur Gras und Heidekraut. Dazu in der Ferne, tief unter mir, die Wälder des mittleren Harzes.

Ich wandere weiter in Richtung Westen, der Sonne entgegen. Rechts, zum Gipfel hin, breitet sich Heidekraut aus, worin ich eine Gruppe Brockenanemonen ausmache. Einzeln oder in Gruppen stehen zerzauste Fichten, die mit ihrer Wuchsform den Kampf veranschaulichen, den Bäume hier oben gegen Wind, Raureif und Schneebehang führen. Maximal vier bis fünf Meter hoch werden die Fichten hier. Dennoch haben sie ein Alter von 150-200 Jahren. Einige haben den Kampf gegen die Unbilden des Wetters verloren und sind abgestorben. Am Nordhang des Brockens treffe ich auf den Hirtenstieg. Hier bin ich vor gut zwei Stunden empor gekommen. Ein kleines Stückchen weiter, vom Rundweg aus gut einzusehen, zieht sich ein Blockfeld den Nordhang hinunter. Windgefegte Fichten und einige Ebereschen haben sich zwischen den Blöcken etabliert. Noch ein kurzer Blick über den Osthang des Brockens, wo sich ein kleines Hangmoor befindet. Dahinter erstreckt sich naturnaher Bergfichtenwald.

Brockenanemone

Es ist spät geworden. Am Brokkenbahnhof ist das Personal bereits beim Aufräumen. Zeit für mich, in die Brockenherberge zurückzukehren. Mit dem Fahrstuhl geht s hinauf in das Restaurant im achten Stock, wo ich noch einen Blick auf die Silhouetten der Harzgipfel erhaschen kann. Als mein Essen kommt, bricht die Nacht über dem Brockengipfel herein.

2. Etappe des Harzer Grenzwegs

Länge: *ca. 18 Kilometer*
Anstieg: *ca. 915 Höhenmeter*
Dauer: *Ausgewachsene Tagesetappe*
Start: *Stapelburg, Eckerbrücke*
Ziel: *Brockengipfel*
Gastronomie: *Stapelburg, Rangerstation Scharfenstein, Brokkenherberge*

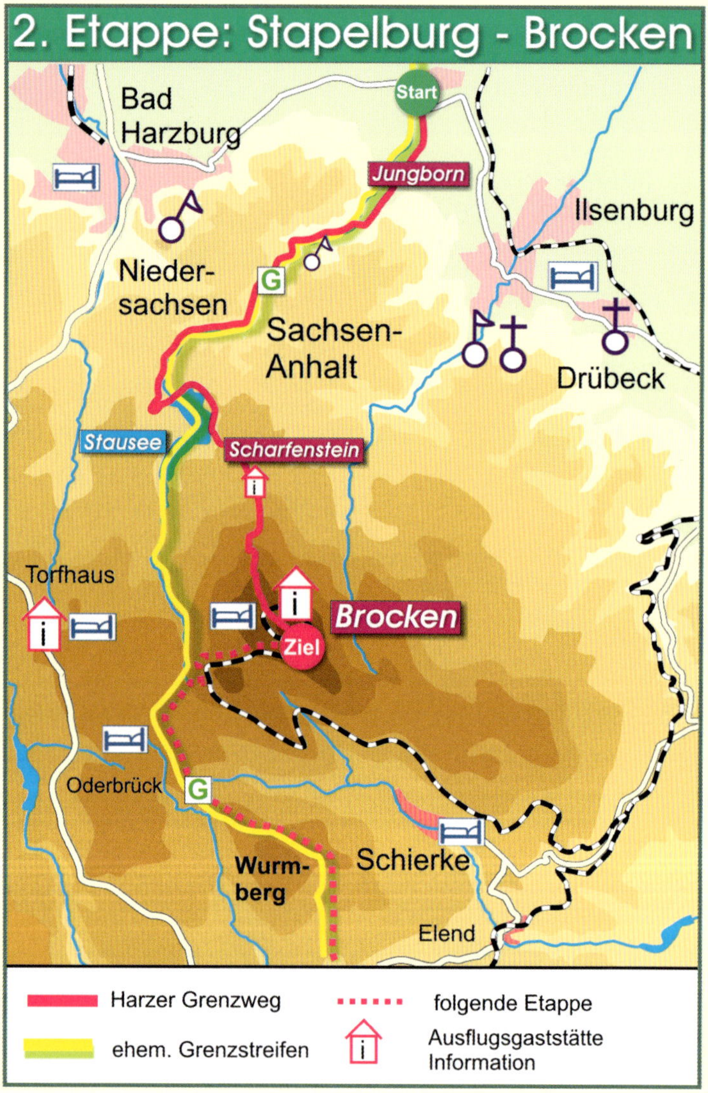

Vom Stapelburger „Hexenstübchen" aus den Wegweisern nach über die Straße und direkt neben den Eckerbrücke hinunter in die Grüne-Band-Wildnis der Eckeraue. Auf einem abenteuerlichen Pfad der Kategorie „Über Stock und Stein" zum Jungborn-Gelände (km 1,6). Der Pfad ist gut markiert, teilweise noch mit dem grünen „G" für Grenzweg. An der Schutzhütte am Jungborn-Gedenkstein (Ilsenburger Stieg) steht ein Pfahl, an dem ein schwarz-rot-goldenes Kästchen hängt. Das Kästchen ist eine Sonderstempelstelle der Harzer Wandernadel. Vom Gedenkstein bis an den Fuß der Eckertalsperre folgt der Grenzweg gut ausgebauten Wirtschaftswegen. Der Aufstieg zur Mauerkrone der Talsperre wird teilweise über Treppen überwunden. An der Staumauer hat man erneut die Möglichkeit, sich einen Stempel für Grenzweg-Wandernadel zu holen.

Auf der Mauerkrone (km 11) geht es auf die anhaltinische Seite des Eckerstausees. Ein kurzes Stück wandert man direkt am Seeufer entlang, was wegen zahlreicher Fichtenwurzeln zum Hindernislauf wird. Nach einem kurzen Steilanstieg bessern sich die Wegverhältnisse und man hat eine wunderbare Sicht über den Stausee. Nach einigen Schlenkern wendet sich der Weg vom See ab. Es geht durch Wald und über die Wiese, an der sich das Forsthaus Scharfenstenstein befand. Kurz darauf ist die Rangerstation Scharfenstein erreicht (km 13). Von 10 bis 16 Uhr bekommt man hier Getränke und einen Imbiss. Auch einen Stempel für die Grenzweg-Wandernadel gibt es hier. Nun beginnt der eigentliche Anstieg auf den Brocken, der in

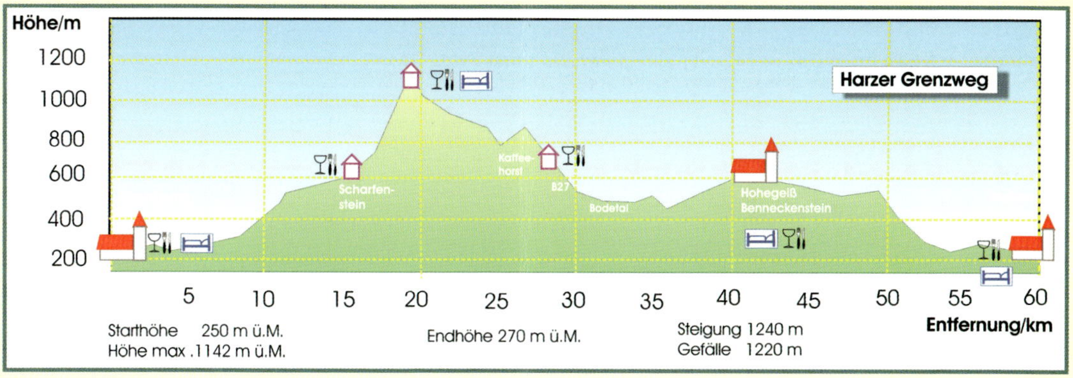

gesamter Länge über den Kolonnenweg führt. Teilweise wird es recht steil. In ca. 930 m Höhe befindet sich eine kleine Schutzhütte. Am Gipfel besteht die Möglichkeit, in der Brockenherberge zu übernachten (km 18). Natürlich kann man sich auch hier einen Grenzweg-Stempel in den Wanderpass drücken. Alternative Übernachtungsmöglichkeiten bestehen in Schierke, z.B. eine Jugendherberge. Nur muss man dazu wieder bis auf 640 m absteigen.

Durchs Eckertal zur Rabenklippe und dem Luchsgehege

Rundwanderung (W) von Stapelburg durchs untere Eckertal, hinauf zur Rabenklippe und zum Luchsgehege. Zurück über die Wernigeröder Bank. Zusatzschleife über das Molkenhaus möglich (M).
Länge: *16 km*
Anstiege: *ca. 360 Höhenmeter*
Dauer: *4-5 Stunden*
Wegecharakter: *zu Beginn ein abenteuerlicher Pfad, danach befestigte Wege*
Startpunkt: *Rast an der Grenze bei Stapelburg*
Anfahrt: *Über die B6, Abfahrt Stapelburg; weiter Richtung Bad Harzburg. An der ehemaligen Grenze auf der niedersächsischen Seite links in die Siedlung Eckertal und der Blankenburger Str. bis zum Ende der Siedlung folgen*
Gastronomie: *Nationalpark-Waldgaststätte Rabenklippe am Wendepunkt der Tour, in Eckertal und in der „Rast an der Grenze" in Stapelburg*
Wegecharakter: *zu Beginn ein abenteuerlicher Pfad, danach befestigte Wege, zum Abschluss Waldstraße*

Vom „Hexenstübchen" den Markierungen des Harzer Grenzweges durch den Grünen-Band-Dschungel an der Ecker folgen. Auf abenteuerlichem Pfad zum Gelände des ehemaligen Sanatoriums Jungborn. Am Jungborn-Denkmal (1) quert man den Ilsenburger Stieg und folgt einem schnurgeraden, gut ausgebauten Weg, der neben dem Emblem des Harzer Grenzweges mit einem roten Dreieck markiert ist. Der Wanderweg führt an der historischen Schlackendeponie vorbei, die von Grasnelken und Flechten bewachsen sind (2). Der nächste markante Punkt ist die Pappenfabrik. 1

km weiter wird der Abzweig zu den Rabenklippen erreicht. Am gegenüberliegenden Ufer erheben sich die Klippen, auf denen die Mauerreste der Ahlsburg fußen (3). Am Abzweig rechts dem Steig mit der Markierung „20 B" folgen. Es geht steil nach oben. Um die 230 Höhenmeter müssen überwunden werden, was ½ bis 1 Stunde in Anspruch nimmt. Der Steig führt direkt zur Nationalpark-Waldgaststätte „Rabenklippe" (4). Dort befindet sich eine Grenzweg-Wandernadel-Stempelstelle.

Der Rückweg führt über die Höhen, die das Eckertal auf seiner linken Seite begleiten. Zunächst wandert man auf dem Weg „20 F" in Richtung „Kreuz des deutschen Ostens", um dann bis zum Ilsenburger Stieg der Markierung „20 E" („Blaues Band") zu folgen. Am Uhlenkopf, einer doppelköpfigen, direkt am Weg gelegenen Granitklippe, hat man einen phantastischen Ausblick über das Eckertal, zum Brocken und hinüber zu den Hohneklippen (5). Im Mischwald der Eckerhänge ragen einzelne abgestorbene Fichten empor, die dem Borkenkäfer zum Opfer gefallen sind. Der Wald als Ganzes hat dadurch keinen Schaden genommen!

Kurz hinter dem Aussichtspunkt beginnt der Abstieg nach Stapelburg. An einem Abzweig Richtung Harzburg werden die ersten Eichen erreicht, ein Zeichen, dass wir uns den tieferen Lagen nähern. Eine Schutzhütte wird passiert, an der auf die Existenz der nahe gelegenen Wernigeröder Bank hingewiesen wird (6). Folgt man dem Wegweiser, so trifft man nach gut 100 m auf eine grün gestrichene Bank, die etwas verloren im Wald steht. Die Sicht auf Stadt und Schloss Wernigerode ist inzwischen zugewachsen. Ersatz bietet, ein paarhundert Meter bergab, die Stapelburger Bank. Am Ilsenburger Stieg hält man sich rechts und folgt der Markierung (blauer Punkt) bis ins Eckertal. Ca. 100 m vor der Eckerbrücke kommt von Eckertal eine Waldstraße hinauf. Sie quert den Ilsenburger Stieg und führt zur Pappenfabrik. Links ab und auf der Waldstraße zum Ausgangspunkt der Tour.

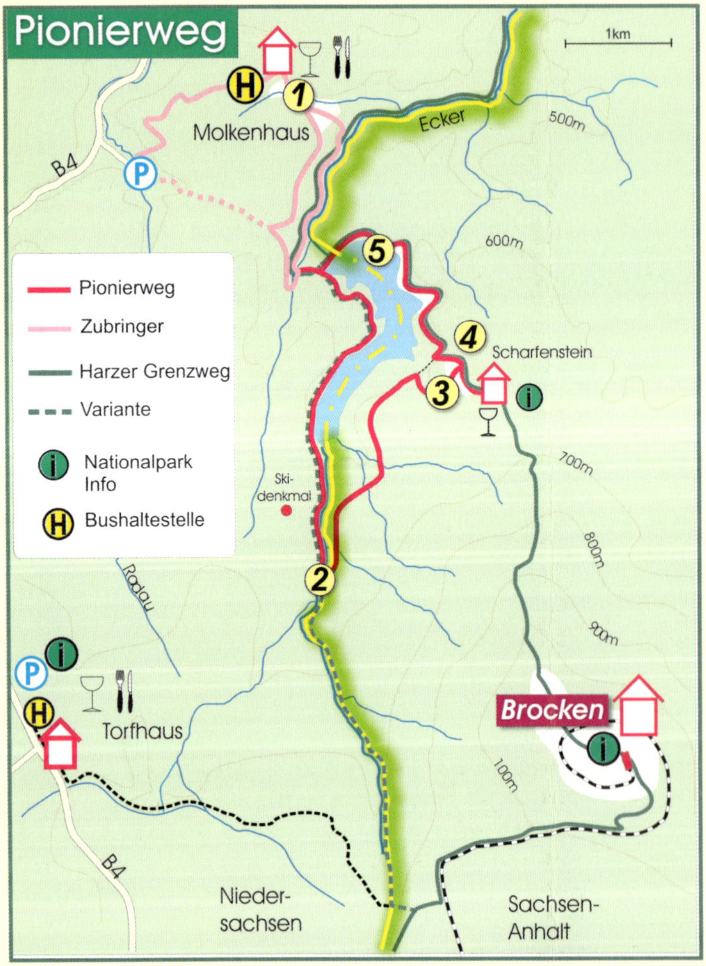

Der Pionierweg

Rundweg um den Eckerstausee, mit Abstecher zur Scharfensteinklippe
Zugang: *Von Bad Harzburg mit dem Waldbus zum Molkenhaus*
Alternativ: Vom Wanderparkplatz an der B4 zu Fuß zum Molkenhaus
Länge: *Bei Busbenutzung ca. 14 km, ohne Bus zusätzlich 3 km*
Anstiege: *Mit Bus ca. 250 Höhenmeter, ohne Bus zusätzlich ca. 100 Höhenmeter*
Dauer: *Bei Busbenutzung 4-5 Stunden, ohne Bus 5-6 Stunden*
Wegcharakter: *Teilweise naturbelassener und steiniger Pfad*
Gastronomie: *Molkenhaus und Ranger-Imbiss am Scharfenstein*

Der Pionierweg ist nur für geübte Wanderer zu empfehlen. Doch es ist eine ausgesprochen lohnende Tour, die in eine verschwiegene Ecke des Grünen Bandes führt. Man umrundet den Eckerstausee

Eckerstausee

und gelangt dabei in das obere Tal der Ecker. Zu DDR-Zeiten war das Gelände östlich der Ecker nicht zugänglich. Die Demarkationslinie verlief mitten durch den See und entlang der Ecker.

Vom Molkenhaus geht es hinunter ins Eckertal (Markierung: „Blaues Kreuz") und von dort hinauf zur Staumauer, an der der eigentliche Pionierweg (Markierung: „Blaue Welle") beginnt. Schon der Zustieg hat viel zu bieten: Zunächst durchquert man die große Molkenhauswiese, eine der wenigen Wiesen des Nationalparks, die gemäht wird (1). Dann geht es auf einem Steig durch urwüchsigen Laubwald hinunter zur Ecker.

Vor der Staumauer weicht der Weg in die rechte Bergflanke aus und führt dort bis über Staumauer-Niveau zum Beginn des Pionierwegs (Markierung: „blaue Welle"). Im Hinblick auf die Einkehr in der Ranger-Station empfiehlt es sich, die Seeumrundung im Uhrzeigersinn anzugehen. Nach einem harmlosen Beginn wandelt sich der Pionierweg bald in einen schmalen und zum Teil recht abschüssigen Pfad. Am Ende des Stausees beginnt der abenteuerlichste Streckenabschnitt. Der Pfad entspricht dort der Kategorie „Über Stock und Stein". Über Granitblöcke und Geröll geht es bis zu einer Naturbrücke aus Granitblöcken, über die man die Ecker quert (2). Am anderen Ufer hält man sich links und folgt einem ehemaligen Grenzkontrollpfad eckerabwärts. Nach und nach wird der Weg breiter und man erreicht den Abzweig zum Scharfenstein.

Abstecher zum Scharfenstein

Wer in Eile ist, folgt dem linken Weg, der oberhalb des Seeufers direkt zur Sperrmauer führt. Interessanter ist ein Abstecher zu den Scharfensteinklippen, zumal sich am Fuße der Klippen eine Ranger-Station befindet, an der man zwischen 10 und 16 Uhr Getränke und einen Imbiss bekommt. Zudem kann man sich dort einen Grenzweg-Wandernadel-Stempel in den Wanderpass holen. Also dann nach rechts und ein kurzes Stück bergauf. Nach ca. 300 m öffnet sich der Wald und man quert die Scharfensteinwiese. Rechts des Weges stehen die Mauerreste des Viehhofs (3). Am anderen Rand der Wiese stößt man auf den von der Sperrmauer herauf kommenden Weg. Man hält sich rechts und nach wenigen Minuten ist die Ranger-Station erreicht. Wer die Klippen besteigen will, folgt einem Pfad, der rechts hinter der Station abbiegt. Der Klippenpfad führt zunächst ca. 500 m über eine Schneise. Dann schwenkt er nach links und der Anstieg beginnt (4).

Zurück zur Sperrmauer und zum Molkenhaus

Von der Ranger-Station folgt man den Wegweisern zur Sperrmauer. Es geht über die Scharfensteinwiese und durch Fichtenforste hinunter zum Pionierweg. Das Dunkel lichtet sich und man blickt von steilen Grashängen auf den Stausee. Bis kurz vor die Staumauer haben die Grenztruppen die Hänge gehölzfrei gehalten, was dem Wanderer eindrucksvolle Blicke ermöglicht (5). Der Rundweg führt über die Krone der Staumauer, auf deren Mitte noch der schwarz-rot-goldene Grenzpfahl der DDR steht. Am westlichen Ende der Mauer schließt sich der Kreis, den man um den Eckerstausee geschlagen hat. Man steigt jedoch nicht hinunter an den Fuß der Staumauer, sondern folgt einer Waldstraße, die ohne weiteren Höhenverlust zum Molkenhaus führt. Von dort entweder zu Fuß zum Wanderparkplatz an der B4 (rot gestrichelte Linie) oder mit dem Nationalparkbus nach Bad Harzburg. Wer zum Wanderparkplatz will, kann auch schon an der „Luisen-Bank" über die Kohlebornstraße zum Wanderparkplatz abkürzen (rot gepunktete Linie).

Touren und Erlebnisse rund um den Brocken

Brocken-Benno am Hexenaltar

Mit dem Leiter des Nationalparks über den Goetheweg

Am nächsten Morgen mache ich mich in aller Frühe von der Brokkenherberge auf den Weg nach Torfhaus. Um zehn Uhr morgens bin ich dort mit dem Leiter des Nationalparks, Andreas Pusch, und seinem Pressesprecher, Dr. Friedhart Knolle, verabredet. Wir wollen zusammen auf den Brokken steigen und uns dabei über den Nationalpark Harz unterhalten. Meinen schweren Rucksack lasse ich in der Brockenherberge. Da Dr. Knolle für mich am späten Nachmittag noch eine Sonderführung durch den Brockengarten, den alpinen Schaugarten auf dem Brockengipfel, organisiert hat, werde ich noch eine zweite Nacht beim Brockenwirt verbringen.

Um 9 Uhr 45 bin ich am Nationalpark-Besucherzentrum, dem verabredeten Treffpunkt. Das Nationalparkhaus ist bereits geöffnet. Pusch und Knolle sind noch nicht da und so schaue ich mich etwas um. Neben dem Nationalparkhaus gibt es ein Restaurant und es entsteht gerade ein neuer Ferienpark. Ein großer Parkplatz steht für den kommenden Besucheransturm bereit. Goethe, der im Dezember 1777 von Torfhaus aus zu seiner legendären Brockenbesteigung aufbrach, würde die Hände über dem Kopf zusammenschlagen, wenn er sehen könnte, was aus der einst so entlegenen Ansiedlung geworden ist. Über eine Million Menschen stürmen jedes Jahr den Brockengipfel, die Mehrheit fährt mit der Brockenbahn. Die Wanderer erklimmen den Gipfel meist von Torfhaus aus - über den Goetheweg - und von Schierke. Die Zeit, in der sich hier in

Nationalpark-Besucherzentrum Torfhaus

Torfhaus die Besucher vor den Fernrohren drängten, um hinüber zum Gipfel des Blocksberges zu schauen, der unerreichbar hinter dem „Eisernen Vorhang" lag, ist längst Geschichte. Heute ist der Brocken Kerngebiet des Nationalparks Harz und neben dem Wattenmeer der am stärksten frequentierte Nationalpark Deutschlands. Aber wenn bestimmte Regeln eingehalten werden, scheint die Natur dies zu verkraften; schließlich war auf dem Brocken schon vor 150 Jahren mächtig was los.

Jemand tippt mir auf die Schulter. Es ist Friedhart Knolle, den ich bereits im Nationalparkamt in Wernigerode kennengelernt habe. „Darf ich vorstellen", und dabei deutet er auf einen hoch aufgeschossenen schlanken Mann, der mir lächelnd die Hand entgegen streckt: „Andreas Pusch, Leiter des Nationalparks." Ich sage, dass ich mich außerordentlich freue, dass sich der Leiter des Nationalparks für das Grüne-Band-Buch Zeit nimmt. Pusch meint, dass ihm die Tour gelegen käme, er habe schon seit längerem einmal in Ruhe von der niedersächsischen Seite des Nationalparks auf den Brocken steigen wollen.

Das Nationalparkhaus

„Bevor wir uns auf die Tour machen, sollten wir eine kurze Runde durch das neue Nationalpark-Besucherzentrum drehen", sagt Knolle. Und dann führt er uns zu einem Landschaftsmodell, das man im Zentrum des Erdgeschosses aufgebaut hat. „Hier können sich die Besucher einen ersten Überblick verschaffen: Wo bin ich überhaupt? Wo ist der Brocken? Und wo verläuft der Goetheweg, der Brockenanstieg? Das ist ja

Ranger

auch der Weg, den wir gleich gehen werden. Und wenn Sie diesen Weg am Modell nachvollziehen, sehen Sie zugleich, durch welche Lebensräume man beim Aufstieg kommt."

Das Landschaftsmodell bildet den Ausgangspunkt für eine Ausstellung zu den eng miteinander verknüpften Themen Nationalpark und Wildnis. Wo existiert im Nationalpark bereits Wildnis, wie soll Wildnis auf den übrigen Flächen entstehen? Dazu gibt es interaktiv gestaltete Exponate zu den „Wegen in die Wildnis", zu den Bergwäldern des Brockens, zu den Harzmooren und zum Grünen Band. „Die Mitarbeiterinnen und Mitarbeiter hier kümmern sich thematisch speziell um das Grüne Band", sagt Knolle. „Viele Besucher – auch aus dem Ausland - wollen die alte Grenze wiedersehen und was heute daraus geworden ist."

Natürlich gibt es im Besucherzentrum auch ein Nationalpark-Kino. Hier begegnet man dem Luchs und dem Rothirsch. Goethe und Heine nehmen die Zuschauer mit auf eine Wanderung zum Brokken. Gleich nebenan, im Kinderraum, erzählt „Boris Borkenkäfer" aus seinem Leben in den Harzer Wäldern, von „Frieda Fichte" und von seinem Verhältnis zu den Menschen. Aber all das werden wir ja gleich in Natura erleben.

Schnell noch einen Blick auf den Nationalpark-Shop, wo man Postkarten, Andenken und Harzliteratur erhält. Ach ja, und dann noch etwas Wichtiges: Das Nationalpark-Besucherzentrum TorfHaus ist nicht nur Anlaufpunkt in allen Fragen rund um die Natur und den Nationalpark. Hier findet man auch umfassende Informationen zu touristischen Belangen

Andreas Pusch, Leiter des Nationalparks

Dr. Friedhart Knolle, Nationalpark-Pressesprecher

wie Wandertipps, Fahrplanauskünfte und Unterkünfte.

Ungeduldigen Gipfelstürmern empfiehlt Knolle, für den Besuch des Hauses einen separaten Termin anzusetzen. Dann bliebe auch Zeit für ein Studium der Programme, die die Mitarbeiter des Nationalparkhauses organisieren. Und wer sich im Voraus über die aktuellen Angebote des Nationalparkhauses wie Naturerlebniswanderungen, Projektwochen oder Schulklassen-Führungen informieren möchte, solle am besten anrufen und einen Beratungstermin vereinbaren. Damit drückt mir Knolle ein Kärtchen in die Hand, auf dem die wichtigsten Daten des Nationalparkhauses stehen:

Nationalpark-Besucherzentrum
TorfHaus, 38667 Torfhaus,
Telefon 05320 33179-0,
E-Mail: post@torfhaus.info

Wege in die Bergwildnis

Als wir wieder nach draußen treten, rollt die erste Besucherwelle bereits an. „Es gibt im Nationalpark wohl kaum einen Ort, wo man mehr Menschen erreicht als hier, auch nicht auf dem Brokken", bemerkt Knolle dazu. „Und in diesem Sinne entwickeln wir die Schiene Torfhaus – Brocken – Drei Annen Hohne zur zentralen Informationsachse des Parks", ergänzt Pusch. „Uns geht es darum, möglichst viele Menschen anzusprechen, um sie für die Bergwildnis im Nationalpark zu begeistern. Deswegen haben wir auch den Goetheweg in den höheren Lagen am Brocken ausgebaut, obwohl oder gerade weil wir wissen, dass dies einer der am meisten frequentierten Wege des Nationalparks ist."

„Hatten Sie keine Angst, der Natur damit zu viel zuzumuten?", frage ich.

„Zu Anfang, gleich nach der Grenzöffnung, als sich Wochenende für Wochenende Tausende auf den Weg zum Brocken gemacht haben, hatten die Verantwortlichen schon ein paar Sorgenfalten im Gesicht. Doch nachdem wir die Strecke gut beschildert hatten, blieben die Menschen auf dem Weg. Wir haben auch Toilettenhäuschen aufgestellt, um so den letzten Anreiz zu nehmen, vom Weg abzugehen. Es funktioniert, die Menschen halten sich an das Wegegebot. Und wenn wirklich einmal ein paar schwarze Schafe unterwegs sind, haben wir ja unsere Ranger, um freundlich, aber bestimmt zu informieren."

„Was macht ein Ranger, wenn er jemanden auf verbotenen Pfaden ertappt?", frage ich. „Unsere Ranger gehen mit viel Augenmaß vor. Wenn eine Mutter ihrem Kind ein paar Heidelbeeren pflückt und dabei etwas vom Weg abkommt, wird sie freundlich angesprochen und ihr das Problem erklärt. Wenn aber halbgewerbliche Heidelbeerpflücker unsere Bergfichtenwälder durchstreifen und den Heidelbeersträuchern mit ihren Kämmen zu Leibe rücken, dann ist ein Verwarnungsgeld fällig. Aber dies ist nicht die Hauptaufgabe unserer Ranger. Wichtiger ist es, dass sie helfen, die Menschen an die Natur heranzuführen. Die Ranger sind im Gelände unterwegs und dort auf alle Nationalparkthemen ansprechbar"

Wegweiser zur Natur

Wir verlassen Torfhaus und folgen der Markierung des Goethewegs. Ein kurzes Stück laufen wir noch an der Bundesstraße entlang, dann geht es links ab, an einigen Heimen und Hütten vorbei und unvermittelt, fast ohne Übergang,

Im Nationalpark

Radaumoor mit Blick auf den Brocken

ist man mitten in der Natur. Wir bleiben an einem Wegweiser stehen.

„Sie haben auf ihren Streifzügen durch den Hochharz sicherlich schon bemerkt, dass wir im Nationalpark sehr viel Wert auf gut sichtbare und informative Wegweiser legen", wendet sich Pusch an mich.
„Ja, mit den Kilometer-Angaben auf den Schildern ist das wirklich eine gute Sache." „Manchmal werden Sie auch den Zusatz finden, ob ein Weg schwierig oder bequem ist oder dass er sich für Mountainbiker eignet."
„Dürfen die Mountainbiker im Nationalpark überall fahren?"
„Generell ja, doch Wanderer haben Vorrang. Zudem lenken wir mit unseren Mountainbiker-Routen die Radler auf bestimmte Wege. Einige Strecken haben wir für Radler gesperrt, z.B. den mittleren Teil des Goethewegs."
„Eine Frage zu den Wegmarkierungen: Sind das die Kennzeichen des Harzklubs?"

„Ja, wir haben die Kennzeichnung übernommen. Die Markierung erfolgt jedoch durch Mitarbeiter des Nationalparks. Sie müssen verstehen: Die Wegeführung ist für uns ein ganz wichtiger Aspekt, eine Gratwanderung zwischen Naturerlebnis und Naturschutz. Einerseits wollen wir die Menschen möglichst nahe an die Natur heranführen, andererseits müssen wir darauf achten, dass empfindliche Arten dadurch so wenig wie möglich beeinträchtigt werden. Wir treffen gleich auf ein gutes Anschauungsobjekt."

Moorpfad

Im Moor, Blüten der Moosbeere

Das Radauborn-Moor und die Torfstecher

Wenig später steigen wir eine Holztreppe hinunter. Der Wald lichtet sich und wir stehen am Rande des Radauborn-Moors, das so heißt, weil hier die Radau entspringt und nicht, weil hier viel Lärm herrscht. Im Gegenteil, auf dem Bohlenweg des Moors erinnert nichts mehr daran, dass wir uns eben noch an einem der quirligsten Plätze des Hochharzes befunden haben. Nur Weite und im Hintergrund der Brocken.

„Sehen Sie, das meinte ich mit Naturerleben, ohne Schaden anzustiften", sagt Pusch und führt zu einer Bank. Dort können wir in Ruhe das Moor betrachten, ohne Wanderern im Weg zu stehen. Die Moorfläche ist mit den weißen Schöpfen des Scheidigen Wollgrases übersät. Vom Steg aus sind die zartrosa Blüten der Rosmarinheide und die Glöckchen der Moosbeere zu erkennen, und die rötlichen Flecken auf dem Torfmoos entpuppen sich als eine Ansammlung des fleischfressenden Sonnentaus, an dessen klebrigen Tentakeln sich kleine Fliegen und Käfer verfangen haben. Bald werden die Blätter die Beute umhüllen und das Innere der armen Tiere wandert als nährstoffreiche Lösung in die Stängel und Wurzeln der Pflanze. Man wähnt sich am Rande der Urnatur.

Und so ganz verkehrt liegt man mit diesem Eindruck auch nicht, obwohl der Radauborn einen kleinen Schönheitsfehler aufweist. Friedhart Knolle berichtet, dass man Ende des 16. Jahrhunderts am Hofe des Herzogs Julius von Braunschweig-Wolfenbüttel daran dachte, den Torf des Radauborns, der sich auf eine respektable Höhe von sechseinhalb Metern akkumuliert hatte, abzubauen. Getrocknet sollte der Torf zur Feuerung von Berg- und Hüttenwerken dienen. Herzog Julius wollte zudem die Radau ausbauen und den Torf über den Bach in die Ebene transportieren. Doch die Kaufleute, die er für sein Projekt zu begeistern suchte, winkten ab. Um das Jahr 1713 lebte der alte Plan von Herzog Julius wieder auf. Das Holz war wegen des rücksichtslosen Einschlags knapp geworden. Borkenkäferkalamitäten taten ihr Übriges. Durch das Radaubornmoor wurde ein Entwässerungsgraben gezogen und dann mit dem Torfstechen begonnen. Dem Torfschreiber, der die Arbeit überwachte, errichtete man westlich des Moors ein Haus, das erste der späteren Torfhaussiedlung. Da der Torf infolge der feuchten Witterung nur schlecht trocknete, baute man Torfschuppen, die fast 50 Meter lang und fünf „Stockwerke" hoch waren. Der Torf wurde auf Lattenrosten ausgelegt und so für den Transport getrocknet. 1860 kam die Torfstecherei im Harz abrupt und für immer zum Erliegen. Der Einsatz von Steinkohle hatte die Energieprobleme der Berg- und Hüttenwerke gelöst. „Mehr als 150 Jahre ist es her, dass der Radauborn vom Menschen ausgebeutet wurde", sagt Knolle, „inzwischen hat sich die Natur im Großen und Ganzen wieder regeneriert."

Sonnentau, eine Fleisch fressende Pflanze

Der Abbegraben

Das Pfeifen der Brockenbahn, das über die Moorfläche zu uns herüber dringt, und der über den Wäldern aufsteigende Rauch der Lokomotive erinnern daran, dass

Am Abbegraben

wir uns auf dem Weg zum Brokken befinden. Wir verlassen das Moor und wanden entlang einem Graben durch lichten Moorfichtenwald. Teile des Grabens sind mit hölzernen Spundwänden versehen oder mit Trockenmauerwerk befestigt. An einem Schützen, mit dem man das Grabenwasser aufstauen und über einen Abzweig ableiten kann, bleiben wir stehen.

„Dies ist der Abbegraben, ein nahezu 200 Jahre altes Kulturdenkmal. Über den Abbegraben hat man Moorwasser zu den Bergwerken und Schmelzhütten nach Clausthal-Zellerfeld geleitet“, erklärt Knolle, der von Haus aus Geologe ist.
„Woher kommt der Name des Grabens?“, will ich wissen.
„Die Abbe ist ein Bach, der das Brockenfeldmoor Richtung Ecker entwässert. Ungefähr einen Kilometer von hier fängt der Graben das Wasser der Abbe ab. Der Weg des Wassers bis Clausthal-Zellerfeld ist übrigens 47 Kilometer

Kehrrad in Clausthal-Zellerfeld

Blüte und Frucht der Eberesche (Quitsche)

lang und umfasst Stollen sowie einen hohen Damm."

„Das erinnert an die Wasserleitungen der Römer mit ihren Aquädukten."

„Ja, nur diente die Harzer Wasserleitung nicht der Trinkwasserversorgung, sondern wurde zum Antrieb von Wasserrädern eingesetzt, d.h. zur Energiegewinnung für den Bergbau. Ich empfehle Ihnen, mal nach Clausthal-Zellerfeld auf das Gelände des Kaiser-Wilhelm-Schachtes zu fahren. Dort haben die Harzwasserwerke zwei dieser riesigen Wasserräder ausgestellt. Auf der Fahrt dorthin kommen Sie am Sperberhaier Damm vorbei, über den auch das Wasser des Abbegrabens geleitet wird. - Ich möchte mich hier verabschieden, da ich noch einen anderen Termin wahrnehmen muss. Mit Herrn Pusch haben Sie ja den besten Wanderführer des Nationalparks zur Seite." Und damit macht sich Knolle auf den Rückweg zum Torfhaus.

Fichtensterben am Quitschenberg

Borkenkäfer oder: die Rache der Natur

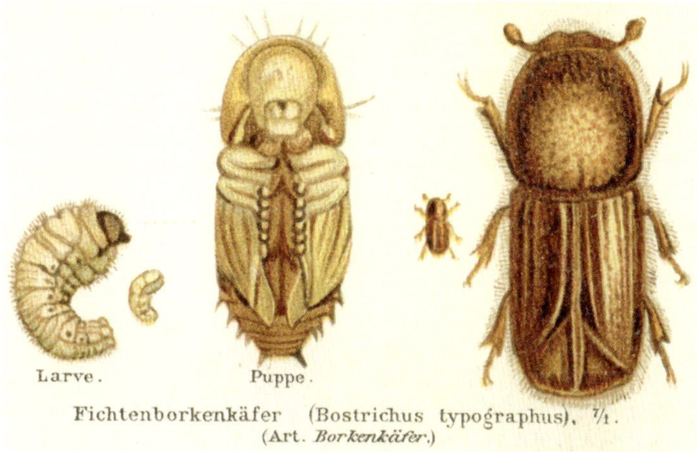

Pusch und ich schreiten kräftig aus, denn 90 Prozent des Brokkenanstiegs liegen noch vor uns. Über den breiten Rücken des Quitschenberges gewinnen wir endlich an Höhe. Den merkwürdigen Namen hat dieser Berg erhalten, weil hier früher zahlreiche Ebereschen wuchsen, die der Harzer Volksmund Quitschen nennt. Auch heute sind in den lichten Fichtenbeständen immer wieder Ebereschen eingestreut. Unvermittelt öffnet sich der Bestand und vor uns liegen, soweit das Auge reicht, ausgeblichene Fichtenstämme kreuz und quer auf dem Boden. Dazwischen ragen Fichtengerippe - einzeln oder in Gruppen - wie Totempfähle in den Himmel. Doch die Landschaft wirkt alles andere als tot und bedrückend. Am Wegrand gaukeln Hunderte von Schmetterlingen über die gelben Blüten des Fuchsschen Kreuzkrauts und überall zwischen den toten Fichten leuchten die roten Früchte der Ebereschen hervor. Hummeln sausen umher und krabbeln in die blauen Kelche der Glockenblumen.

Windbruch

„An diesem Ort lässt sich trefflich über Wildnis diskutieren", meint Pusch. „Kommen Sie, wir lassen uns dort auf der abgestorbenen Fichte nieder und ich erzähle Ihnen kurz, was hier passiert ist." Gern stimme ich zu, denn so kann ich gleich mal in mein Butterbrot beißen und mir einen Schluck aus der Wasserflasche genehmigen. Der schlanke Pusch hat anscheinend weder Durst noch Hunger, jedenfalls beginnt er gleich zu erzählen: „Sie wissen, dass es in dieser Höhe von über 800 Metern normalerweise kühl und feucht ist. Aber die Jahre 1990 bis 1993 waren hier oben ausgesprochen warm und trocken. Dazu kam ein Sturm, der einen großen Windbruch zur Folge hatte. Auf einer solchen Sturmfichte sitzen wir gerade. Fichten sind mit ihren flachen Wurzeltellern generell anfällig gegen Windwurf. Großflächige Schäden entstehen aber meist nur, wenn die Bäume alle gleich alt sind und dicht an dicht aufgewachsen sind, wie es eben in der klassischen Fichtenwirtschaft im Harz üblich war." „Stimmt", falle ich Pusch ins Wort, „ich kenne in meiner Heimat eine Bergwiese mit einzeln stehenden Fichten, die voll den Stürmen ausgesetzt sind. Ich habe aber noch nie gesehen, dass einer der bis nahe an den Boden beasteten Bäume durch einen Sturm geworfen worden wäre."

Borkenkäfer

„Merken Sie sich das mit der tiefen Beastung", sagt Pusch, „ich komme gleich noch einmal darauf zurück. Zu unserem Windwurf am Quitschenberg: Unter der Rinde der vom Sturm geworfenen Fichten nistete sich der Borkenkäfer ein. Und weil massig Holz herumlag und das Wetter warm und trocken war, so wie es der Borkenkäfer liebt, konnte sich der Holzschädling gut vermehren. Schließlich wurden auch die stehen gebliebenen Bäume und die Bäume am Rande des großen Windbruchs vom Borkenkäfer befallen. Ein paar Borkenkäfer kann die Fichte verkraften. Wenn aber der gesamte Stamm befallen ist und der Baum dazu unter Trokkenheit und Immissionsstress leidet, hat er keine Chance und stirbt ab. Die Opfer sehen sie hier vor uns."

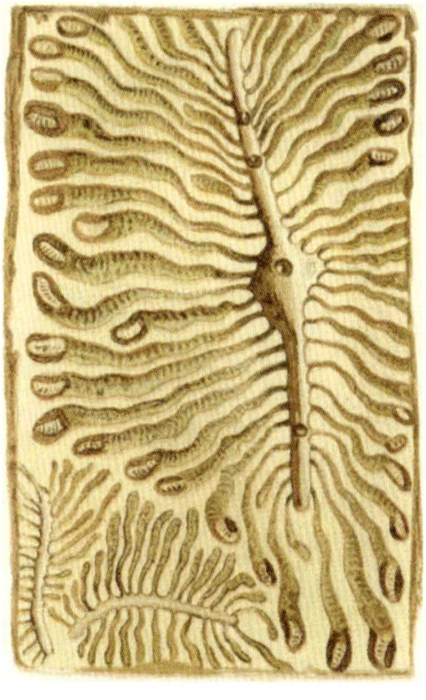

Der Borkenkäfer und sein Fraßbild

Der Borkenkäfer bzw. der auf Fichten spezialisierte Buchdrukker ist ein nur wenige Millimeter großer Käfer, der sich durch die Rinde von geschwächten Bäumen bohrt und den saftreichen Bast frisst. Dabei legt er einen länglichen Fraßgang an, in dem er schließlich - fein verteilt - seine Eier ablegt. Die schlüpfenden Maden sind nicht weniger gefräßig. Sie bohren sich rechts und links des Muttergangs durch den Bast. Auf diese Weise entsteht das typische, an Buchdruck erinnernde Fraßbild, das sichtbar wird, wenn man die Rinde abschält.

Prozessschutz

„Hätte die Nationalparkverwaltung damals nicht Schlimmeres verhindern können, wenn sie das umgeworfene Holz rasch aufgearbeitet hätte?" frage ich.

„Jein. Wäre das in einem Wirtschaftswald passiert, hätten wir uns mit dem Aufarbeiten natürlich sputen müssen. Aber der Quitschenberg war ab 1994 Bestandteil des neu gegründeten Nationalparks und es wäre sicher unklug gewesen, wenn die Nationalparkverwaltung mit einer ihrer ersten Handlungen in die Abläufe der Natur eingegriffen hätte. Die Kritiker des Parks hätten sich die Hände gerieben. Natur Natur sein lassen - das ist unsere Richtschnur. Wir haben daher auf die Selbstheilungskräfte der Natur gesetzt und - wie Sie sich hier überzeugen können - funktioniert das recht gut. Überall wachsen Ebereschen heran – der Quitschenberg wird seinem Namen wieder gerecht. Fichten haben sich ebenfalls eingestellt. Hier entsteht ohne unser Zutun ein neuer Wald, und zwar ein Wald, der wesentlich strukturreicher sein wird als der Fichtenforst, der hier einmal gestanden hat. Die Fichten kommen nach und nach in Mischung mit Laubhölzern auf. Zudem sind viele Bäume vitaler als die Bäume im Forst, u.a. weil sie nicht dicht an dicht aufwachsen und dadurch über lange Zeit bis zum Boden beastet sind. Und jetzt schauen Sie sich doch einmal an, was hier für ein Leben herrscht. Überall Kräuter, Blumen und Insekten. Und ich sage Ihnen: Auch das Wild liebt diese Pionierwälder. Hier finden Hirsche und Rehe viel Schmackhaftes, was sie in den Fichtenforsten dagegen mühsam suchen müssen."

Pralles Leben in der Fichten-Todeszone, Kleiner Fuchs auf Fuchsschem Kreuzkraut

„Leuchtet mir alles ein. Aber warum lassen sie die toten Stämme nicht wegräumen?"

„Ganz einfach, weil Totholz ein natürlicher Bestandteil des Waldes ist. Vom Totholz leben zahlreiche Insekten und Pilze. Sie zersetzen das Holz und geben langsam und dosiert die im Holz gebundenen Mineralien wieder frei, die damit dem neu aufwachsenden Wald zur Verfügung stehen. Dies alles sind natürliche Prozesse, auf diese Weise entsteht Wildnis."

„Und Sie sind sicher, dass es die richtigen Baumarten sind, die hier hoch kommen? Allenthalben hört man doch, dass die Fichte bei uns nicht heimisch ist."

„Wenn wir 200 oder 300 Meter tiefer wären, unten am Eckerstausee oder bei Schierke, würde ich Ihnen Recht geben. Dort würde von Natur aus Buchenwald vorherrschen. Die Fichtenforste in den mittleren und tieferen Lagen sind gänzlich Kunstprodukte. Ab 800 Meter Höhe ist die Fichte jedoch vorherrschend. Was hier von allein hochkommt, ist also durch und durch Natur. Hier entsteht Bergwildnis. Die Hochlagen wurden daher 2006 als Naturdynamikzone ausgewiesen, eine Zone, in die der Mensch nicht mehr eingreifen darf."

Waldumbau, Wild

„Und was ist mit den Fichtenforsten, die auf ehemaligem Laubholzboden stehen? Wenn Sie dort nicht eingreifen, dann warten Sie doch bis zum Sankt Nimmerleins-

Hirschrudel

tag, bis etwas entsteht, was der Urnatur ähnlich sieht."

„Keine Angst. Auf diesen Flächen sind die Mitarbeiter des Nationalparks damit beschäftigt, die Waldentwicklung zu unterstützen. Wir lichten die dunklen Forste vorsichtig auf und pflanzen Buchen und Bergahorn."

„ ... die Ihnen von den Hirschen und Rehen wieder abgefressen werden."

„Grundsätzlich gilt festzuhalten, dass Hirsche und Rehe keine Schädlinge sind, sondern ein Teil der Waldnatur", sagt Pusch. „Auf der anderen Seite machen sich Hirsch und Reh natürlich über frisch gepflanzte Laubhölzer her. Wir hatten daher unsere Anpflanzungen zunächst mit Zäunen vor dem Wild geschützt. Derzeit gehen wir dazu über, auf größerer Fläche anzupflanzen und die Pflanzung ihrem Schicksal zu überlassen. So etwas können Sie sich z.B. auf dem Weg zwischen den Rabenklippen und dem Kreuz des deutschen Ostens anschauen. Gleichzeitig haben wir die Wilddichte auf ein ökologisch sinnvolles Maß reduziert."

„Was heißt das: sinnvolles Maß?"

„Wir beobachten, wie sich die Krautschicht und das junge Laubholz entwickeln. Ist der Verbissdruck zu stark, erhöhen wir die Abschusszahlen."

„Und je mehr Laubholz eingebracht wurde, umso geringer wird der Verbissdruck?"

„Genauso ist es. Aber wir betreiben keinen flächendeckenden Umbau. Wir haben zwar 50 % der Nationalparkfläche als Waldentwicklungszone ausgewiesen, aber grundsätzlich zielt unser Handeln auf Hilfe zur Selbsthilfe ab. Nicht wir bauen den neuen Wald, sondern die Natur. Wir geben nur Starthilfe. In 30 oder 40 Jahren werden die gepflanzten Bäume Samen produzieren und sich an geeigneten Standorten weiter ausbreiten. Wir kopieren nicht die Situation, wie sie vor dem Eingreifen des Menschen einmal war. Die Entscheidung, welche Baumart irgendwann einmal die Herrschaft übernehmen wird, fällt die Natur. Wir denken dabei auch an den Klimawandel, die Standortbedingungen ändern sich."

Pusch schaut auf die Uhr. Ich schnüre meinen Rucksack, und schon geht es weiter Richtung Brocken. Nach zehn Minuten Marsch durch den Pionierwald passieren wir wieder einen Fichtenforst. „Was machen Sie eigentlich mit so einem Forst, wenn Ihnen keine Naturkatastrophe zu Hilfe kommt?", frage ich.

„Wenn er in der Dynamikzone liegt: warten, einfach warten. Die Natur hat Zeit. Irgendwann beginnt sich der Bestand von selbst zu strukturieren. Das muss keine Katastrophe sein. Die Bäume werden älter. Der eine Baum leidet an einer Pilzkrankheit, der andere la-

Brockenbahn am Goethemoor

See im Goethemoor

boriert an den Folgen eines Schneebruchs, eine kleine Gruppe ist dem Borkenkäfer anheim gefallen und schließlich kommt einer der berühmten Brockenstürme und entwurzelt eine Gruppe kränkelnder Fichten. Dabei entstehen Lücken unterschiedlicher Größe, in denen Pioniergehölze (Birken, Weiden) oder Fichten aufkommen. So entsteht - auch ohne Katastrophe - Zug um Zug ein naturnaher Wald. Nur Geduld braucht man. Aber je höher wir steigen und je unwirtlicher das Wetter wird, umso rascher laufen diese Vorgänge ab. Bei 2-3 Metern Schnee, dickem Raureif und Orkanstürmen passiert im Wald einfach viel.

Der Eckersprung und die „Kaffeeklappe“

Eine Tafel weist darauf hin, dass wir die ehemalige innerdeutsche Grenze erreicht haben. Daneben steht eine Schutzhütte, in der sich eine Grenzweg-Wandernadel-Stempelstelle befindet. Wir sind am Eckersprung, einem alten

Grenzort zwischen den Hoheitsgebieten der Grafen von Wernigerode und der Herzöge von Braunschweig. Bis zum Ende des Zweiten Weltkriegs stand direkt am Weg die beliebte Harzbaude „Rast am Eckersprung". Über einen heruntergeklappten Fensterladen wurden Kaffee und Sprudel verkauft, weshalb die Baude bald nur noch als „Kaffeeklappe" bezeichnet wurde. 1946 musste die Besitzerin die „Kaffeeklappe", die auf russischer Seite zu liegen kam, räumen. Das Gebäude wurde abgerissen und an der Stelle, wo man einst einkehrte, standen nun sowjetische Soldaten Posten. Offiziell war der Brocken vom Westen aus nicht mehr zu erreichen. Doch die Soldaten nahmen ihren Dienst wohl nicht ganz so ernst, denn noch immer gelangten Wagemutige über diesen Weg auf den Brocken. Erst als die Russen abrückten und die gewissenhaften DDR-Grenzer an ihre Stelle traten, war kein Durchkommen mehr. Die Alliierten hatten nach einer Grenzbereinigung die Ecker als Demarkationslinie zwischen den Besatzungszonen festgelegt. Beim Blick nach links in das Eckertal kann man nichts entdecken, was an Grenzsperranlagen erinnert. Auf die Reste der befestigten Grenze, den Kolonnenweg, stoßen wir erst ca. hundert Meter oberhalb des Eckersprungs. Dort zog sich die Grenzbefestigung geradewegs zum Gipfel des Brockens hinauf, was bedeutet, dass der Grenzzaun sich ein bis zwei Kilometer von der Demarkationslinie entfernte.

Das Grüne Band

Ich steige mit Pusch den Kolonnenweg hinauf. Über uns, in ca. 950 Metern Höhe, fährt die Brokkenbahn unter den Felsen des Königsberges entlang, um gleich darauf, eine schwarze Rauchwolke hinterlassend, in einer Kurve zu verschwinden. An der Bahnlinie legen wir eine Verschnaufpause ein.

„Schauen Sie, der Gehölznachwuchs geht bis direkt an den Kolonnenweg und die Trampelpfade heran", sagt Pusch. „Besseres kann dem Grünen Band sicher nicht passieren. Ich denke dabei vor allem an den breiten Streifen „Niemandsland", der den Westhang des Brockens umfasst und sich auf ein bis zwei Kilometer Breite bis zum Besenbinder zieht. Er wird im Nationalpark ohne Abstriche der Natur überlassen."
„Für uns Naturschützer ist die Bergwildnis des Nationalparks ein großer Trittstein im 1400 Kilometer langen Grünen Band", bemerke ich.
„Und wir sehen es als wichtig an, dass unser Nationalpark über das Grüne Band mit anderen Trittsteinen verbunden wird. Wir brauchen Wanderwege für die Wildkatze und den Luchs."
Wir setzen uns wieder in Bewegung und folgen dem Bahndamm bis auf eine Höhe von 1028 Metern. Auf diesem knapp drei Kilometer langen Stück zog sich zu DDR-Zeiten der Grenzzaun entlang. Der Zaun wurde beseitigt und ein Weg angelegt.
„Warum wird der Wanderweg hier als „neuer Goetheweg" bezeichnet?", möchte ich wissen. „Weil wir den Weg neben dem Bahndamm nach der Wiedervereinigung neu angelegt haben. Der alte Goetheweg querte die Gleise an der Stelle, wo wir auf den Bahndamm getroffen sind, und zog sich über den Königsberg und das dahinter liegende Goethemoor. Das Moor war bereits durch den Bahnbau stark geschädigt. Derzeit steigen jährlich 250.000 Wanderer von Torfhaus zum

Hirschhorn-Klippen am Goetheweg

Brocken hinauf. Einen solchen Ansturm hätte die empfindliche Vegetation nicht verkraftet."

Ankunft auf dem Brockengipfel

Wir treffen auf die Brockenstraße. Über Asphalt geht es, zusammen mit den von Schierke heraufkommenden Menschen die letzten Meter zum Gipfelplateau, vorbei an den Pferdekutschen, die hier eine letzte Verschnaufpause einlegen, im Rücken die Mountainbiker, die auch die letzten Meter bis zum Gipfel partout nicht schieben wollen. Von vorn die Radler, die bei der Abfahrt nur ungern auf ihren Geschwindigkeitsrausch verzichten. Alles in allem also eine hochinteressante Gesellschaft, die den Blick auf den immer niedriger und lichter werdenden Bergwald leicht ablenkt. Jedenfalls ist man überrascht,

Brockentourismus Mitte des 19. Jahrhunderts. Kolorierter Holzschnitt, nach einer Zeichnung von H. Lüders in der Leipziger Illustrierten, um 1865

wenn unvermittelt kurz vor dem Brockenbahnhof die Sicht frei wird und man hinunter nach Wernigerode und in das Harzvorland schauen kann. Hier verabschiedet sich Andreas Pusch. Er fährt mit dem nächsten Zug hinunter nach Wernigerode, zu seiner Dienststelle. Ich bin in gut einer Stunde mit Dr. Gunter Karste, dem Leiter des Brockengartens, verabredet. Die Zeit bis zu unserem Treffen nutze ich, um mir den touristischen Part des Brockenplateaus anzuschauen.

Brockentourismus

Ein Zug kommt an. Menschen quellen aus den Waggons hervor und ziehen, zusammen mit den Bergwanderern, hinauf zum Brokkenhotel und zum Brockenmuseum, das mit seiner Kuppel wie eine Moschee ohne Minarett erscheint. Ich mische mich unter den Menschenstrom und gelange so auf einen Platz, der von mächtigen Gebäuden und einer riesigen Fernsehantenne gerahmt ist. In der Mitte des Platzes steht - klein und etwas verloren - das 1736 errichtete Wolkenhäuschen, in dem einst Goethe Unterschlupf fand. Der Tourismus auf dem Brocken hat Tradition. Auf Goethe folgte 1805 der Preußenkönig Friedrich Wilhelm III., ihm stand bereits ein Gasthaus zur Verfügung. Dann kam Jerome, der in Kassel residierende König von Westfalen und Bruder Napoleons. Als Herr von Welt hatte er seinen Hofstaat mit auf den Gipfel genommen, einschließlich der Köche. Letztere steckten die Hotelküche in Brand, sodass der König und seine Gemahlin aus dem Haus flüchten mussten. Bei den Löscharbeiten soll auch Bouillon verwendet worden sein. 1820 trat Heinrich Heine in die Fußstapfen Goethes. Er bestieg den Brocken von Westen her, übernachtete im Brockengasthaus und wanderte entlang der Ilse wieder ins Tal. Sein literarischer Bericht „Die Harzreise" wurde zu einem seiner beliebtesten Werke. Neben Goethe hat man auch ihm auf dem

Goethe-Denkmal auf dem Brockengipfel

Brockengipfel ein Denkmal errichtet.

Bei all diesen berühmten Persönlichkeiten und der Werbung, die Goethe und Heine machten, kann man sich denken, dass die Zahl der Brockentouristen ständig anschwoll. Bald musste das einstökkige Gasthaus einem zweigeschossigen Hotel weichen. Man wanderte auf den Berg, ritt mit Maultieren hinauf, pflückte Brokkenanemonen, freute sich am Wolkenspiel und schwelgte im Hexenkult. Im Jahre 1896 feierte man auf dem Brocken erstmals Walpurgisnacht, in der als Teufel und Hexen verkleidete Bergtouristen über den Brocken tobten. Ab 1901 wurden Walpurgissonderzüge eingesetzt und das Treiben der zunehmend alkoholisierten Hexen und Teufel kannte bald keine Grenzen mehr. Als das „Höllenspektakel" überhand zu nehmen schien, zog Christian Ernst zu Stolberg-Wernigerode die Notbremse und verbot die Hexenfeiern. Doch der Brocken war und blieb eine viel besuchte Attraktion. Schließlich waren es die Grafen und späteren Fürsten zu Stolberg-Wernigerode, die die Erschließung des Brockengipfels betrieben hatten; der Berg, die Wälder und die Brockengastronomie befanden sich in ihrem Eigentum.

Der Brockengarten

Es wird Zeit für den Termin am Brockengarten. Also zurück zum Brockenbahnhof, wo Dr. Karste auf mich wartet. Auf dem Weg zum Eingang des Gartens, der an der Wetterstation vorbeiführt, weist Karste auf die extremen Klimabedingungen hin, die auf dem Brockengipfel herrschen. Im Jahresmittel erreichen die Temperaturen hier lediglich +2,9 Grad Celsius. Dabei gibt es zahlreiche Frost- und Eistage und Unmassen von Schnee. Schneehöhen von drei Metern sind keine Seltenheit. Orkanböen und extreme Raureifbildung führen zudem dazu, dass sich der Wald auf dem Brocken an seiner natürlichen Grenze befindet.

„Wir haben auf dem Brocken daher eine ganz eigene Vegetation, mit subalpinen Heiden und Matten. So etwas finden Sie in keinem anderen deutschen Mittelgebirge.", resümiert Karste. „Auf dem Brocken wachsen also Gebirgspflanzen?", frage ich.
„Ja, zum Beispiel die Brockenanemone oder das Brockenhabichtskraut. Dies war auch der Grund, warum der Direktor des Botanischen Gartens der Universität Göttingen, Prof. Peter, im Jahre 1890 die alpine Abteilung seines Versuchsgartens auf den Brocken verlegt hat.

Dr. Karste, Leiter des Brockengartens am Garteneingang

Wellensittich-Enzian, tibetisches Hochland

Wir sind am Garten angekommen und Dr. Karste führt mich zur Abteilung „Brockenflora", wo der Star unter den heimischen Arten, die Brockenanemone, in voller Blüte steht.
„Die sieht ja aus wie eine Alpenanemone", entfährt es mir.
„Ganz Unrecht haben Sie nicht. Die Brockenanemone ist eng mit der Alpenanemone verwandt. Aber die ökologischen Ansprüche beider Arten sind recht unterschiedlich. Während die Alpenanemone auf Kalk vorkommt, ist die Brockenanemone an saure Böden angepasst. Am besten gedeiht sie in den Bergheiden. Das Verrückte an dieser Art ist, dass sie nur auf dem Brockenplateau vorkommt. Sie ist ein Relikt aus der Eiszeit, das sich, als es in Europa wieder wärmer wurde, auf diesen Berggipfel zurückgezogen hat. Seitdem harrt sie auf dem Brokkengipfel aus. Wer weiß, wenn der Fall der Mauer nicht gekommen wäre, hätte dies vielleicht das Aus für die Brockenanemone bedeutet. Die Militärbauten hatten ihr Areal schon bedrohlich eingeengt."
„So etwas hätte sicher auch passieren können, wenn der Berg völlig kommerzialisiert worden wäre."
„Ja, ohne den Nationalpark stünde es heute schlecht um die Brokkenanemone und natürlich um alle anderen besonderen Arten auf dem Brockengipfel. So haben wir es geschafft, die Bebauung zurückzudrängen. Zudem haben wir die völlig verwahrlosten Flächen rekultiviert und die ökologische Altlast von 20.000 Tonnen Kalkschotter, mit dem die Grenztruppen ihre Wege befestigt hatten, gegen bodenständigen Granitgrus ausgetauscht."
„Aber kommen Sie, wir schauen uns jetzt einige der 1500 Hochgebirgspflanzen an, die wir aus der ganzen Welt zusammengetragen haben, aus Tibet, aus den Anden, dem Himalaya, Südafrika, Neuseeland und natürlich aus den Alpen."
„Und da sind Sie überall gewesen und haben Pflanzen gesammelt?"
„Nein, das wäre zu teuer gewesen. Wir haben Samen, vereinzelt auch Topfpflanzen, im Austausch mit anderen Botanischen Gärten erhalten, wie hier die Einblütige Pantoffelblume aus Patagonien, eine der exotischen Stars aus unserer Sammlung. Eine andere sehr beliebte Pflanze ist der Wellensittich-Enzian aus Tibet."
„Welches ist Ihre Lieblingspflanze?", frage ich.
„Der Schweizer Mannsschild, der sich mit einer langen Pfahlwurzel in Felsspalten festkrallt. Fahren Sie mal mit der Hand über das Polster", fordert mich Karste auf.
„Das ist ja ganz fest und hart."
„Muss es bei den widrigen Verhältnissen, unter denen die Pflanze normalerweise wächst, auch sein. Der Schweizer Mannsschild ist eine echte Hochgebirgsart."
„Um solche Pflanzen hier zum Blühen zu bringen, müssen Sie sicher einiges an Arbeit investieren."
„Ja, das ist nicht unerheblich. Ständig müssen Gräser und andere Konkurrenten entfernt werden. Das liegt daran, dass der Brockengipfel lediglich bis zur Waldgrenze aufragt, bis in die subalpine Zone. Die meisten Gebirgspflanzen unseres Gartens stammen aber aus der alpinen Zone, also aus einer höheren Vegetationsstufe, in der noch härtere Umweltbedingungen herrschen und die Konkurrenz geringer ist. Deshalb müssen wir helfend eingreifen."
„Widerspricht dieser Einsatz nicht dem Motto des Nationalparks – Natur Natur sein lassen?", frage ich.
„Im Nationalparkgesetz steht, dass kulturhistorisch wertvolle Anlagen zu erhalten sind und der Brockengarten stellt ein Kulturdenkmal dar. Er war der erste Alpengarten Deutschlands. Zudem ist „Natur Natur sein lassen" angesichts der ca. 1½ Millionen Besucher, die im Laufe eines Jahres auf den Brockengipfel kommen, hier nicht die angemessene Stra-

tegie. Die Brockenkuppe wurde daher als Sonderzone ausgewiesen, in der wir Pflege betreiben und wo Besucherinformation einen hohen Stellenwert hat. Schließlich haben wir im Brokkengarten eine Versuchsabteilung eingerichtet, in der wir Maßnahmen testen, die dem Erhalt unserer gefährdeten Arten dienen."

„Eine Frage zur Geschichte des Gartens: 1961 wurde der Brocken ja zum militärischen Sperrgebiet erklärt. Die Leute von der Wetterwarte durften mit Passierschein weiterhin auf den Brockengipfel. Gab es eine solche Regelung auch für die Brockengärtner?"

„Leider nicht. Der Brockengarten war für uns bis zur Wende nicht zugänglich. Die Botaniker haben damals außerhalb des Sperrgebiets, bei den 930 Meter hoch gelegenen Zeterklippen, einen Ersatzgarten eingerichtet, unter anderem, um die Brockenanemone vor dem Aussterben zu bewahren. Sie können sich vorstellen, wie froh wir waren, als wir endlich wieder zum eigentlichen Brokkengarten durften."

Es gäbe sicherlich noch viel zu schauen, doch Dr. Karste muss seinen Zug nach Wernigerode erreichen. „Herr Karste, besten Dank für die Führung. Sagen Sie mir doch bitte noch: Zu welcher Jahreszeit ist der Brockengarten am schönsten?"

„Mitte Mai bis Mitte Juni, dann blühen die meisten Pflanzen. Aber auch Mitte Juli, wenn die „Brokkenenziane" ihre Blüten öffnen, ist ein Besuch des Gartens lohnenswert."

Gartenführungen Mitte Mai bis Mitte Oktober, Montag bis Freitag 11.30 und 14.00 Uhr. Bei Bedarf zeigen die Ranger, im Anschluss an ihre Rundwegführung, den Garten. Rundwegführungen täglich um 11.15 und 13.00 Uhr.

Nicht weit vom Brockengarten erhebt sich der Turm, in dem die meteorologische Station untergebracht ist. Der Meteorologe Karlheinz Goldammer aus Nordhausen hat zu DDR-Zeiten in der Station gearbeitet und dabei einiges erlebt. Hier ist sein Bericht:

Als Wetterdienst-Techniker auf dem Brocken

Karlheinz Goldammer, Nordhausen

Karlheinz Goldhammer

August 1967: Ich erinnere mich noch sehr gut an meinen ersten Brocken-Einsatz. Ausgerüstet mit Rucksack, Koffer, Abordnungsschreiben und einem Passierschein für das Sperrgebiet begab ich mich zum Busbahnhof in Halle/Saale und fuhr über Wernigerode nach Schierke, wo mich der Stationsleiter der Wetterwarte Brocken, Herr Nitschke, erwartete. Nach freundlicher Begrüßung geleitete er mich zu meiner Unterkunft, einem möblierten Zimmer. Dort überreichte er mir den Dienstplan für die Zeit der Abordnung und teilte mir mit, dass die Schichtdauer des Beobachtungsdienstes in der Wetterwarte Brokken jeweils 24 Stunden beträgt, dass für die Wetterdienst-Techniker leider kein Dienstfahrzeug zur Verfügung steht und deshalb der Brockengipfel nur zu Fuß zu erreichen ist und dass man auf diesem Weg mit Kontrollen durch die Grenzposten rechnen müsse. Ich sollte deshalb immer den Passierschein für das Sperrgebiet bei mir haben.

Die Straße zum Brocken erschien mir endlos. Noch weit unterhalb der Brockenkuppe standen plötzlich zwei bewaffnete Grenzsoldaten vor mir. Mit ernster Mine fragten sie mich, was ich hier zu

Wetterwarte im Morgenlicht

suchen hätte und wohin ich wollte. Nachdem ich ihnen meinen Passierschein gezeigt und erklärt hatte, dass ich meinen Schichtdienst auf der Wetterstation antreten müsse, hellten sich ihre Mienen etwas auf und ich durfte weitergehen. Ich war froh, als ich hinter einer der vielen Kurven endlich den Fernsehturm erblickte. Vorbei an immer kleiner werdenden Fichten gelangte ich auf einem Trampelpfad bis an den Fuß des hohen Turmes, in dem sich die Wetterstation befand.

Die Tür war verschlossen. Nach dem Läuten öffnete eine gütig ausschauende ältere Frau die Tür und nachdem ich mich vorgestellt hatte, ließ sie mich ein. Ungefähr in halber Höhe des Turmes befand sich der Bereich von Frau Schrader, mit Küche, Schlafraum und Speisezimmer samt Fernseher. Wie ich bald bemerkte, war sie die „Gute Fee" der Wetterstation, die die Diensträume sauber hielt und Mittagessen und Kaffee für die Wetterdienst-Techniker zubereitete.

Die Räume der Wetterstation befanden sich in der oberen Etage des Turmes. Von dort führte eine Treppe hinauf auf das Dach, wo sich neben Windmast und Sonnenscheinschreiber noch weitere Messgeräte befanden. Auch Staubmessungen und Radioaktivitätsmessungen der Luft wurden durchgeführt. Vom Dach der Wetterstation sah man - als größtes Bauwerk auf dem Brockenplateau - das Gebäude des DDR-Fernsehsenders „Sender Brocken" mit seiner gewaltigen rot-weißen Antenne. In dem Gebäude waren die Fernseh-Techniker und Angestellten des Senders untergebracht. Im Erdgeschoss hatte man Grenzsoldaten einquartiert, die entlang der Staatsgrenze ihren Streifendienst versahen. Von der Wetterstation aus gesehen links vom Fernsehturm hatte sich eine russische Kompanie mit mobilen Radaranlagen niedergelassen. Dieser Bereich war von einem hohen, grün gestrichenen Bretterzaun umgeben. In ca. 15 Metern Entfernung von der Wetterstation befand sich der mit einem weißen Zaun umgebene „Wettergarten", mit der zwei Meter hohen Wetterhütte, Regenmesser und Bodenthermometern.

Winter auf dem Brockengipfel

Dezember 1967: Das Wetter war sehr wechselhaft, nasskalt und stürmisch. Während es in Schierke regnete, schneite es auf dem Brockengipfel. Oft steckte der Gipfel im Nebel. Als ich eines Tages zur Ablesung der Messwerte in den Wettergarten musste, war der Nebel so dicht geworden, dass ich kaum die Hand vor Augen sehen konnte. Ich hatte keine Orientierung mehr. Für diese Extremfälle war von der Wand der Wetterstation unmittelbar neben der Tür ein dünnes Drahtseil hinüber zur Wetterhütte gespannt. Ich befestigte einen Ledergürtel, an dem sich eine dünne Kette mit einem Karabinerhaken befand, um meine Brust über dem Anorak und klinkte den Karabinerhaken in das Drahtseil über mir ein. So gelangte ich - wie ein Hund an der Kette - durch den hohen Schnee zu Wetterhütte, konnte meine Ablesungen durchführen und gelangte auf die gleiche Weise wie ein Nachtwandler durch den dichtesten Nebel, den ich je erlebt hatte, wieder zurück zur Wetterstation.

Februar 1968: Auf dem Brokkengipfel lag eine mächtige Schneedecke. Die Fichten sahen aus wie tief gebeugte Figuren, die von der Schneelast auf ihrem Rücken fast erdrückt wurden. Auf dem Weg zur Wetterstation hatte ich das Gefühl, auf dem Grund eines tiefen Grabens zu laufen. Rechts und links des Weges türmte sich der Schnee bis über Brusthöhe. Eines Tages kam Herr Nitschke, der Leiter der Wetterwarte, auf den Brocken. Er gab mir ein Paar Skier und ich durfte ihn zu den Schneehöhen- und Schneedichtemessstellen begleiten, die rings um den Brocken angeordnet waren. Dabei begegneten wir den Grenzposten, die sich - in weiße Tarnüberzüge gehüllt und mit Maschinenpistolen bewaffnet - auf Streife befanden. Da Herr Nitschke als Stationsleiter der Wetterwarte den Grenzposten bekannt war, konnten wir nach einem kurzen Wortwechsel unsere Messtour fortsetzen.

Sonnenschein-Schreiber der Brockenwetterwarte

Während wir uns auf der verharschten Schneedecke zur nächsten Messstelle vorwärts kämpften, erzählte mir Herr Nitschke, dass sich ein Wetterdienst-Techniker einmal im plötzlich aufkommenden Nebel auf dieser Tour verirrt hatte, aber mit großer Verspätung doch noch zur Wetterstation zurückfand. Nach Auflösung des Nebels meldeten die Grenzposten damals eine „versuchte Republikflucht", da die Spuren seiner Skier bis hinter die Staatsgrenze in Richtung Braunlage und danach wieder über die Grenze herüber zum Brocken führten. Der „Grenzgänger" wurde sofort strafversetzt. Alle anderen Mitarbeiter mussten eine eindringliche aktenkundige Belehrung über sich ergehen lassen. Es ist jedoch auch vorgekommen, dass Mitarbeiter des Wetterdienstes die Tätigkeit auf dem Brocken tatsächlich für eine Republikflucht nutzten.

Juni 1968: Am Abend eines recht warmen und schwülen Sommertags türmten sich mächtige Quellwolken auf, die sich zu Gewitterwolken entwickelten. In der Dämmerung sah ich, wie sich an der Obergrenze einer Gewitterwolke ein mächtiger Eisschirm ausbreitete. Aus der Ferne konnte ich schon das Donnern vernehmen, das allmählich näher kam. Es war bereits dunkel und ich musste auf das Dach der Wetterstation, um den Registrierstreifen des Sonnenscheinschreibers zu wechseln. Als ich am Ende der Treppe die Tür zur Dachplattform öffnete, erschrak ich mächtig. In der Luft knisterte es unheimlich. Meine Haare auf dem Kopf und an den Armen sträubten sich in die Höhe. Aus den Enden der Blitzableiter, die sich an den Ecken des Dachgeländers befanden, züngelten kleine, bläulich leuchtende Flämmchen.

Aus der Literatur wusste ich, dass es sich hierbei um das „Elmsfeuer" handelte, eine elektrische Entladung der Luft an Gegenständen, ein Phänomen, das man überwiegend auf Schiffen auf hoher See beobachtet. Vorsichtig streckte ich meine Hand in Richtung des Sonnenscheinschreibers aus, bei dem ich einen Papierstreifen auswechseln musste. Bei der Berührung mit dem Messgerät erfolgte eine elektrische Entladung. Ich verspürte jedoch keine Hitze und keinen Schmerz. Trotzdem erledigte ich so schnell wie möglich den Streifenwechsel und war froh, als ich die Dachtüre hinter mir wieder schließen konnte. Es dauerte nicht lange, da entlud sich das Gewitter mit voller Kraft auf dem Brockengipfel. Aus allen Richtungen blitzte, krachte und donnerte es, sodass die Wände der Wetterstation bebten. Mehrere Blitze schlugen in die Antenne des Fernsehsenders ein bzw. wurden durch die Blitzschutzanlage auf den Boden abgeleitet. Beim Blick durch die Fensterscheibe sah ich, wie plötzlich eine rote Feuerkugel hinter dem Wettergarten in Richtung Post-Funkturm zwischen den Felsen auf dem Brockplateau entlangrollte und mit einem ohrenbetäubenden Knall zerplatzte. Das war der erste und auch einzige Kugelblitz, den ich in meinem Leben bisher gesehen habe.

Mit Brocken-Benno von Schierke zum Gipfel

Eine Beschreibung des Brockens ohne eine Würdigung von Brokken-Benno, das ist undenkbar. Im Dezember 2006 habe ich mit ihm von Schierke aus den Brocken bestiegen. Für mich war es die dritte Brocken-Besteigung, für Brokken-Benno die 4821. Seit dem 3. Dezember 1989, als das Neue Forum und Wanderer aus „Ost" und „West" die Öffnung des Gipfels erzwangen, ist Brocken-Benno – alias Benno Schmidt - fast jeden Tag auf den Brocken gestiegen. Schon in den 50er Jahren war er von diesem mächtigen Berg, der sich vor den Toren seines Heimatortes Wernigerode erhebt, begeistert. Wann immer er konnte, machte er sich auf den Weg in das weitläufige Gebiet des Brockens. Damals war der Berg für DDR-Bürger noch zugänglich. Man brauchte dazu nur einen Passierschein, den es ohne größere Formalitäten auf dem Kreisamt gab, und schon konnte man mit der Brockenbahn oder zu Fuß zum Brocken starten.

Brocken-Benno mit der Urkunde zum Eintrag ins Guiness-Buch der Rekorde

Am 13. August 1961 war Benno Schmidt mit seiner Frau mit der Brockenbahn unterwegs, um im Gebiet des Hohnekamms Heidelbeeren zu sammeln. Plötzlich ertönte es aus den Zuglautsprechern: „Dieser Zug fährt nur bis Schierke. Fahrten auf den Brokkengipfel sind ab sofort eingestellt." Abends erfuhren die Schmidts aus dem Radio, dass die DDR-Grenztruppen im Begriff waren, mitten durch Berlin eine Mauer zu ziehen und dass man an der Staatsgrenze West eine fünf Kilometer breite Sperrzone ausgewiesen hatte, die nur noch mit Sondererlaubnis betreten werden durfte. Damit war - von einem Tag auf den anderen - nahezu das gesamte Gebiet des Brockens für Wanderer gesperrt und Benno Schmidt konnte den Gipfel seines Hausberges nur noch mit dem Fernglas betrachten.

Kein Wunder also, dass er am 3. Dezember 1989, als das Neue Forum zu einer Sternwanderung auf den Brocken aufrief, dabei war. Die Grenze war drei Wochen zuvor, am 9. November, gefallen und das Sperrgebiet stand offen. Doch um den Gipfel des Brockens zog sich noch immer eine Mauer. Hinter der Mauer gingen sowjetische Soldaten, Grenztruppen der DDR und ein Horchposten der Stasi ihrem Dienst nach, als wäre nichts

„Schanze der Einheit", Schierker Sprungschanze am Eckerloch von 1961 (Postkarte)

Brockenaufstieg übers Eckerloch

geschehen. „Aufmachen! Aufmachen!", skandierte die auf mehrere hundert Personen angeschwollene Gruppe der Demonstranten. „Freie Bürger fordern freien Brokken", stand auf den Transparenten und Schildern, von denen Benno Schmidt eines hochhielt. Man dürfe nicht öffnen, bevor nicht eine Erlaubnis aus Berlin vorliege, so die verunsicherten Soldaten auf der anderen Seite des Tors. „Dann ruft doch in Berlin an!", forderten die Demonstranten. Stunden vergingen. Die Menge vor dem Tor ließ nicht locker. Dann verkündete ein Grenzoffizier, dass Berlin geantwortet hätte. Die örtlichen Organe wären aufgefordert worden, entsprechend der Sachlage selbst eine Entscheidung zu treffen, und man hätte sich entschieden, die Menschen in kleinen Gruppen einzulassen. Man müsse aber streng darauf achten, dass die Besucher unbewaffnet seien.

Die Menge vor dem Tor brach in Jubel aus und als die Grenzer das Tor einen Spalt weit öffneten, um zehn Besucher einzulassen, war kein Halten mehr. Alle stürzten sich auf das Tor und eine Flut von Menschen ergoss sich in die Sperrzone auf dem Gipfel.

Seitdem ist der Brocken frei. Und seitdem steigt Benno Schmidt nahezu täglich von Schierke aus auf den Gipfel.

Brockenurwald oberhalb Eckerloch

Es ist neun Uhr morgens, als ich im Dezember 2006 mit Brocken-Benno von der Schierker Jugendherberge aus losmarschiere. In gleichmäßigem Tempo, ohne Hast, steigen wir aufwärts. Zwei quirlige Berliner überholen uns und ich beschleunige unwillkürlich meine Schritte.

„Es macht keinen Sinn, auf den Berg zu rennen", bremst mich Brocken-Benno. „Sie kommen nur ins Schwitzen, und oben ist Sturm! Da ist es nicht gut, wenn man einen nassen Rücken hat."
Brocken-Benno hat Recht, außerdem können wir uns bei dem Tempo, das er vorgibt, wunderbar unterhalten.
„Wie sind Sie in das Guiness-Buch der Rekorde gekommen?", ist eine meiner Fragen. „Nachdem ich - im Jahr 1997 - 1111 Mal auf dem Gipfel war, hat mich die Bundestagsabgeordnete Monika Brudlewkski ermuntert, einen Eintrag bei der deutschen Redaktion des Guiness-Buchs zu beantragen. Die haben meinen Rekord dann sofort in ihr Buch aufgenommen."
„Hatten Sie damals auch Konkurrenten?"
„Ja, einen gewissen Wettkampf gab es schon. Da war ein Herr aus Clausthal-Zellerfeld, der hatte sogar einen ordentlichen Vorsprung. Aber der ging nicht bei jedem Wetter und so habe ich ihn dann überholt. Wir hatten für diesen Wettkampf auf unserem Stammtisch beim Brockenwirt sogar ein Reglement aufgestellt. Es zählte nur eine Besteigung pro Tag und die musste oben beim Brockenwirt abgestempelt werden."
„Dieser Wettkampf war für Sie aber sicherlich nicht der einzige Anreiz?"
„Spaß hat unser Rennen schon gemacht. Aber ich laufe heute, nachdem ich längst alle Verfolger weit hinter mir gelassen habe, ja immer noch. Ich liebe diesen Berg und seine Natur. Außerdem hält mich das Wandern fit. Ich bin jetzt 75 und war, seitdem ich laufe, nicht ein einziges Mal ernsthaft erkältet. Darüber hinaus freue ich mich über die Menschen, die ich auf dem Berg treffe. Außer mir laufen auch noch andere nahezu täglich auf den Brocken. Wir kennen uns alle und da ist immer Zeit für ein Schwätzchen. Außerdem sprechen mich viele Wanderer an, weil sie mich aus Presseartikeln kennen. Da gibt es nette Erlebnisse. Ich erzähle dann auch vom Harzer Grenzweg, den der Harzklub im Mai 2006 auf meine Initiative hin eingeweiht hat."
„Wie sind Sie auf die Idee mit dem Grenzweg gekommen?"
„Ich bin auf meinen Brockenwanderungen immer wieder gefragt worden, wie das mit der Grenze war, wo sie verlief und ob man noch Spuren der Grenzsperren findet. Ich habe dann - von Ilsenburg am Nordrand des Harzes bis

„Brockenuhr" auf dem höchsten Punkt des Berges. Um den Granitfelsen liegen 48 Bronzetafeln mit Entfernungsangaben zu deutschen und europäischen Zielen

Das Wolkenhäuschen und die Moschee, ehemals Abhöranlage der Stasi, heute Brockenmuseum

zum Kloster Walkenried im Südharz - über den Kolonnenweg den Verlauf der ehemaligen Grenze erkundet. Inzwischen ist der 65 Kilometer lange Weg, der teilweise auf abenteuerlichen Pfaden direkt auf der ehemaligen Demarkationslinie verläuft, mit einem grünen „G" markiert. Sie können den Weg in 3-4 Tagen erwandern."

(Anmerkung: inzwischen ist der Grenzweg mit dem Emblem des Grünen Bandes markiert. Die Wegstrecke wurde auf 91 km verlängert.)

Wir sind inzwischen neben einem Wildbach bergan gestiegen und queren die Gleise der Brockenbahn. „Det gloob ick nich! Det is doch Brocken-Benno!", tönt es da. Es sind die beiden Berliner, die uns zuvor überholt haben. Sie machen Rast und natürlich wollen sie von Brocken-Benno ein Autogramm und ein gemeinsames Foto mit dem Rekordwanderer. Auf der Strecke zum Gipfel werden wir das noch öfter erleben.

Wir kommen nun durch einen weiten Talschluss, das Eckerloch, das so heißt, weil hier einmal jede Menge Buchen wuchsen (die Ekker ist die Frucht der Buche). Nach einiger Zeit des schweigenden Steigens macht mich Benno Schmidt auf eine steile und hohe Schneise aufmerksam. „Dort stand bis 1962 die Schierker Sprungschanze, die Otto Grotewohl, Ministerpräsident der DDR, bei seiner Einweihungsrede auf den Namen „Schanze der Einheit" getauft hat, womit die Einheit Deutschlands gemeint war. Der Schanzenname prangte in großen Lettern am Schanzentisch. Das letzte offizielle Springen fand Ostern 1961 statt, knapp ein halbes Jahr vor dem Mauerbau in Berlin. Im Winter 1962 durfte die Schanze dann schon gar nicht mehr benutzt werden. 1966 wurde dann auch die ehemals bewirtschaftete Skihütte, die man 1949 neben der Schanze errichtet hatte, eingerissen."

Wir steigen nun über Geröll, Wurzeln und Treppenstiegen steil bergan, was Brocken-Benno nicht daran hindert, sein Tempo beizubehalten. Als wir in ca. 1000 Meter Höhe den oberen Abschnitt der Brockenchaussee erreichen, beginnt es windig zu werden und die Wolkendecke reißt ab und zu auf. Kurz darauf erreichen wir die Waldgrenze und im gleichen Augenblick überfällt uns ein böiger Wind, der sich am Gipfel zum Sturm steigert. Eine Digitalanzeige am Brockenmuseum weist eine Windgeschwindigkeit von 80 km/h aus. Wie mag das erst sein, wenn Orkane mit Spitzenböen von 180 km/h über den Brocken toben? Anstatt eines Rundgangs über das Brockenplateau statten wir dem Brockenhaus einen Besuch ab. Dort steigen wir zur Kuppel der ehemaligen Abhöranlage der Staatssicherheit hinauf. In dem Objekt, das den Tarnnamen **„Urian"** erhielt, sind Rund- und Richtantennen untergebracht, mit denen man militärische und geheimdienstliche Funksprüche auffing und mithilfe von Computertechnik entschlüsselte. Damit die Radiowellen ungehindert zu den Antennen gelangten, war die gesamte Kuppel aus Polyester gefertigt, inklusive der dicken Schrauben, die die Platten der Kuppel zusammenhalten. Eine

Mönchsstein

Ausstellung zur Grenzgeschichte auf dem Brocken befindet sich im Parterre des Hauses. In den dazwischen liegenden Stockwerken wird man über Flora und Fauna im Nationalpark informiert.

Als nächstes geht es ins Brockenhotel, wo sich Brocken-Benno den Stempel für die heutige Besteigung holt. Über dem Eingang zum Selbstbedienungs-Restaurant, das zu DDR-Zeiten als Kantine für die Soldaten diente, ist ein Vers aus Goethes Walpurgisnacht-Szene im Faust I angebracht:

Die Hexen zu dem Brocken ziehen
Die Stoppel ist gelb – die Saat ist grün
Dort sammelt sich der große Hauf
Herr ***Urian*** *sitzt oben auf*

Der Tarnname des Stasi-Abhorchpostens hatte also einen lokalen Bezug.

Vom Restaurant fahren wir mit dem Fahrstuhl acht Stockwerke hinauf zur Aussichtsplattform. Wolken jagen vorbei und zwischen den Wolkenfetzen wird dann und wann auch mal kurz der

Hotel in Schierke

Blick hinunter nach Ilsenburg und Wernigerode frei. Bereits zu DDR-Zeiten hatte man vor, hier oben ein Aussichtsrestaurant zu errichten. Doch daraus war nach dem Mauerbau nichts mehr geworden. Heute kann man ein Stockwerk tiefer, im Brockencafé, die Welt von oben betrachten.

Wir ziehen unsere Mützen tief ins Gesicht und machen uns durch das stürmische Gipfelwetter auf den Abstieg. Brocken-Benno wählt den Weg über die Brokkenchaussee, denn er will mit mir über die Trasse der alten Bobbahn absteigen. Nach knapp zwei Kilometer Waldstraße biegt Benno rechts ab.

„Wir steigen den Kabelweg hinunter. Damit kürzen wir ab", sagt Benno.
„Wie ist der Weg zu diesem Namen gekommen?"
„Hier verlief zu DDR-Zeiten die Kabeltrasse des Militärcamps."

Es dauert nicht lange und wir sind wieder auf der Brockenstraße, der wir bis zum Startpunkt der ehemaligen Bobbahn folgen. Auf diesem Streckenabschnitt befindet sich der geheimnisvolle Mönchsstein. Auf einem großen Granitblock ist eine rätselhafte Figur eingemeißelt, die einem Mönch ähnelt. Heimatforscher interpretieren die Gravuren als Zeugnis der frühen Bergbaugeschichte und sprechen auch von einem Venedigerstein. Erzprospektoren aus Italien, insbesondere aus dem reichen Venedig, hatten im 15. und 16. Jahrhundert den Harz nach Mangan- und anderen Lagerstätten durchforscht; man benötigte Erz zur Säuberung von Glas und zur Herstellung von Spiegeln. Hatten die „Venediger" einen Erzfund ausgemacht, so markierten sie die Stelle, indem sie Zeichen in Felsen oder Steinblöcke schlugen. Der Venedigerstein bei Schierke ist übrigens nicht der einzige im Harz, weitere finden sich an der Ecker, oberhalb und unterhalb des Eckerstausees und an der Oker.

DDR-Bob I auf Siegerkurs (1953)

Die Bobbahn

Schierke war einmal für Bobfahrer eine erste Adresse. Heute verläuft auf der ehemaligen Rennstrecke ein Wanderweg. Ein Bach begleitet den Weg. Er hat in den 50er Jahren das Wasser zur Glättung des Eiskanals geliefert. Damals war man beim Ausbau der Bahn auf strengen Frost angewiesen. An Vereisungsanlagen war noch nicht zu denken. Auch die Bobs sahen völlig anders aus. Im Heimatmuseum von Schierke kann man einen alten Bob bestaunen. Er sieht aus wie ein Schlitten für zwei Personen, dessen Kufen zweigeteilt und über Seilzug verstellbar sind. Kurz bevor wir die Gleise der Brockenbahn queren, macht mich Brokken-Benno auf Spuren der berüchtigten Steilkurve aufmerksam. Die Bobfahrer fuhren hier mit ungefähr 100 km/h in die Kurve ein. Um die Bobs bei diesem Tempo in der Bahn zu halten, hatte man die Kurve auf eine Höhe von vier Metern ausgebaut. Dennoch sind hier immer wieder Bobs aus der Bahn geflogen und es hat Tote und Verletzte gegeben. Die Mauer, in der die aus Brettern gefügte und mit Eis überzogene Bahn verankert war, ist noch zu sehen. Zu Anfang der 50er Jahre wurden auf der Schierker Bobbahn noch internationale Rennen gefahren, doch als die moderne Technik aufkam, konnte man in Schierke nicht mehr mithalten. 1959 wurde der Fahrbetrieb eingestellt.

Das Ziel der Bobbahn lag oberhalb des Hotels „Brockenscheideck", zu DDR-Zeiten ein Ferienheim des Zentralrats der Freien Deutschen Jugend (FDJ). Die Jugendfunktionäre befanden sich hier in bester Gesellschaft: Gleich gegenüber hatte die Staatssicherheit für ihre Mitarbeiter ein Ferienheim in Beschlag genommen und in der heutigen Jugendherberge befand sich ein Ferienheim der Nationalen Volksarmee. Brocken-Benno führt mich noch in die Schierker Heimatstube, um mir die Bobs zu zeigen. Dort verabschieden wir uns dann. Benno Schmidt ist inzwischen über sechstausendmal auf dem Brocken gewesen.

Durchs Elendstal

Brocken-Benno, der als Wanderführer ausgebildet ist, hat mir Tipps für weitere Touren in und um Schierke gegeben. Ich solle auf jeden Fall auf die Klippen des Hohnekamms steigen und zwischen Elend und Schierke durch das Tal der Kalten Bode wandern. Gesagt, getan. Bennos Tourentipps habe ich im nächsten Sommer getestet. Hier mein Bericht:

Elendstal und Schierker Feuerstein

Im Jahr 1924, als die Harzquerbahn fuhr und der Harztourismus einem ersten Höhepunkt entgegen ging, hat das kleine, bei Schierke gelegene Dorf Elend eine Namenänderung beantragt. Ein Preis für den besten Namen wurde ausgeschrieben, doch keiner der vorgeschlagenen Namen konnte überzeugen und so blieb es bei Elend. Dabei habe der Ortsname nichts mit Not und Verzweiflung zu tun, sagt die Literatur. Elend komme vielmehr vom mittelhochdeutschen „ellende" und diese bedeute fremd, verbannt. Ob hier Einsiedler in der Fremde gelebt haben? Was wirklich war, lässt sich nicht erschließen. Bleiben wir also bei den Tatsachen und dazu gehört, dass die Kirche von Elend, die mit ihren fünf mal elf Metern Grundfläche die kleinste Holzkirche Deutschlands ist. Kleiner sind nur noch bayerische Kapellen.

Nach der Kirchenbesichtigung geht es unter einer Brücke der Harzquerbahn hindurch und schon ist man mitten in der Natur, genauer gesagt, im Naturschutzgebiet Elendstal, wo man vom Talwächter, einer 45 m hohen Fichte, und dem Rauschen der Kalten Bode begrüßt wird. In dem von Steilhängen und Klippen eingerahmten Elendstal wächst ein artenreicher Mischwald aus Buchen, Fichten und Bergahorn. An lichten Stellen kommen Birken hinzu. Die Fichten stammen aus Naturverjüngung und wachsen vor allem im Talgrund. Dies ist er-

Elendsburg

Elendswald

staunlich, denn normalerweise kommen natürliche Fichtenbestände im Harz in den Gipfellagen und auf den Höhen über 800 Meter vor. Die Botaniker bringen diese Anomalie mit der Kaltluft in Zusammenhang, die sich im Tal sammelt. Für diese Erklärung spricht, dass im Elendstal alpine Stauden wie der Alpenmilchlattich und der Platanenblättrige Hahnenfuß vorkommen. Das Elendstal ist nicht nur für Botani ker interessant, es hat auch für „Altertumsforscher" etwas zu bieten. Am Rande des Talgrunds, auf einem hoch aufragenden Felsen, stand einst die Elendsburg. Viel ist nicht von der Burg geblieben, nur ein paar Mauerreste auf abschüssigem Fels, dazu aber eine in den Fels gehauene Höhle, die Rätsel aufgibt.

Weiter geht's, immer entlang der Kalten Bode, die hier einem alpinen Wildbach gleicht. Bald ist Schierke erreicht, wo noch recht originelle Pensionen aus der Frühzeit des Tourismus stehen. Nahe dem Ortskern, auf einem steilen Hang, steht die steinerne Dorfkirche. Dahinter, auf dem Friedhof, ist Willy Drube begraben. Willy Drube hat in den 20er Jahren des vorigen Jahrhunderts in seiner Apotheke „Roter Fingerhut" den berühmten Schierker Feuerstein, einen Kräuter-Halb-Bitter, kreiert. Die Farbe des - nach Ansicht seiner Förderer - wohltuenden Getränks ist so dunkelrot wie der Fels der Feuersteinklippen, die unweit des Schierker Bahnhofs zwischen den Baumwipfeln aufragen. Willy Drube verband Geschäftssinn mit Humor. Anfang der 30er Jahre ließ er über einen Zeitungswettbewerb seine Grabinschrift ermitteln. Den ersten Preis erhielt der auf dem Bild zu erkennende Text.

Schierker Feuerstein blieb auch nach dem Tod von Willy Drube ein Renner. Der sanfte Kräuterschnaps war so begehrt, dass es während der Teilung Deutschlands einen „Schierker Feuerstein

Vor der Apotheke „Zum Roten Fingerhut"

Willy Drubes Grabinschrift

– West" und einen „Schierker Feuerstein – Ost" gab. Der „West-Schnaps" wurde im niedersächsischen Bartolfelde, einem an der Grenze liegenden Dorf bei Bad Lauterberg hergestellt, den „Ost-Schnaps" füllte man in einem Volkseigenen Betrieb in Magdeburg ab. Die Produktionsstätte in Bartolfelde hat sich gehalten, der Magdeburger Betrieb wurde abgewickelt. Dafür hat man Drubes Apotheke liebevoll renoviert. Auf dem Gelände der Apotheke werden heute die Rohstoffe zur Herstellung des Kräuterschnapses gelagert. Die Apotheke befindet sich im Ortskern, in der Hagenstraße, kurz vor dem Kurpark. Man sieht es Schierke an: Der Ort hat in der ersten Hälfte des 20. Jahrhunderts seine große Zeit gehabt. Bei einigen der Hotels hat man Anleihen bei berühmten Schweizer Vorbildern gemacht, zum Beispiel beim Hotel „Brokkenscheideck", auf das man am Ortsende trifft. Hier hat das berühmte Eigernordwand-Hotel „Scheideck" an der Jungfraubahn Pate gestanden.

In Schierke

Durch das Harzer Klippenzentrum

Klippen sind Sinnbilder der Harzer Urnatur. Am östlichen Ausläufer des Brockens, auf dem Hohnekamm, existiert eine regelrechte Klippenlandschaft, durch die ein naturbelassener Wanderpfad führt. Wer sich von Schierke aus auf den Weg zum Hohnekamm macht, stößt auf zwei weitere Klippen: auf den Ahrensklint und die berühmten Feuersteinklippen, die sich gleich hinter dem Schierker Bahnhof erheben. Die Feuersteinklippen sind ein Wahrzeichen Schierkes, wozu vor allem der Ruf des „Schierker Feuersteins" beigetragen hat. In dem zur Gaststätte umfunktionierten Bahnhof wird der Kräuterbitter bereitgehalten. Man sollte es bei einer Verkostung jedoch nicht übertreiben, denn der Weg vom Bahnhof zu den Klippen, die dem Likör den Namen gegeben haben, ist mit Steinen übersät. Zum Glück ist die Stolperschneise recht kurz und nach fünf Minuten steht man, den Kopf im Nacken, staunend vor den Klippen. Die rötliche Farbe des Felsens gab den Klippen den Namen und so dunkelrot wie der Fels ist auch der Schierker Kräuterschnaps.

Ahrensklint

Weiter geht s zum Ahrensklint, eine Strecke, die als klassische Meile der Fichtenwirtschaft ausgezeichnet werden könnte. Fichtenhochwald, Fichtendickung, Fichtenstangenholz, Fichtenschonung: alles in Reih und Glied und von einheitlichem Alter. Wir sind noch im Nationalpark. Auch hier soll also „Urwald" entstehen. Mehrere Generationen von Nationalparkförstern haben hier eine Lebensaufgabe. Und dann plötzlich, inmitten des dunklen Tanns, ein senkrecht aufsteigender Granitfelsen, auf den eine Metallleiter führt. Wir sind am Ahrensklint, dem „Adlerfels". Vom höchsten Punkt der Klippe schaut man hinüber zum Brocken. Besonders schön ist es hier am frühen Morgen, wenn der Brocken von der Sonne angestrahlt wird und Frühnebel um den Gipfel streichen.

Die Glashütte vom Jacobsbruch

Nicht weit vom Ahrentsklint liegt eine stille Waldwiese. Hinter hohen Bäumen - natürlich Fichten - blinkt das Wasser eines kleinen Sees hervor. Granitblöcke, Schilf und Binsen spiegeln sich, der Stamm einer abgebrochenen Fichte ragt ins Wasser. Niemand kommt, um den Stamm zu zersägen und wegzuräumen. Wir befinden uns ja im Nationalpark.

Vor 170 Jahren hat der heute so ruhige Ort einen völlig anderen Eindruck gemacht. Damals stand hier eine Glashütte, die Spiegel- und Fensterglas, Pokale und Tafelglas produzierte. Die Rohstoffe für die Glasherstellung kamen vom nördlichen Harzrand: der Quarzsand vom Regenstein, das Glaubersalz (Natriumsulfat) von der Oker. Um den Sand auf Schmelztemperatur zu bringen, wurden Unmassen von Holzabraum sowie Torf verfeuert, der im

Leistenklippe

„Die Glashütte an den Hoehneklippen. Am 13. August 1839", Skizzenbild

angrenzenden Jacobsbruch gestochen wurde. 1843, nur 19 Jahre nach der Gründung, stellte die Hütte ihren Betrieb wegen Torf- und Holzmangels ein und die Produktion wurde nach Braunlage verlagert. Der Wald war in großen Teilen abgetrieben und das Moor durch den Torfstich zerstört. Das Haus der Glashütte wurde lange Zeit als Jagd- und Skihütte genutzt. 1945 wurde der Jacobsbruch Schauplatz von Kämpfen zwischen Amerikanern und Deutschen, in deren Verlauf das Glashüttengebäude zerstört wurde. Inzwischen hat man die Reste eines Kellergewölbes freigelegt. Die alte Eberesche (Sorbus aucuparia), die am Hang über dem Teichabfluss steht, hat das Haus der Glashütte sicher noch gesehen. Die daneben stehende Esche (Fraxinus excelsior) ist jüngeren Datums. Mit ihrem vitalen Wachstum zeigt sie, dass selbst hier, auf 800 Metern Höhe, der Wald nicht nur aus Fichten und Vogelbeeren bestehen muss. Bis in das späte

Mittelalter war die Esche im Hochharz dem Wald beigemischt.

Weiter geht's durch eine einsame Waldlandschaft, die an die großen Wälder Skandinaviens erinnert. Ein munterer Bach, die Wormke, begleitet den Weg. Sie entspringt dem Jacobsbruch, auf dem sich inzwischen ein naturnaher Fichtenwald entwickelt hat.

Das Klippenzentrum vom Hohnekamm

Wir steigen wieder bergwärts. Auf knapp 900 Metern über N.N. lichtet sich der Hochwald und macht Ebereschen Platz. Dicht an dicht stehen die Vogelbeeren, die sich zwischen Granitfelsen in den flachgründigen Boden krallen. Der Rücken des Hohnekamms ist erreicht. Abgestorbene Fichten deuten an, dass hier der Borkenkäfer tätig war. Aber wie auf dem Quitschenberg am Westhang des Brockens hat die Natur auch hier das Problem selbst in den Griff bekommen. Die Ebereschen und erste Jungfichten künden von einem neu heranwachsenden Wald. Und dieser Wald kommt in einer urigen Umgebung hoch. Granitblöcke türmen sich zu Klippen auf, unter denen wir die merkwürdigsten Formen finden: kompakte Felsbastionen, wackelig wirkende Türme mit schief aufsitzendem Abschlussstein und Trümmerfelder, in deren Mitte noch ein Stumpf aufragt. Dazu Ebereschen, Heidelbeeren, Moose und ausbleichende Fichtengerippe. Eine wilde Szenerie, in die ein über die Felsen balancierender Luchs passen würde. Nach den Grenzklippen kommt die Leistenklippe, auf deren Spitze eine Eisenleiter führt. Bei gutem Wetter trifft man hier einen freundlichen Ranger, der auf alle Fragen zur

Am Jacobsbruch, Standort der Glashütte

Nationalpark-Wildnis Antworten parat hat.

Szenenwechsel: Von den trockenen und luftigen Klippen geht es nun in mooriges Gelände. Ein Bohlenweg leitet durch Pfeifengraswiesen. Der Untergrund ist so nass, dass Bäume nur schwer Fuß fassen können. Nur einige Birken und Fichten kommen hoch und das Pfeifengras. Mit dem nahezu knotenlosen Stängel des Sumpf-Grases hat man früher Pfeifen mit langen Mundstücken gereinigt.

Quesenbank- und Feuersteinwiese

Zum Abschluss der Rundtour noch zwei echte, von Menschen geschaffene Wiesen. Die erste hat

Türkenbund auf Bärwurzwiese

Am Hohnekamm

den seltsamen Namen „Quesenbank" erhalten. Es ist eine sehr große Wiese, auf deren Mitte ein paar Hutebuchen stehen. Dahinter, als Kulisse, die Wälder des mittleren Harzes. Die Quesenbank-Wiese gehört zu den wenigen Flächen des Nationalparks, die traditionell gepflegt werden. Am letzten Septemberwochenende ist hier einiges los. Dann feiert man den Schierker Kuhball, ein Fest, das früher anlässlich des Kuhauftriebs stattfand. Aber da die Gäste im „goldenen Herbst" zahlreicher erscheinen als im nasskalten Frühjahr, feiert man den Kuhball eben am letzten Samstag im September. Vom Schierker Marktplatz aus zieht gegen Mittag ein Festzug zur Quesenbank, wo es Musik, Fassbier, Harzer Schmorwürste und Harzer Käse sowie Kaffee und Kuchen gibt. Für die rustikale Kulisse ist gesorgt: Auf den Wiesen weidet an diesem Tag Harzer Rotvieh. Die zweite Wiese - die Feuersteinwiese- ist etwas für Naturliebhaber. Hier blüht im Frühsommer, inmitten von Bärwurz, der Türkenbund und etwas später auch die schöne Arnika. Wildnis und vom Menschen geschaffene Biotope, beide haben etwas für sich und beide bieten der Tier- und Pflanzenwelt Lebensraum, auf unterschiedliche Weise und für unterschiedliche Arten. So entsteht Vielfalt.

Quesenbank-Wiese

Abstecher nach Wernigerode

Brocken um 1895. Unbekannter Schweizer Fotograf

Karl Berke, der Vorsitzende des Harzklubs Ilsenburg meinte, ich müsste unbedingt auch noch den Heinrich-Heine-Weg absolvieren, und zwar in voller Länge, also von Ilsenburg aus auf den Brocken steigen. Dazu musste ich aber natürlich noch einmal zurück nach Ilsenburg, an den Nordrand des Harzes. Nun bin ich kein zur Bequemlichkeit neigender Mensch, aber in diesem Fall habe ich mir doch eine Talfahrt mit der Brokkenbahn gegönnt, über Schierke und Drei Annen Hohne bis hinunter nach Wernigerode. In Wernigerode, der bunten Stadt im Harz, habe ich Station gemacht. Es wäre eine Schande gewesen, hier einfach vorbeizufahren. Ich habe einen Altstadtbummel unternommen und das Schloss besichtigt. Schließlich habe ich mich in den Regionalexpress gesetzt und bin nach Ilsenburg gefahren, wo ich bei Karl Berke übernachtet habe. Am nächsten Morgen sind wir zusammen auf den Brocken gestiegen. Doch davon später. Jetzt geht es erst einmal hinunter nach Wernigerode.

Der Brocken ist in vielfacher Hinsicht mit Wernigerode verbunden: Über die Brockenbahn, die ihre Fahrgäste in 100 Minuten vom Wernigeroder Westerntor-Bahnhof auf den Gipfel befördert, über den Nationalpark Harz, dessen Hauptquartier am Fuße des Wernigeroder Schlossberges liegt. Zudem befanden sich der Brocken und die umgebenden Wälder im Besitz der Grafen zu Stolberg-Wernigerode, die viel zur Erschließung des Brockens unternommen hatten. Die Wernigeröder Grafen hatten auf dem Brocken mehre Unterkünfte errichten lassen: 1736 das Wolkenhäuschen, 1743 das Wirtshaus auf der Heinrichshöhe, 1800 ein Gipfel-Gasthaus mit Turm, das im Laufe der Jahre zu einem mehrstöckigen Hotel mutierte. In den Brockenhäusern übernachteten berühmte Persönlichkeiten wie Alexander von Humboldt und Heinrich Heine. Fürsten und Könige kamen, z.B. Jeromé, der Bruder Napoleons und König von Westfalen (8. August 1811), der preußische König Friedrich Wilhelm III. nebst Gattin Louise (31. Mai 1805) oder der spätere deutsche Kaiser Wilhelm I. (19. Juni 1821). Otto von Bismarck lernte auf einer Brockenwanderung im Jahre 1846 seine spätere Frau kennen. Und auch Kaiser Wilhelm II. weilte während seiner Kronprinzenzeit auf dem Brocken.

Ausgangspunkt der fürstlichen Brockenfahrten war selbstverständlich Wernigerode, denn dort stand das Schloss der Grafen, das aus einer Burg hervorgegangen war. Das mittelalterliche Gemäuer, das auf einem steilen Bergrükken hoch über der Stadt thronte, war von Graf Ludwig Christian 1671/76 zu einem Barockschloss umgebaut worden. Jeromé und der preußische König Friedrich Wilhelm III., die 130-140 Jahre später auf Schloss Wernigerode weilten, scheinen mit ihrer Unterbringung durchaus zufrieden gewesen zu sein. Jedenfalls hat man diesbezüglich keine Klagen vernommen, obwohl es Berichte von jüngeren Mitgliedern der Grafenfamilie gibt, die beklagten, dass die Türen und Fenster schlecht geschlossen hätten und die Kamine derart qualmten, dass man nur mit geschlossenem Mund über die Gänge hätte laufen können. Aber Graf Henrich (1772-1854) war knauserig; eine grundhafte Erneuerung kam für ihn nicht in Frage.

Ganz anders sein Enkel Otto (1837-1896), der in jungen Jahren die Regentschaft übernahm. Graf Otto hatte Karriere gemacht und war zum Stellvertreter Bismarcks aufgestiegen. Das alte Barockschloss schien ihm angesichts seiner Stellung nicht mehr adäquat. Ein Prunkschloss sollte entstehen, das an die ritterlichen Wurzeln der Familie erinnerte, aber zugleich viel großzügiger sein sollte als das alte Barockschloss. Zehn Jahre hat der Umbau von Schloss Wernigerode gedauert. Ottos Architekt kopierte, ganz im Sinne des Zeitgeschmacks, alte Baustile, hauptsächlich Gotik und Renaissance. Ein neuer, über 50 Meter hoher Bergfried entstand. Schießscharten und ein eisernes Fallgitter vermitteln den Eindruck von Wehrhaftigkeit. Und so geht es auch im Innern des neu erbauten Schlosses trutzig zu, z.B. in der Ritterhalle, die mit Rüstungen und mittelalterlichen Waffen geschmückt ist.

Hoher Besuch konnte sich hier wie zu Hause fühlen. Neben dem Rittersaal befinden sich die Königszimmer, eine Suite aus Wohn- und Arbeitszimmer, Schlafgemach, Bad und Toilette. Hier weilte des Öfteren Kaiser Wilhelm I. Man speiste in der Ritterhalle oder - wenn es besonders fürstlich zugehen sollte - im Festsaal, der von einem riesigen Kronenleuchter illuminiert wurde. Nach dem Mahl, das man auf silbernem Geschirr einnahm, machten es sich die Männer im Rauchsalon gemütlich. Dort ließ es sich trefflich über Politik reden, über die Sozialistengesetze oder die Bewahrung der Vorrechte des Adels. Und sicherlich ließ sich in einem solchen Ambiente auch der eine oder andere Vorteil für die Unternehmungen der Grafen zu Stolberg-Wernigerode erzielen.

Wirtschaftlich ging es dem Grafengeschlecht nicht mehr ganz so blendend. Nicht dass sich Graf Otto mit dem Neubau des Schlosses übernommen hätte. Auch der Grundbesitz der gräflichen Familie war nach wie vor beträchtlich. Sorge machten Otto die gräflichen Hüttenwerke in Ilsenburg, die einst zu den modernsten Europas gehörten. Doch die Zeiten hatten sich geändert. Jetzt hatte das Ruhrgebiet die Nase vorn. Aber solange der Kaiser zu ihm stand, würden die Probleme mit den Hüttenwerken sicher nicht existenziell werden. Also tat Otto gut daran, dem Kaiser ein guter Gastgeber zu sein. Wilhelm I. und II. weilten gern in Wernigerode. Die gewaltige Investition des Schlossumbaus hatte sich gelohnt. 1890 erhielt Graf Otto von Kaiser Wilhelm I. den Titel eines Reichsfürsten verliehen. Aus dem Grafenschloss war über Nacht ein Fürstenschloss geworden.

Sechs Jahre später erlag Graf Otto einer schweren Krankheit. Im Jahre 1911 wurden die Ilsenburger Hüttenwerke von seinem Sohn Christian Ernst verkauft. 1918 dankte Kaiser Wilhelm II. ab und ging ins Exil. Im Jahre 1925 gelang es Christian Ernst, die Hüttenwerke zurückzukaufen. Doch der Absatz ließ zu wünschen übrig. Die Weltwirtschaftskrise warf ihre Schatten voraus. Es stand nicht gut um die Fürst-Stolberg-Hütte. Da meldete sich fürstlicher Besuch aus dem Morgenland an.

Schloss Wernigerode

Im Juni 1929 kam König Fuad aus Ägypten nach Wernigerode. „König Fuad kommt! Was erst kein Mensch hatte glauben können, war Tatsache geworden ... aus der Grafschaft, aus Halberstadt und wer weiß wo noch alles her, strömte es zu Fuß, zu Rad, in Wagen und Kraftfahrzeugen herbei." So stand es im Wernigeröder Tageblatt.

Der König aus dem Morgenland

Alle wollten den König aus dem fernen Morgenland sehen. König Fuad wurde von Fürst Christian Ernst zu Stolberg-Wernigerode am Bahnhof empfangen. Er trug einen schwarzen Anzug und einen roten Fes, die Kopfbedeckung morgenländischer Würdenträger. Im vierspännigen Wagen ging es hinauf zum Schloss, wo abends ein Gala-Dinner stattfand. Man stieß auf 500 Jahre Grafschaft Stolberg-Wernigerode und auf gute Zusammenarbeit mit Ägypten an. Fuad übernachtete in den Königszimmern.

Am nächsten Morgen besuchte er die fürstliche Bibliothek im Lustgarten am Fuße des Schlossberges. Dann fuhr er mit Gefolge nach Ilsenburg und besichtigte die „Fürst-Stolberg-Hütte". Arbeiter führten Fuad den Guss von Motorteilen für die Flugzeugwerke Junkers vor. Dann goss Fuad eigenhändig das Wappen seines Königshauses in Bronze. Das Besuchsprogramm gönnte dem ägyptischen König nur wenig Pausen. Kaum war die Hüttenbesichtigung zu Ende, ging es durch das Ilsental hinauf zum Jagdhaus Plessenburg und von dort über Drei Annen Hohne zum Brocken. Nach Jeromé war endlich mal wieder ein ausländischer Fürst auf dem höchsten Gipfel des Harzes zu Gast. Abends dinierte man wieder im Festsaal. Doch schon um halb elf stieg der ägyptische König in seinen Sonderzug und fuhr weiter nach München. Die ägyptische Fahne auf Schloss Wernigerode wurde eingeholt.

Der ägyptische König Fuad

Auf Schloss Wernigerode gehen die Lichter aus

Zwei Wochen später wurde die fürstliche Bibliothek im Lustgarten geschlossen. Ein Teil der Sammlung wurde verkauft, um Ernst Christians Schulden zu tilgen. Vier Wochen später holte man auf dem Schloss die Fahne der Fürsten zu Stolberg-Wernigerode ein. Fürst Ernst Christian konnte sich die Unterhaltung des Schlosses nicht mehr leisten und zog in eine Villa in Schierke. Am 23. Juni 1930, ein Jahr nach dem Besuch des ägyptischen Königs, standen in der Fürst-Stolberg-Hütte alle Räder still. Der Fürst war bankrott. Die Dresdener Bank wickelte das Insolvenzverfahren ab. Dem Fürsten blieben das Schloss, der Brocken samt Hotel, 5000 Hektar Land und eine Domäne in Gedern, im hessischen Vogelsberg. 1945 floh der Sohn von Ernst Christian, Fürst Botho, nach Gedern. 1949 wurde aus dem Schloss Wernigerode ein Feudalmuseum. Seit 1990 besichtigt man wieder das Schloss Wernigerode.

In der Breite Straße

Die bunte Stadt am Harz

Bisher war nur vom Schloss und den Grafen, pardon den Fürsten zu Stolberg-Wernigerode, die Rede. Aber was ist mit der Stadt Wernigerode? Lassen wir zunächst Hermann Löns mit seinen 1907 geäußerten Bemerkungen über die „Bunte Stadt am Harz" zu Wort kommen: „Es ist eine echte Harzstadt und voll von internationalem Leben ... Jedes Wochenende bringt Schneeschuhläufer von weit und breit her; denn zu bequem ist die Stadt zu erreichen von Halle und Magdeburg, von Hannover und Braunschweig, von Bremen, Hamburg und Berlin. Bestell dir zum Sonntag früh den Wagen, denn sonst bekommst du keinen. In aller Frühe donnern sie aus den Toren, die Wagen, bunt von frohen Gesichtern, hellen Blusen und farbigen Hüten und mit Klingklang und Singsang, mit grünen Zweigen besteckt, don-

Rathaus

nern sie abends wieder zurück ... und hungern und dürsten brauchst du nirgendwo, denn überall zeigen dir Handweisen (Wegweiser), wo eine gastliche Stätte Speis und Trank bietet. - Nimm dir nicht vor, planmäßig Wernigerode und seine Umgebung kennen zu lernen, denn dafür reichen deine vier Wochen Ferien nicht."

Wer vom Westerntor-Bahnhof über das Westerntor (1) und die Westernstraße zum Marktplatz (2) vordringt, wird bald merken, dass Wernigerode noch immer die bunte Stadt ist, die Hermann Löns beschreibt. Daran haben auch vier Jahrzehnte real existierender Sozialismus nichts geändert. In den Fachwerkzeilen von Western- und Breiter Straße reiht sich Geschäft an Geschäft, auf dem Marktplatz die Sonnenschirme der Straßencafés. Scharen von Touristen defilieren an dem markanten Rathaus vorbei. Aus aller Herren (Bundes-) Länder kommen die Menschen nach Wernigerode, sicher auch wegen der Brockenbahn. Aber auch wegen der Stadt und dem Schloss. In Wernigerode ist Leben. Und obwohl Wernigerode kein Fachwerk-Mekka à la Quedlinburg ist, findet man in der bunten Stadt doch bemerkenswerte Gebäude. Zum Beispiel das 1674 erbaute Krümmelsche Haus (Breite Straße 72) (3). Die gesamte Fassade ist mit Schnitzereien überzo-

Amerika-Relief, Krummelsches Haus

gen, mit Reliefs, Abweiserfiguren, Statuen und Ornamenten. Luft, Wasser und Erde werden dargestellt, die Erdteile Europa und Asien. Afrika reitet auf einem Krokodil, Amerika auf einem Gürteltier. Und: Das Krummelsche Haus beherbergt ein Bistro, in dem Kaffeespezialitäten und Böhmische Küche serviert werden.

Vom Lustgarten zum Schloss

Vom Krummelschen Haus zum Rimker Tor, dem östlichen Ende der Altstadt. Eine mehrspurige Straße führt in das neue Wernigerode, das durch die Architektur der DDR-Zeit und Einkaufszentren der Nachwende-Zeit geprägt wird. Der Stadtbesucher wendet sich nach rechts und steuert am Rande der Altstadt dem Lustgarten zu, den Graf Christian Ernst zu Stolberg-Wernigerode im Jahre 1713 anlegen ließ. Hier befindet sich die Orangerie, in der die Grafen ihre Bibliothek untergebracht hatten, jene Bibliothek, die aus finanziellen Gründen unmittelbar nach dem Besuch König Fuads (1929) veräußert wurde (4). In der Nähe liegt der Marstall, den Graf Otto für den Schlossneubau anlegen ließ. Hier wurden die Kutschen und Pferde der durchlauchten Herrschaften standesgemäß untergebracht.

Vom Lustgarten hinauf zum Schloss (5), für das man sich mindestens zwei Stunden Zeit nehmen sollte, Kaffeepause inbegriffen. Dann geht es steil hinunter in die Lindenallee, die am Fuße des Schlossbergs entlang führt. Dort fällt ein mehrflügeliger Fachwerkbau auf (6). Das barocke Gebäude hatte jedoch nie herr-

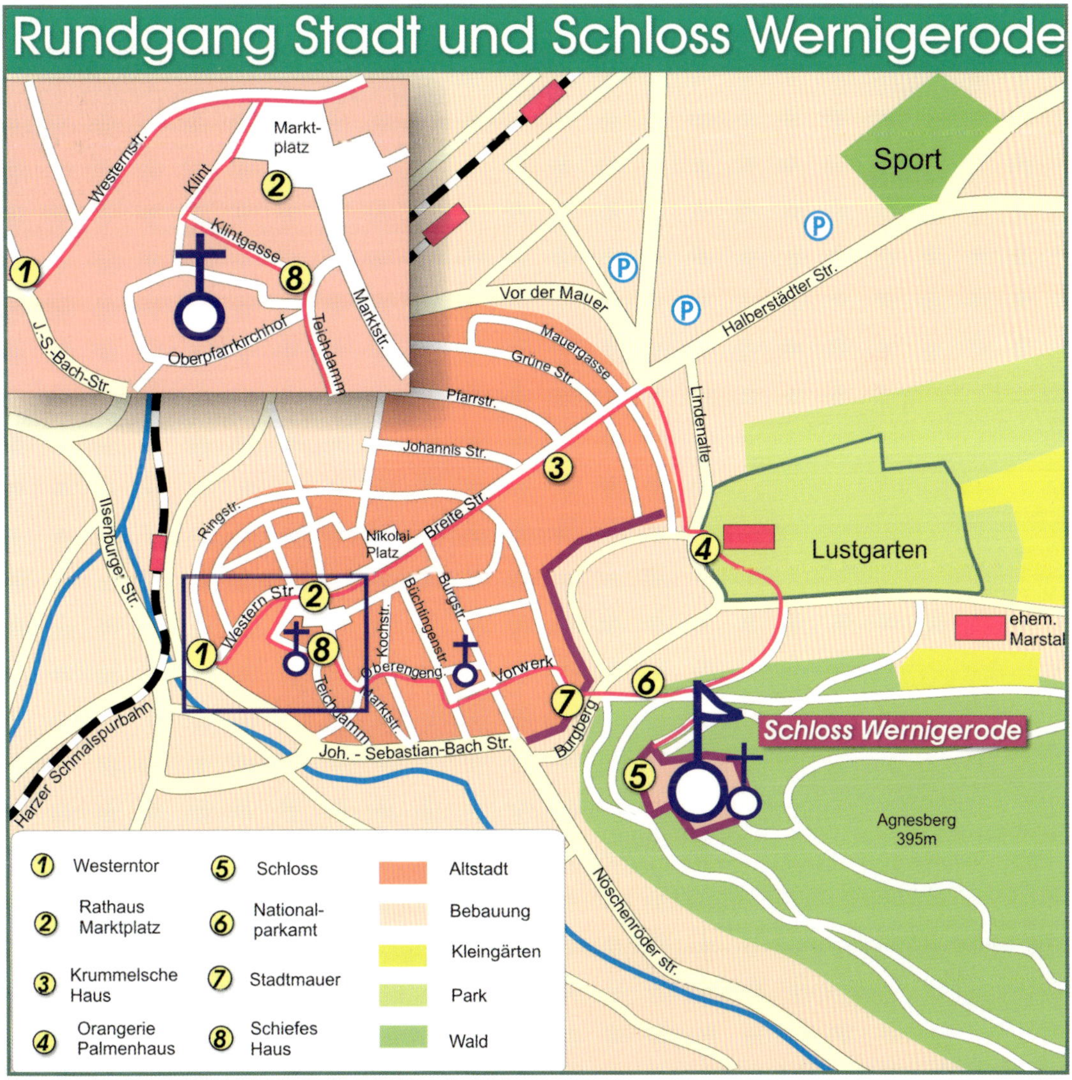

schaftliche Funktionen inne. Es war in den Jahren 1736/37 als Waisenhaus errichtet worden. In das großzügig bemessene Gebäude zogen bald auch andere Nutzer ein, eine Strumpfweberei, die Redaktion des „Wernigeröder Intelligenzblattes" und vor wenigen Jahren die Nationalparkverwaltung. Um die Ecke, am Burgberg, wohnt übrigens Brocken-Benno, der „Luis Trenker" von Wernigerode. Sein Fachwerkhaus lehnt sich an die Reste der alten Stadtmauer, die zwischen Schlossberg und Stadt erhalten geblieben ist. Schräg gegenüber dem Nationalparkamt wird das alte Gemäuer, das noch mit einem halbrunden Türmchen bewehrt ist, von einem Park begleitet. Hier befindet sich eine Lücke in der Mauer, durch die man in das Vorwerk gelangt, eine ruhige Ecke. Der Straßenname geht auf ein Gut zurück, das hier einmal stand. Weiter geht's durch Alt-Wernigerode, an der Liebfrauenkirche vorbei, durch die Oberengengasse und die Marktstraße zur Klintgasse. In der Klintgasse Nr. 3 steht ein aus das 16. Jahrhundert stammendes Fachwerkhaus, dessen Balken reich mit Schnitzwerk versehen sind. Das Haus Nr. 5 fällt dagegen wegen seiner stark geneigten Fassade auf (8). Das 1680 erbaute „Schiefe Haus" war ursprünglich eine Walkmühle der Tuchmachergilde. Das Wasser des ehemaligen Mühlgrabens umspülte die Grundmauern des Hauses, sodass sich dessen Ostfassade so lange absenkte, bis sie auf festes Felsgestein stieß. Vom Mühlengraben ist heute nichts mehr zu sehen. Noch ein paar Schritte und man steht wieder vor dem prächtigen Rathaus. Der Kleine Wernigeröder Stadtspaziergang geht zu Ende. Da kommen die Straßencafés auf dem Marktplatz gerade recht.

Ilsenburg und der Heinrich-Heine-Weg

Der Regionalexpress bringt mich von Wernigerode nach Ilsenburg. Fahrzeit neun Minuten! Karl Berke holt mich vom Bahnhof ab. Karl hat mir ein Hefestückchen mitgebracht, zum gleich essen, wie er sagt, denn anstatt in sein „Backhus" führt er mich in das industrielle Zentrum Ilsenburgs, zur Fürst-Stolberg-Hütte. Die traditionsreiche „Hütte" liegt direkt hinter dem Bahnhof. Wir queren die Gleise und biegen in die Schmiedestraße ein. Vor großen Werks - hallen reihen sich nagelneue Räder und Achsen von Eisenbahnwaggons. Auf einige Achsen sind bereits die Räder montiert. Gabelstapler fahren umher. Es herrscht reges Treiben und ich staune nicht

Heinrich Heine

schlecht. Das ist nichts Nostalgisches. Hier produziert man im Takt der Zeit. „Das ist das Gelände der Radsatzfabrik Ilsenburg

Mühlen und Hüttenindustrie in Ilsenburg

GmbH", sagt Karl Berke, „Das Unternehmen fertigt seit über 60 Jahren Räder und Achsen für Schienenfahrzeuge, in den ersten Jahren nach dem Krieg hauptsächlich für die Instandsetzung der Reichsbahn, später für den Bau von Loks und Waggons."
„Das wäre ja dann mal ein DDR-Betrieb, der die Wende überlebt hat."
„Jein, die Radsatzfabrik gehört inzwischen der Osnabrücker Georgsmarienhütte Holding GmbH. Aber immerhin, die Produktion läuft, die Leute haben Arbeit. Komm, ich zeig Dir jetzt die Fabrik, in der ich von 1980 bis 1991 gearbeitet habe, die ehemalige Fürst-Stolberg-Hütte."
„Wieso ehemalig, der Betrieb führt doch immer noch den Namen seiner Wernigeröder Gründer."
„Ja, aber das ist kein Hüttenwerk mehr, sondern eine Eisenmanufaktur, in der man Kunstguss herstellt: Gartenmöbel, Bänke, historische Straßenlaternen und dergleichen."

Die Fürst Stolberg Hütte

Wir sind auf einem freien Platz angekommen, an dessen Kopf eine große, aus Bruchsteinen errichtete Werkshalle steht. Davor Rasen, auf dem neben einigen Büschen mehrere gusseiserne Objekte stehen: eine Gartenpumpe (Typ „Alter Dessauer"), eine Parkvase, ein Stück Zaun, eine Laterne und ein Adler, der auf einem Granitsockel seine Flügel ausbreitet. Karl geht stracks auf das grün gestrichene Tor der Halle zu. Doch anstatt zu öffnen, weist er auf die Bruchsteinmauer. „Schau Dir die Steine mal genau an. Siehst Du was Besonderes?", fragt er mich.
„Ja, die Oberfläche ist merkwürdig, fast so, als ob der Stein aus zusammengebackenen Fischeiern besteht."
„Richtig, und deshalb spricht man auch von Rogensteinen. Aber von der Entstehung her hat das nichts mit Fischen zu tun. Das sind einfach besondere Kalkausfällungen, die sich vor vielen Millionen Jahren in warmen, stark bewegten Flachmeeren gebildet haben."
Und dann öffnet Karl mit einem kräftigen Ruck die Stahltür und wir schauen in eine andere Welt hinein, in eine Fabrikhalle voller Gerätschaften und Werkteile, darüber Hebebühnen und Lastkräne. Die fünf jungen Arbeiter, die ich entdecke, wirken in der großen Halle etwas verloren.

„Zu DDR-Zeiten waren hier fast 500 Menschen beschäftigt", sagt Karl.
„Was! Alle in dieser Halle?"
„Nein, natürlich nicht. Rechts und links gab es weitere Werkshallen. Hier war richtig was los. Aus der Fürst-Stolberg-Hütte war ein Zweigbetrieb des Schwermaschinenbau-Kombinats Ernst Thälmann geworden, das Ilsewerk. Die Abkürzung für das Kombinat war SKET. Auf schwedisch heißt sket „Sch...". 1991, zwei Jahre nach der Wende, haben sie das SKET, und damit auch das Ilsewerk, abgewickelt. Zuvor hat man die rund um Ilsenburg existierenden Kleinbetriebe platt gemacht. Du kannst dir vorstellen, dass da in Ilsenburg Freude aufkam. Aber was half's, die DDR hatte pleite gemacht und mit ihr die volkseigenen Betriebe."
„Und wie bist Du mit der Kündigung klargekommen?"
„Ich habe mich auf mein altes Handwerk besonnen, schließlich bin ich Bäckermeister. 1994 habe ich gegenüber meinem Elternhaus eine Backstube mit Verkaufsraum gebaut, das Backhus. Bereits ein Jahr zuvor war es in dem ehemaligen Ilsewerk weiter-

Gartenpumpe „Alte Dessauer"

gangenen, auf Sparflamme, wie Du siehst. Das Werk heißt nun Eisenmanufaktur Fürst-Stolberg-Hütte GmbH und produziert vor allem Kunstguss. Und um den Kunstguss besser an den Mann zu bringen, veranstaltet man hier regelmäßig Schaugießen." Karl wechselt noch ein paar Worte mit den Arbeitern, dann machen wir uns auf den Weg zum Backhus.

Die Kraft der Ilse

„Wir folgen jetzt unserem Industrielehrpfad", sagt Karl, während wir über einen leicht ansteigenden Fußweg dem Stadtzentrum zustreben.
„Was heißt ‚unser'?"
„Damit meine ich den Harzklub Ilsenburg. Wir wollen Touristen und Einheimischen vermitteln, dass Ilsenburg eine bemerkens-

„Alter Zainhammer in Ilsenburg", Bleistiftzeichnung Robert Riefenstahl um 1860 (Privatbesitz Peter Bode Hamburg)

werte industrielle Vergangenheit hat und dass die Grundlagen dafür in den Schätzen des Harzes lagen, in den Erzvorkommen, dem Holz und der Wasserkraft. Der Wasserlauf hier links, das ist ein Mühlgraben. Da rauscht Ilsewasser zur ehemaligen Kitzsteinmühle und weiter in Richtung Fürst-Stolberg-Hütte, wo damals das Erz aufbereitet wurde. Bevor man das Erz zusammen mit Holzkohle in die ‚Hohen Öfen' füllte, musste es zerkleinert werden und diese schwere Arbeit bewerkstelligte man mit Pochhämmern, die durch Wasserkraft angetrieben wurden."

„Und der Teich hier rechts von uns?"

„Das ist der Kitzsteinteich, ein Ausgleichsbecken, mit dem man dafür gesorgt hat, dass das Wasser, das die Mühlräder antrieb, immer gleichmäßig stark floss. Mit einem Schützen am Auslauf konnte man die Wassermenge im Mühlgraben regulieren. Jeder Mühle war ein solcher Teich vorgeschaltet. Auch der Forellenteich war ein Ausgleichsbecken, und zwar für eine Hammerschmiede und ein Walzwerk."

Ein paar Schritte weiter stoßen wir auf die alte Faktorei. Sie war der Verwaltungssitz der fürstlichen Hüttenbetriebe. Entsprechend repräsentativ sind die Gebäude gestaltet, im klassizistischen Stil (Baujahr 1840). Die Mieter, die heute in den Gebäuden wohnen, haben es gut getroffen.

Weiter geht's, über die Kroatenstraße zum Forellenteich und am Landgasthof „Zur roten Forelle" vorbei, wo Heinrich Heine einige Male als Gast weilte. Hinter der „Roten Forelle" stoßen wir auf den Zainhüttenteich.

„Das war eine regelrechte Teichkette!"

„Ja, und überall wurde Energie gewonnen. Über 40 Wasserräder haben sich früher in Ilsenburg gedreht. Das Wasser, das aus Zainhüttenteich strömte, trieb die Mühlen der ..., na?"

„... der Zainhütte an. Klar, aber was bedeutet Zain?"

„Das waren Eisenstäbe, Rohlinge, ein Ausgangsprodukt für die Weiterverarbeitung. In der Zainhütte wurde das Roheisen der Hüttenwerke zu den Zains geschmiedet. Das Schmieden besorgten große Hämmer, die Zainhämmer und die wurden von Wasserrädern angetrieben. Übrigens, um die Ecke befand sich eine weitere Mühle, die

Vogelmühle. Aus dem Müller ist inzwischen ein Gastwirt geworden." Ja, und um die nächste „Ekke", am Schickendamm, befindet sich Karl Berkes Backhus.

Entlang der Ilse

Am nächsten Morgen starten wir zu unserer Brockentour. Vom Schickendamm sind wir im Nu auf der Mühlenstraße, der der Heinrich-Heine-Weg auf den ersten paarhundert Metern folgt. Kurz hinter der Schlossmühle geht es links auf einen Wanderweg, der durch den Auenpark der Ilse führt. Auch hier stoßen wir auf Zeugnisse der Wasserkraftnutzung. Ein Eisensteg führt über den Mühlgraben der ehemaligen Nagelhütte, wo bis 1913 Nägel für den Gleisbau hergestellt wurden. Das Hüttengebäude existiert nicht mehr. Es wurde1939 abgerissen. Der Ausgleichsteich und der Mühlgraben blieben erhalten. Auch das Magazin, ein Rogensteinbau, existiert noch. Heute beherbergt es eine Gaststätte. Im 18. Jahrhundert befand sich hier ein Frischhammer, in dem das aus dem „Hohen Ofen" stammende Roheisen entkohlt und unter der Wucht eines Hammers in schmiedbares Eisen verwandelt wurde. Der Ort heißt „Am Blochhauer", womit jedoch weder die Nagelschmiede noch der alte Frischhammer gemeint sind, sondern ein Schuppen, in dem man Bloche (Baumstämme) zu Balken und Pfosten verarbeitete.

Weiter geht's, immer entlang der Ilse, deren starkes Gefälle man für weitere Wasserräder nutzte, u.a. für eine Sägemühle, die erst 1957 stillgelegt wurde. Das Mühlengebäude ist noch erhalten. Man sieht den Mühlgraben unter einem Gatter in einem Holzbau verschwinden und wieder hervorkommen. Auch hier hatte man vor dem Mühlrad einen Ausgleichsteich geschaltet. Über eine Fußgängerbrücke queren wir hinüber ans östliche Ufer der Ilse, und das ist enorm steil und von Felsen durchsetzt. Auch die Ilse gebärdet sich außerordentlich wild. Bis zur nächsten Brücke steht sie einem alpinen Wildfluss in nichts nach. Nach neuerlicher Querung der Ilse gelangen wir auf eine gepflasterte Straße. Am Rand der Chaussee steht ein verlassener mehrstöckiger Fachwerkbau, ein Hotelprachtbau aus der Gründerzeit. (Anmerkung: Das alte Hotel existiert nicht mehr. Ein Investor hat es gekauft und abreißen lassen. Ein Neubau soll entstehen.) Kurz danach stoßen wir auf das „Waldhotel am Ilsestein", das letzte Haus vor dem Nationalpark. Das Waldhotel hat den Sprung in die Jetztzeit geschafft.

Zanthier und die Nachhaltigkeit

Am Hotel wechselt die Straße wieder auf das westliche Ilseufer. Obwohl sie ab hier für den öffentlichen Verkehr gesperrt ist, staunt man über die vielen Kraftfahrzeuge, die auf der staubigen Nationalparkstraße fahren. Neben Bussen zum Gasthaus Plessenburg und Wernigerode verkehren hier PKW von Förstern, Jägern, Wasserwerkern, Gästen und, und, und ... - die Stelle für die Erteilung von Ausnahmegenehmigungen ist sicher gut ausgelastet. Zum Glück verläuft am östlichen Ufer ein Wanderweg, der durch blockreichen Buchenwald führt, wie er schöner kaum sein kann. Rechts die wilde Ilse, die über Geröllkaskaden talwärts schießt, halblinks die hoch aufragenden Felswände des Ilsesteins. Am Ilsestein wechseln Straße und Wanderweg erneut die Talseiten. An dieser „Kreuzung" stoßen wir auf einen Platz, der zu Ehren von Hans Dietrich von Zanthier, Begründer der rationellen Forstkultur, geschaffen wurde. Zanthier trat 1747 als Forstmeister in den Dienst der Grafen zu Stolberg-Wernigerode, mit dem Auftrag, „die Einkünfte zu mehren". In seiner 30-jährigen Tätigkeit in Ilsenburg schaffte er es, die aufgelichteten und von Blößen durchsetzten Wälder zu ertragreichen Wirtschaftsforsten zu entwickeln, wobei immer nur so viel Holz geerntet werden durfte, wie nachwuchs. Zanthier hat damit das Prinzip der nachhaltigen Nutzung herausgestellt, eine Richtschnur zum Umgang mit den natürlichen Ressourcen.

Rogenstein mit Sandlaufkäfer

Hütte an der Insel. Robert Riefenstahl, 1877, Ehemaliger Frischhammer und spätere Nagelhütte im Ilsetal. Das Gebäude wurde 1939 abgerissen. Der Steg wurde durch eine Fußgängerbrücke, die „Wilhelm-Pramme-Brücke", ersetzt (Privatbesitz Dr. Peter Bode Hamburg)

Unbekannter Maler (Privatbesitz Dr. Peter Bode Hamburg)

Der Ilsestein

Vom Zanthier-Platz gelingt es mir, durch das Blätterdach der Buchen einen Blick auf den Ilsestein zu erhaschen, der sich als gewaltiges, ins Tal vorspringendes Felsmassiv fast 150 Meter über dem Talgrund erhebt. Karl sagt, der Gipfel des Ilsesteins sei einfach, aber nicht ohne Mühe, über einen weit ausholenden Waldweg zu erreichen. Oben würde den Wanderer ein phantastischer Tiefblick erwarten und ein eindrucksvoller Höhenblick zum Brocken. Und dann zitiert Karl Heinrich Heine:

„Auf der turmartigen Spitze des Felsens steht ein großes eisernes Kreuz, und zur Not ist da noch Platz für vier Menschenfüße", und weiter: „Ich rate aber jedem, der auf der Spitze des Ilsesteins steht, weder an Kaiser und Reich, noch an die schöne Ilse, sondern bloß an seine Füße zu denken."

Um die Aussicht zu genießen, müsse man nicht unbedingt am Kreuz gestanden haben, sagt Karl, auch auf dem zum Gipfel führenden Grat, der durch Geländer gesichert ist, habe man die Möglichkeit zu atemberaubenden Blicken. Auf dem Grat, an dem sich schwachwüchsige Eichen und Kiefern festkrallen, stand - man mag es kaum glauben - bis 1107 die Burg Ilsestein. Heute befindet sich ganz in der Nähe, auf dem sicheren Berghang, eine Waldgaststätte mit Terrasse. „Wer dort oben Kaffee trinken möchte, sollte dies auf einer separaten Tour machen oder auf dem Rückweg", meint Karl. Im Zuge des Brockenanstiegs wäre der zusätzliche Aufstieg doch etwas „happig." Zudem würde uns in einer halben Wegstunde eine ebenso atemberaubende Attraktion erwarten.

Ilsefälle

Brockenurwald

Waldstraße im Ilsetal

Die Ilsefälle

Der Fluss verzweigt sich. Geradeaus geht es durch das Große Sandtal in Richtung Scharfenstein, links führt der Heinrich-Heine-Weg durch das steiler werdende Ilsetal zu den Ilsefällen. Und nun kommt die Attraktion, von der Karl gesprochen hat. Der Weg wird zum Pfad und das Bachbett der Ilse zu einer 1½ Kilometer langen Kaskade aus kleineren und größeren Wasserfällen. Mal stürzt sich das Wasser schäumend über mannshohe, aufeinandergeschichtete Granitblöcke in einen tiefen Gumpen, mal plätschert es, sich mehrfach verzweigend, sanft über flach gestuftes und glatt geschliffenes Gestein. Rechts und links der Ilse steigen steile Hänge in die Höhe, sodass kaum Platz für den Wanderpfad und den am anderen Ufer verlaufenden Forstweg bleibt. Im ersten Viertel der Wasserfallstrecke wechseln Wanderpfad und Forstweg die Ufer. Karl bleibt selbstverständlich auf dem Pfad, obwohl dieser schmal und abschüssig ist.

Das Schneeloch und Gipfelanstieg

In 540 Metern Höhe weichen die Steilhänge zurück und die Ilse wird wieder sanfter. Der Heinrich-Heine-Weg verlässt das Tal und steigt am Osthang des Meinekkenbergs steil bergan. Die Ilse gönnt sich dagegen ein flaches Stück, schließlich hat sie von ihrer 900 Meter hoch gelegenen Quelle im Moor des Brockenbetts eine nahezu vier Kilometer lange Steilstrecke hinter sich, die sie am Grunde eines Blockmeeres überwinden muss. „Verdeckte Ilse" wird dieser Abschnitt genannt, auf den man beim Abstieg stößt.

Der Heinrich-Heine-Weg hält nicht direkt auf den Gipfel des Brockens zu, sondern weicht nach Westen aus, wo er nach gut einem Kilometer auf den vom Scharfenstein heraufkommenden Hirtenstieg trifft. Heine ist diesen Wegabschnitt nie gegangen. Er ist von Goslar aus auf den Brocken gestiegen, ohne die Aufstiegsroute zu verraten. Der logische Weg führt über das Torfhaus und den Goetheweg. Doch wer weiß, ob der Dichter sich bei der Wahl seiner Routen von bergsteigerischer Logik leiten ließ. Auf jeden Fall hat er nach seiner Übernachtung im Brockengasthaus den kürzesten Weg hinunter zu den Ilsefällen gewählt, und zwar über das Schneeloch, durch das ein Zufluss der Ilse ins Tal stürzt. Da diese Strecke mitten durch den „Brokkenurwald" führt, hat die Nationalparkverwaltung den Heinrich-Heine-Weg über den Kolonnenweg auf den Gipfel des Brockens geführt. Karl Berke wurmt das. Doch die Nationalparkleitung meint, dass die Natur im Schneeloch durch Wanderer Schaden nehmen könnte und die gute Sicht, die man vom Kolonnenweg auf das Eckertal und den Eckerstausee hat, gleiche den kleinen Umweg wieder aus. Der Kolonnenweg, alias Hirtenstieg, ist auf der Seite 77 beschrieben. Auf ihm gelangt man geradewegs zum Gipfel des Brockens, wo sich Karl von mir verabschiedet. Er will über das Brockenbett und die verdeckte Ilse so rasch wie möglich zurück nach Ilsenburg, denn schon kurz nach Mitternacht muss er wieder in der Backstube sein. Ich hingegen werde noch einmal eine Nacht in der Herberge des Brockenwirts verbringen. Dann geht es weiter entlang dem Grünen Band Richtung Süden.

Stille oder verdeckte Ilse

Der Urwaldstieg und die verdeckte Ilse

„Karl, halt! Ich begleite dich noch ein Stück, bis zur verdeckten Ilse, die kenne ich noch nicht." Ich lasse meinen Rucksack in der Obhut des Brockenwirts und dann geht's im Eilschritt über die Brokkenstraße abwärts. Kurz vor dem Brockenbett stoßen wir auf den Urwaldstieg, der in großen Schildern angepriesen wird. Karl hat es eilig und so werde ich mir den Stieg auf dem Rückweg anschauen. Am Brockenbett zweigt Karls Weg nach Ilsenburg ab. Über eine Forststraße geht es rasch bergab. Eine Viertel Stunde später hören wir es gurgeln und zischen. Unter abgerundeten Granitblöcken von den Ausmaßen eines Kleinwagens sucht sich die junge Ilse ihren Weg, und zwar ohne dass man etwas von ihr zu sehen bekommt: Die verdeckte Ilse. Hier verabschieden wir uns endgültig.

Ich steige wieder zum Brockenbett, dem „Quelltopf" der Ilse hinauf. Dann erkunde ich den Urwaldstieg. Es ist ein kurzer Stichweg, der in die Bergwildnis des östlichen Brockenhangs führt. Auf dieser seit zwei oder drei Jahrhunderten kaum noch bewirtschafteten Fläche kann man erahnen, wie sich die Natur rund um den Brocken nach Einstellung der Forstwirtschaft entwickeln wird. Über einen Bohlensteg wird man zu einer Aussichtsplattform geleitet, von der aus man Einblick in einen ungewöhnlichen Wald hat. Fichten aller Altersstufen prägen das Bild. Von uralten Bäumen über Nachwuchs im besten Alter bis hin zu „Fichtenkindern", die sich auf den vermodernden Stämmen dahingeschiedener Baumahnen etabliert haben, ist alles vorhanden. Die meisten Bäume sind tief beastet. Dennoch wirkt der Wald nicht düster, eher geheimnisvoll. Man wäre nicht erstaunt, wenn plötzlich Rotkäppchen um die Ecke käme, den Korb voller Pilze.

Urnatur am Grünen Band

Wir haben nun den Brocken von allen Himmelsrichtungen aus bestiegen. Wir haben den Kamm der Hohneklippen erkundet und sind durch die Täler der Brockenflüsse Ecker, Ilse und Kalte Bode gestreift. Das ist eine weit über den Schnitt hinausgehende Leistung. Doch es fehlt das Tüpfelchen auf dem I: der Oberlauf der Warmen Bode mit den Bodenfällen und die weite Moorlandschaft, die sich zwischen Wurmberg und Achtermannshöhe erstreckt. Erst wer auch diese Naturlandschaft durchwandert hat, kann sich als echter Kenner des Nationalparks und des Grünen Bandes Hochharz fühlen. Und hier sind sie, die Schilderungen zur Moorlandschaft und die Berichte über die Touren zum Achtermann und zu den Wasserfällen, zur Nachahmung empfohlen.

Über die Achtermannshöhe

Ein eiskalter Ostwind fegt über die Hochfläche zwischen Achtermann und Brocken. Noch liegt der Oberharz mit seinen Firnfeldern und den nackten Felskuppen im fahlen Dämmerlicht. Es müssen fast minus 40 Grad sein. Die ersten Sonnenstrahlen lassen die Eiskappe auf dem breiten Rücken des Bruchbergs aufleuchten. Es ist totenstill. In dieser arktischen Welt scheint es kein Leben zu geben. Am späten Vormittag schnürt dann ein Schneefuchs am Fuße der Achtermannsklippen vorbei und gegen Mittag erscheint ein Trupp Rentiere. Sie sind zum Wiederkäuen zu den Firnfeldern emporgestiegen, weil sie dort vor den lästigen Dasselfliegen sicher sind. Langsam erwärmen sich die der Sonne zugewandten Felspartien des Achtermanns. Schmelzwasser tropft aus den Spalten. Dann plötzlich ein ohrenbetäubendes Krachen, gefolgt von einem kaum enden wollenden Poltern. Felsbrocken und Geröll kugeln den Hang hinunter. Die Rentiere stieben davon. Einzelne Brocken rutschen bis auf die Firnfelder, wo die Tiere eben noch gelagert haben. Dann wird es wieder still. Der ständige Wechsel zwischen Frost und Wärme hat dem Fels des Achtermanns zugesetzt. Feine Risse sind entstanden, in die Wasser eingedrungen ist. Der nächtliche Frost hat die Risse erweitert und als das Eis taut, stürzen die Felsbrocken zu Tal.

So - oder so ähnlich - hat es sich vor gut 12.000 Jahren, als die Eiszeit zu Ende ging, zugetragen. Wind und Wetter haben aus dem kompakten Fels des Achtermanns eine Blockhalde gemacht, die heute als aussichtsreiche Kuppe die Moorfichtenwälder am Grünen Band überragt.

Rentier unter der Blockhalde der Achtermannshöhe

Auf dem Weg der Könige und Kaiser

Ich bin mit Dr. Friedhart Knolle, dem Pressesprecher des Nationalparks, auf dem „Kaiserweg" unterwegs zur Achtermannshöhe. Es ist Ende April und in den Wäldern des Hochharzes liegen noch Schneereste. Der „Kaiserweg" heißt so, weil hier vor gut tausend Jahren die deutschen Könige und Kaiser des Heiligen Römischen Reiches entlang zogen. Die Herrscher waren auf dem Weg zu einer ihrer Pfalzen oder kamen von weiter her zurück. Auch Heinrich IV., der Canossagänger, soll auf seiner Flucht vor den Sachsen hier entlang gekommen sein. Der Weg war aber nicht nur für Herrscher reserviert, auch zahlreiche Handelsleute querten auf dieser „Straße" den Harz. Jedenfalls muss die alte Harzquerstraße von großer Bedeutung gewesen sein, denn teilweise war sie sogar mit einer Art Pflaster befestigt, das bis heute sichtbar ist. Das Pflaster besteht aus unbehauenen Steinen und ist sehr holperig, aber es ist ein erhebendes Gefühl, über diese historischen Steine zu laufen.

Klippen, Blockhalden und Gipfelsicht

Das Pflaster verliert sich wieder unter Granitgrus. Wenig später

Historisches Pflaster am Kaiserweg

deutet Friedhart nach links und weist mich auf im Walde versteckte Felsen hin, die aus übereinander gestapelten Fladen zu bestehen scheinen. Die Klippen sind nicht sehr hoch und von Farnen, Heidelbeersträuchern und Ebereschen überwachsen. Sicher würden sie sich gut als Kulisse für einen Märchenpark eignen. Friedhart ist von Haus aus Geologe. Er erklart mir, dass die Felsen vor Millionen von Jahren im feuchtwarmen Klima des Tertiärs herausgewittert wurden. Kohlensäurehaltiges Regenwasser drang in Spalten und Klüfte des im Untergrund liegenden Granits ein und zerlegte das Gestein in Blöcke, deren Ecken und Kanten mit der Zeit durch die Kohlensäure abgerundet wurden. Während der Eiszeiten, in denen der Boden nur von einer schütteren Vegetation bedeckt war, wurden die aufeinanderliegenden Brocken durch Erosion freigelegt und so entstanden Klippen, die an übereinander gestapelte Wollsäcke erinnern, daher der Begriff Wollsackverwitterung.

Zwanzig Minuten später stehen wir am Fuße einer steil aufragenden Blockhalde, der Achtermannshöhe. Eine Natursteintreppe führt auf den höchsten Punkt der Halde. Mit Ausnahme einiger knorriger Birken und Ebereschen ist die Kuppe kahl. Selbst Gräser und Zwergsträucher haben es

Breitensteinklippen

Blick vom Achtermann zum Wurmberg

schwer, in diesem Gewirr von Granitblöcken Fuß zu fassen, von dem vor über 10.000 Jahren, als noch Rentiere durch den Harz zogen, ein großer Teil den Hang hinuntergerutscht ist. Wir balancieren über die Felsen des Gipfels, die kompakt und scharfkantig erscheinen, ganz anders als die abgerundeten Granitblöcke, die die Hänge bedecken. Friedhart erklärt, dass sich es hier um Hornfels handelt, ein ungeheuer festes Gestein, das auch Goethe bei seiner Harzreise schon fasziniert hat. Granit ist Magma, das unter der Erdoberfläche abgekühlt ist. Hornfels dagegen ist aus Sedi-

Moosbeere

mentgestein entstanden, das durch die Hitze des in der Nachbarschaft aufsteigenden Magmas umkristallisiert wurde. Nach diesen geologischen Erläuterungen ist der Botaniker an der Reihe und ich weise auf die vielen Flechten und Moose hin, die auf den Granitblöcken wachsen und von denen die meisten ein nordisches und alpines Verbreitungsgebiet haben. Da erzähle ich Friedhart allerdings nichts Neues. Wegen dieser langsam wachsenden und trittempfindlichen Pflanzen haben die Nationalparkförster den Gipfelpfad mit einem Handlauf umgeben, den der Wanderer bitte schön nicht überschreiten möge.

Rauschebeere

Wir genießen die Rundumsicht: Im Osten der Wurmberg, erkennbar an der Sprungschanze, im Nordosten der Brocken und im Westen der Höhenzug des Ackerbruchbergs. Davor dehnen sich Fichtenwälder, die nur vom Brokkengipfel und den unter uns liegenden Mooren unterbrochen werden, dem „Roten Moor" und dem „Schwarzen Sumpf". Die Landschaft zwischen Achtermann und Brocken kommt wegen der vielen Moore der Urnatur recht nahe. Auch die Fichten hier oben sind natürlich, vor allem am Rande der Moore. Eine „Urlandschaft" am Grünen Band.

Zwischen den Mooren

Ein Bach begleitet den Weg. Wir sind im Quellgebiet der Großen

Blick auf das Rote Bruch, im Hintergrund der Brocken

Froschpaarung am Wegesrand

Bode. Der Wald wird lichter, über weite Strecken wächst Pfeifengras. Es geht durch Moorfichtenwälder, die hier seit Jahrtausenden bestehen. Sicher, auch hier wurden Bäume gefällt, doch an der Struktur des Waldes hat sich nur wenig geändert. Er ist einer der natürlichsten im Nationalpark. Der gemächlich dahinfließende Bach ist von Moospolstern umgeben. An einigen Stellen nimmt das Moos den Bachlauf förmlich in die Zange und das Wasser strömt dunkel wie in einer Miniaturklamm dahin. Bald tritt auch der Moorwald zurück und wir wandern trockenen Fußes zwischen zwei Mooren dahin. Die Böschung am linken Wegrand wird von den Torfschichten des „Schwarzen Sumpfes" aufgebaut. Das „Rote Bruch", das wir vom Achtermanngipfel aus gesehen haben, liegt jenseits des Bachs, auf der anderen Seite des Wegs.

Preißelbeere

Und noch ein Moor wartet auf uns, der Bodebruch. Von einer Aussichtsplattform können wir das Moor überblicken. Von einem Bohlenpfad aus entdecken wir die Zwergbirke, einen kniehohen arktischen Strauch, ein Relikt aus Zeiten, in denen zwischen Brokken und Achtermann noch Rentiere wechselten. Am Ende des hölzernen Steigs nimmt uns Fichtenforst auf, der sicher noch lange braucht, bis er ein naturnahes Bild abgibt. Wie zum Ausgleich kommen wir an Pflanzungen von Bergahorn und Eberesche vorbei.

Erneut begleitet ein Bach unseren Weg. Wenn die Sonne auf die Wasseroberfläche fällt, meint man Nuggets aufblitzen zu sehen. Doch greift man in den Bach, um eine Handvoll Gold herauszuholen, entpuppt sich dieses als Granitgrus. Der Wald ist licht und die Fichten sind trotz ihres hohen Alters niedrig. Ein Stück weiter löst sich der Bestand ganz auf und macht dem offenen Moor Platz. Wir nähern uns Oderbrück. Von links kommt die Oder und vereinigt sich mit unserem Bach. Es gluckst und gluckert an allen Ekken und Enden; von überall kommt Wasser und jede Senke ist gefüllt. In einigen Wasserlachen und in den Gräben am Weg befindet sich Froschlaich. Wir sehen gerade noch, wie zwei Frösche unter dem Laich verschwinden. Geduldig bleiben wir vor der Lache hocken. Langsam kommen die beiden wieder hoch und wir haben das Vergnügen, zwei Fröschen bei der Paarung zuzuschauen. Zehn Minuten später sitzen wir im Biergarten des Gasthauses Oderbrück und haben einen Windbeutel vor uns. Auch der Kaffee kommt gleich.

Bodefälle und Grüne-Band-Heidelbeerschneise

Oberhalb von Braunlage erhebt sich der Wurmberg. Er ist mit dem Brocken über einen breiten, um die 800 m hohen Sattel verbunden, über den die innerdeutsche Grenze verlief. Westlich schließt sich das Moorgebiet an, in dem die Kalte und die Warme Bode entspringen. Die Kalte Bode fließt auf direktem Weg hinunter nach Schierke, die Warme Bode mäandriert noch ein wenig zwischen den Mooren hindurch, dann stürzt auch sie in Kaskaden zu Tal, und zwar am Westfuß des Wurmberges, kurz oberhalb von Braunlage. Die Fälle der Warmen Bode sollte man gesehen haben. Mooriges Wasser fließt und stürzt über massive Granitblöcke; im Sommer, wenn die Bode wenig Wasser führt, ein beschauliches Bild, während der Schneeschmelze und nach starken Regenfällen ein tosendes Schauspiel.

Von den Bodefällen ist es nicht mehr weit bis zum Sattel zwischen Brocken und Wurmberg. Ein moderater Anstieg und man steht am Grünen Band. Und wenn man schon mal dort oben ist, bietet sich eine Wurmbergumrundung an, wobei man über ein längeres Stück dem ehemaligen Grenzstreifen folgt. Rechts vom Kolonnenweg erhebt sich der Gipfel, auf den eine Seilbahn beständig neue Feriengäste befördert. Monsterroller-Fahrer toben im Sommer die Skiabfahrt hinunter. Unten, am Grünen Band herrscht Ruhe. Nur ab und zu trifft man auf ein paar Fernwanderer, die dem Brocken zustreben. Der ehemalige Grenzstreifen ist hier noch deutlich zu erkennen, da die Grenztruppen auf dem Kontrollstreifen den Humus abgeschoben hatten. Übrig blieb ein Rohboden, auf dem nur ausgesprochen genügsame Pflanzen gedeihen, wie Heidekraut, Keulenbärlapp und Preißelbeere. Dort, wo etwas Humus erhalten ist, wächst die Heidelbeere. In großen Bulten überzieht sie die breite „Grenzschneise". Wenn die Beeren reif sind, kommt man hier nur langsam voran.

Ein kurzer Anstieg, dann steht man am Fuße der Wurmberg-Skischanze. Kaum zu glauben, der Schanzenauslauf lag direkt am Grenzzaun. Aus ca. 880 m Höhe schweift der Blick zurück über die sonnige Heidelbeer-Schneise. Von nun an geht es bergab nach Braunlage, wo man wieder am Ausgangspunkt der Rundwanderung anlangt.

Heidelbeerschneise am Wurmberg

Tourenbeschreibung

Der Goetheweg

Länge *16 km*
Anstiege: *350 Höhenmeter*
Dauer: *5-6 Stunden*
Ausgangspunkt: *der 800 m hoch gelegene Großparkplatz am Torfhaus. Gipfelanstieg und Rückweg sind identisch*
Markierung: *Emblem des Harzer Hexenstiegs*
Wegecharakter: *befestigte Wege, Lochbetonplattenweg, Bohlenweg (im Moor), einige nasse Passagen möglich*
Gastronomie: *auf dem Brockengipfel und am Torfhaus*

Von Torfhaus (1) entlang der B4 Richtung Braunlage. Nach ca. 300 m links ab und auf einer Seitenstraße (Goetheweg) an der Jugendherberge vorbei. Nach ca. 250 m geht es rechts in den Wald. Ca. 350 m weiter zweigt der Radauborn-Moorpfad ab (2), der nach dem lohnenden Moorschlenker wieder auf den Goetheweg trifft. Nun am Abbegraben entlang. Der Weg ist hier ist zum Teil nass und Fichtenwurzeln „verleiten" zum Stolpern. Knapp 1 km weiter steht ein Toilettenhäuschen. Hier trifft der Goetheweg auf den Kaiserweg, dem er ca. 300 m folgt (rechts). Dann links ab und durch ehemalige Borkenkäferschadflächen auf den Quitschenberg (3).

In knapp 900 m Höhe wird der Ekkersprung erreicht (4). Hier verlief einst die Grenze zur DDR. Hier stand auch die „Kaffeeklappe". Heute befindet sich an dieser Stelle ein Rastplatz mit Toilettenhäuschen. 100 m weiter trifft man auf den Kolonnenweg, dem man steil ansteigend zur Trasse der Brockenbahn folgt. Links und an der Trasse entlang bis zu der von Schierke heraufkommenden Brockenchaussee. Am Goethemoor wird die 1000-Meter-Höhenlinie überschritten (5). An der Brockenchaussee links und steil hinauf zum Gipfel. Unterhalb des Brockenbahnhofs wird die 1100-Meter-Höhenlinie überschritten. Bereits vorher sind die Bäume deutlich kleiner geworden. Jetzt lichtet sich der Wald. Die subalpine Zone des Brockengipfels ist erreicht (6).

Auf dem neuen Goetheweg zum Brockengipfel

Schierke - Eckerloch - Brockengipfel

Traditioneller Aufstieg von Schierke zum Brokkengipfel.
Länge: *ca. 5 km Aufstieg u. 6 km Abstieg*
Anstieg: *ca. 500 Höhenmeter*
Dauer: *An- und Abstieg 4 - 5 Std.*

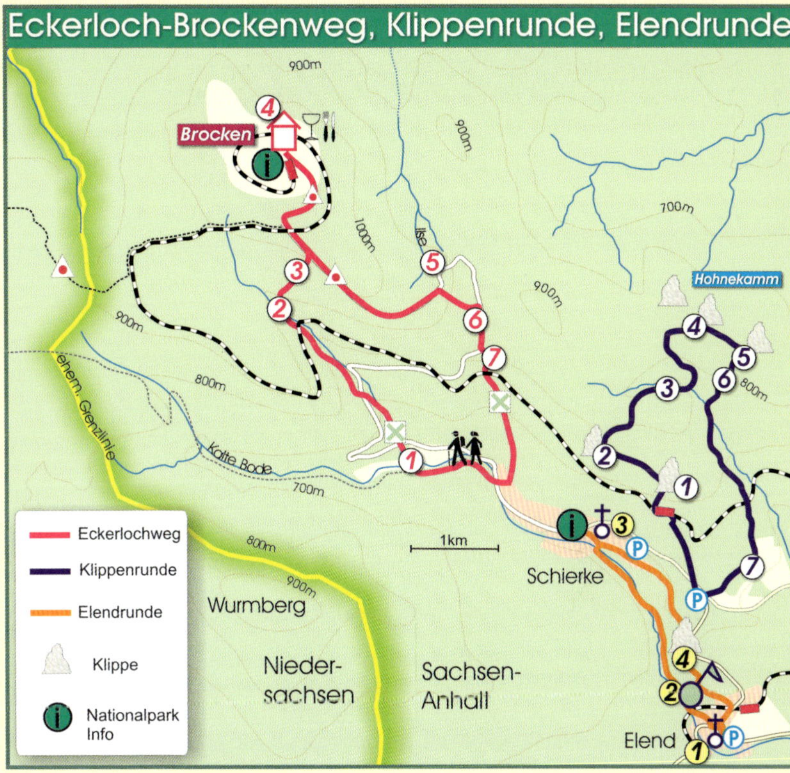

Von der Jugendherberge taleinwärts über die alte Sandbrinkstraße (Markierung: „blaues Dreieck"). Nach ca. 700 m rechts ab und einem Pfad mit der Markierung „Grünes Kreuz" folgen, der über die Schluftwiesen (1) zur Brockenstraße führt. Die Brockenstraße queren und durch Fichtenwald bergan. Nach gut ½ km wird die Brockenstraße wieder erreicht. Man folgt der Straße bis zum Schluftwasser (Wildbach, der aus dem Eckerloch kommt). Der Wanderweg folgt dem Schluftwasser zum Eckerloch, einem weiten Talschluss. Am Beginn des Eckerlochs quert der Wanderweg die Gleise der Brockenbahn. Danach trifft man auf eine Grenzweg-Wanderstempelstelle (2). Im Eckerloch kommt man an zwei markanten Schneisen vorbei. An der zweiten stand einst die Schierker Sprungschanze. Der Anstieg wird nun steiler und schwieriger. Regenwasser hat den Boden um die Granitsteine und die Baumwurzeln fortgespült, sodass es im wahrsten Sinne des Wortes über Stock und Stein geht (3). Die Nationalparkverwaltung hat den Weg stellenweise mit Treppen und Bohlenstegen entschärft. Ein Handlauf garantiert, dass die Wanderer auf dem rechten Pfad bleiben, denn nun geht es nicht mehr durch Fichtenforst, sondern durch naturnahen Bergfichtenwald. Die Brockenstraße wird erreicht. Links und in gemächlicher Steigung bis zur Brockenbahn, die in 1028 m über dem Meer gequert wird. Es folgt der steile Gipfelanstieg über die Chaussee. Auf dem Gipfel des Brockens (Brockenmuseum) befindet sich natürlich auch eine Grenzweg-Wandernadel-Stempelstelle (4).

Der Abstieg entspricht zunächst dem Anstieg. Wer mehr von der Gegend kennenlernen will sollte jedoch nicht über das Eckerloch absteigen, sondern ein längeres Stück der Brockenchaussee folgen. Nach knapp 2 km gemächlichem Abstieg über die Waldstraße biegt rechts der Kabelweg ab. Über diesen Weg kann man eine Schleife der Brockenstraße abschneiden. Wer der Brockenstraße treu bleibt, kommt kurz nach dem Abzweig des Kabelwegs am Urwaldsteg vorbei. Ein Bohlenweg führt ein kurzes Stück in den „Brockenurwald" (5) hinein, zu einer Aussichtskanzel. Weiter geht's auf der Brockenchaussee zum nahen „Brockenbett", einem kleinen Moor im Sattel zwischen Brocken und Renneckenberg. Hier zweigen der Wanderweg nach Ilsenburg und der Glashüttenweg ab, der zu der Bahnstation Drei Annen Hohne führt. Wir bleiben der Brockenchaussee bis zum Abzweig „Bobbahn" treu. Auf diesem Streckenabschnitt kommt man auch an dem sagenumwobenen Mönchstein vorbei (6).

Eine Schutzhütte mit WC markiert den Abzweig „Bobbahn" (7). Auf einem gut ausgebauten Weg (Markierung: „Grünes Dreieck") geht es links den Hang hinunter. Kurz darauf erreicht man den Standort der ehemaligen Steilkurve. Dann wird die Trasse der Brockenbahn gequert. Danach kann man zwischen drei Wegen wählen. Alle führen nach Schierke. Sie kommen nur weiter oben oder weiter unten im Ort heraus. Man beachte die Wegweiser.

Elend - Schierke und zurück

Länge: *5 km*
Anstiege: *ca. 120 Höhenmeter*
Dauer: *1½-2 Stunden*
Wegecharakter: *ausgebaute Waldwege, asphaltierte Straße*
Gastronomie: *in Schierke und in Elend*

Vom Bahnhof von Elend folgt man der Hauptstraße zur Kirche Elends (1). Weiter geht's den Wegweisern und der Markierung „Blaues Dreieck" nach, Richtung Schierke. Man quert einen Kreisel, kommt unter einer Brücke der Harzquerbahn hindurch. Der Weg folgt der Kalten Bode, die einem alpinen Wildbach gleicht. Nach ca. 700 m zweigt rechts ein Pfad ab, der zu Resten der Elendsburg führt (2). In Fels gehauene Stufen führen hinauf zu den Mauerresten und einer in den Fels gehauenen Höhle. Vorsicht! Es existiert weder ein Geländer noch wurden Sicherungsseile angebracht. Über denselben Pfad wieder zurück auf den Hauptweg und nach Schierke, wo wir über den gepflasterten „Kirchberg" zum Ortskern und zum Friedhof hinaufsteigen (3).

Der Rückweg führt durch die Westhänge des Bodetals. Von der Ortsmitte über den „Kirchberg", die „Alte Dorfstraße" und die „Alte Wernigeröder Straße". An den nicht zu übersehenden Brockenblick-Appartments führt ein Wanderweg (Markierung: „Grüner Punkt") Richtung Elend. Dieser Weg kürzt eine Schleife der Straße Schierker Stern - Elend ab. Anstatt dieser Abkürzug zu folgen, empfiehlt es sich, auf einem Weg abzusteigen, der rechts neben der Straße entlangführt. Man kommt dabei an Klippen vorbei, von denen man einen phantastischen Tiefblick hat (4). Bleiben Sie auf dem Weg. Es besteht Absturzgefahr! Nicht weit von den Klippen trifft man wieder auf den markierten Weg, der zum Bahnhof führt.

Klippentour am Hohnekamm

Rundwanderweg, vom Schierker Stern über die Feuersteinklippen, den Ahrensklint und die Klippen am Hohnekamm. Am Weg liegen der Glashüttenstandort Jacobsbruch sowie die Feuerstein- und Quesenbankwiese

Länge: *8 km*
Anstiege: *ca. 320 Höhenmeter*
Dauer: *5-6 Stunden*
Wegecharakter: *befestigte Wege, naturbelassene Pfade mit Bohlenwegabschnitten*
Gastronomie: *am Schierker Bahnhof*

Man startet am Parkplatz „Schierker Stern", der ca. 500 m vor dem Ortseingang von Schierke liegt. Auf einem asphaltierten Fahrweg geht es in ca. zwanzig Minuten zu dem im Wald gelegenen Schierker Bahnhof. Dort quert man vorsichtig die Gleise und folgt der Markierung „gelber Punkt" in den gegenüberliegenden Wald, in dem man nach 5 Minuten die Feuersteinklippen (1) erreicht. Der weitere Verlauf des Weges ist wegen der zahllosen Granitblöcke auf gut 100 m nicht einfach zu erkennen. Am besten, man folgt einem der bergan führenden Trampelpfade bis man auf einen Fahrweg trifft, über den man links dem nächsten Ziel, dem „Ahrensklint", zustrebt (Markierung: „Grünes Kreuz"). Am Ahrensklint (2) ist die 800-Meter-Höhenlinie erreicht. Auf diesem Niveau geht es zum Jacobsbruch. Man folgt einem Wegweiser mit der Aufschrift „Drei Annen Hohne, Erdbeerkopf, Leistenklippe". Nach drei Minuten stößt man auf den Glashüttenweg, dem man rechts ca. 300 m folgt. Dann links einem Wegweiser nach zum nahen Jacobsbruch, dem ehemaligen Glashüttenstandort. Man erreicht eine Waldwiese mit Teich (3), ein Ort, an dem es sich gut rasten lässt. Weiter auf der geschotterten Forststraße, die entlang dem Bach Wormke führt. Nach gut 1½ km trifft man auf eine Weggabelung. Hier links und über den Forstmeister-Sietz-Weg Richtung Stern und Zeterklippen (Markierung: „Grünes Quadrat"). Nach ca. 1 km heißt es aufpassen. Rechts zweigt ein bezeichneter Pfad vom Typus „Über Stock und Stein" zum Hohnekamm ab. Zum Wohl der Wanderer hat man den Pfad an einigen Stellen durch Bohlenstege entschärft und so geht es in wenigen Minuten hinauf zu den Klippen. Nach den Grenzklippen (4) kommt die Leistenklippe (5), auf deren Spitze eine Eisenleiter führt.

Von der Leistenklippe über den Moorstieg (6) (Markierung: „Grünes Quadrat") wieder hinunter ins Tal der Wormke, wo man wieder auf den Glashütteweg trifft. Wir halten uns links, Richtung Drei Annen Hohne. Nach wenigen Minuten wird ein Wegekreuz erreicht, das wir ohne Richtungsänderung queren. (Der Glashüttenweg biegt links ab.) Wir wandern auf einer schmalen Waldstraße (Markierung: „Grüner Balken") bergab. Man überquert den Schienenstrang der Brockenbahn und trifft wenig später auf die Quesenbank-Wiese (7). Von dort gelangt man in 5 Minuten zur

Feuerstein-Wiese, die wiederum an den Schierker Stern grenzt, den Ausgangspunkt unserer Klippentour.

Der Heinrich-Heine-Weg

Länge: *24 km*
Anstiege: *ca. 890 Höhenmeter*
Dauer: *8-10 Stunden*
Wegecharakter: *befestigte Wege, naturbelassene Pfade, Lochbetonplattenweg Gastronomie: am Gipfel des Brockens und an der Ranger-Station Scharfenstein*

Der Heinrich-Heine-Weg beginnt am Ilsenburger Forellenteich und führt über die Rudolf-Breitscheid Straße durch den alten Ortskern. Am Abzweig Pfarrstraße (links) besteht die Möglichkeit zu einem Schlenker über das Kloster Ilsenburg (1). Der Heineweg folgt der Mühlenstraße. Wer zum Kloster aufsteigt, braucht nicht den gleichen Weg zurückzugehen. Vom Südtor des Klosters führt ein Wanderweg hinunter zum Mühlgraben der 1965 stillgelegten Schlossmühle. Man folgt dem Graben bis zur Ilse, wo man wieder auf den Heinrich-Heine-Weg trifft (Markierung: „Grüner Balken"). Von nun an bleibt man dem Heineweg bis auf den Brockengipfel treu. Der Weg führt lange an der Ilse entlang. Man kommt an dem über 150 m hohen Ilsestein (2) vorbei, steigt auf einem schmalen Pfad neben den Katarakten der Ilsefälle empor (3). In ca. 600 m Höhe verlässt man das Tal der Ilse und quert in die Nordflanke des Brockens. Oberhalb der Ranger-Station Scharfenstein, auf ca. 800 m Höhe, erreicht man den Kolonnenweg (4), über den man den Gipfel des Brockens erklimmt (5).

Auf dem Heinrich-Heine-Weg zum Brockengipfel

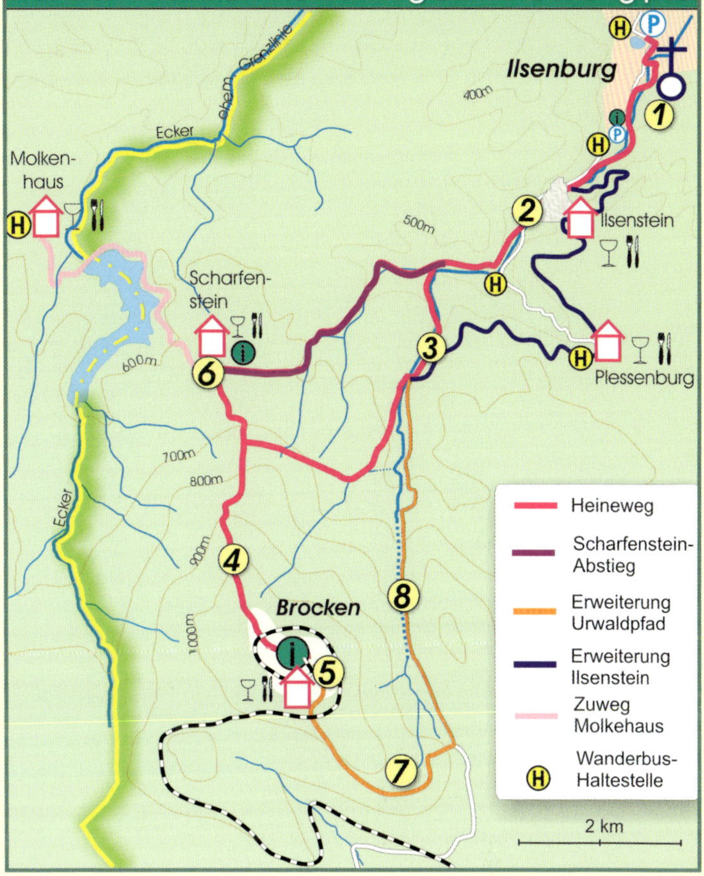

Beim Abstieg nach Ilsenburg bieten sich zwei Routen an: Entweder man steigt über den Kolonnenweg zur Ranger-Station Scharfenstein ab (6). Wer dort einkehren will, muss allerdings früh unterwegs sein, denn die Station schließt bereits um 16 Uhr. Die Alternative: Man folgt der Brockenstraße in Richtung Schierke bis zum Brockenbett, einem kleinen Moor in ca. 900 Höhe. Kurz zuvor zweigt der Urwaldstieg ab (7). Am Brockenbett links und den Wegweisern durch das Ilsetal nach Ilsenburg folgen. Der gut ausgebaute Forstweg führt an der verdeckten Ilse vorbei (8). Kurz vor den Ilsefällen stößt man wieder auf den Heinrich-Heine-Weg. Beim weiteren Abstieg bietet es sich an, auf der Forststraße zu bleiben, die parallel zum Wanderweg verläuft. Das spart Kraft. Unermüdlichen sei empfohlen, am Beginn der Ilsefälle zum Gasthaus Plessenburg zu queren. Von dort verläuft ein nahezu hangparalleler Weg über die Paternoster-Klippen zum Ilsestein, wo wieder ein Gasthaus wartet. Der Abstieg vom Ilsestein nach Ilsenburg ist für Bergwanderer schnell erledigt.

Die Achtermann-Moor-Runde

Länge: *7 km*
Anstiege: *ca. 160 Höhenmeter*
Dauer: *2-3 Stunden*
Wegecharakter: *befestigte Wege, Pfade vom Charakter „Über Stock und Stein"*

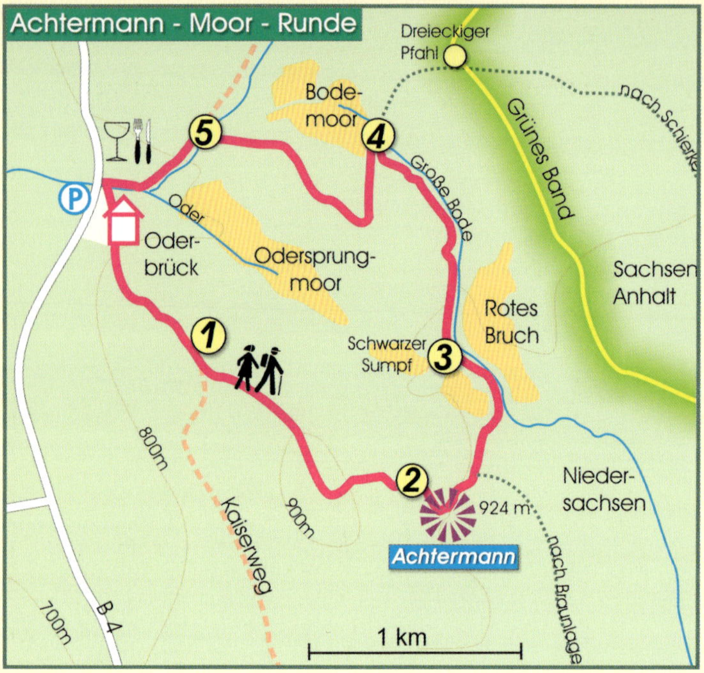

Gastronomie: Einkehrmöglichkeiten in Oderbrück

Start ist am Gasthaus Oderbrück, das zwischen Torfhaus und Braunlage an der B4 liegt. Man folgt dem Kaiserweg (Markierung: „Goldene Krone") Richtung Achtermannshöhe. Kurz hinter den Breitesteinklippen (1) biegt der Kaiserweg rechts ab. Wir bleiben der Markierung „Grünes Dreieck" treu und folgen einem mit Steinen gespickten Weg, der ohne Schlenker auf die steil aufragende Blockhalde der Achtermannshöhe zustrebt. Am Fuße des Gipfelaufbaus steht eine Schutzhütte. Eine Natursteintreppe führt auf den höchsten Punkt der Halde (2). Nach dem Gipfelsturm wieder hinunter zur Schutzhütte und dahinter rechts ab. Nach knapp 200 m stößt man auf ein Wegekreuz. Hier geradeaus, Richtung „Dreieckiger Pfahl". Die Markierung „Roter Punkt" weist uns jetzt den Weg. Es geht in Windungen hinunter zu den Mooren am Grünen Band. Das Gelände wird flacher, Wege zweigen ab. Wir bleiben der Markierung „Roter Punkt" treu und wandern auf einem befestigten und trockenen Weg zwischen dem Roten Bruch und dem Schwarzen Sumpf (3). Ca. 1½ km weiter, am Bodemoor, verzweigt sich der Weg: Rechts geht es zum „Dreieckigen Pfahl", einem alten Grenzstein, links führt ein Pfad zur Aussichtsplattform (4) und - über Bohlen - am Rande des Bodemoors entlang in Richtung Oderbrück. Wenig später treffen wir auf den Kaiserweg, dem wir (links) bis Oderbrück, dem Ausgangspunkt unserer Tour, folgen.

Ein paar Kilometer weiter südlich liegt der Ferienort Braunlage. Von dort lohnt es sich, zu einer Umrundung des Wurmbergs zu starten, mit 971 m der höchste Berg Niedersachsens. Auf dieser Rundtour kommt man an den Fällen der Warmen Bode vorbei und nimmt ein Stück des Grünen Bandes bzw. des Harzer Grenzwegs mit.

Bodefälle und Wurmberg-umrundung

Länge: *10 km*
Anstiege: *ca. 300 Höhenmeter*
Dauer: *3-4 Stunden*
Wegecharakter: *überwiegend befestigte Wege und ein langes Stück Lochbetonplattenweg*
Gastronomie: *Einkehrmöglichkeiten in der Erlebniszone des Wurmbergs im „Kaffeehorst" und im Rodelhaus*

Die Wanderung beginnt am Nordende des gebührenpflichtigen Großparkplatzes Braunlage. Über die Bodestraße (Markierung: „Grünes Dreieck") geht es am Ufer der Bode talaufwärts. Nach knapp 1 km links über die Bode und auf einen Pfad, auf dem man in einer viertel Stunde zu den Unteren Bodefällen (1) und wenig später zu den Oberen Bodefällen (2) gelangt. Es geht weiter bergan, bis man auf einen befestigten Forstweg stößt. Man hält sich rechts und folgt dem Weg über die Bärenbrücke, hinter der man auf die Bodestraße trifft. Jetzt links und die Bodestraße hinauf zu dem etwa 800 m hoch gelegenen Sattel zwischen Wurmberg und Brocken (Markierung: „Grünes Dreieck"). Hier oben wird die „Straße" zum Pfad, auf dem wir von Niedersachsen nach Sachsen-Anhalt wechseln, wo man auf den Kolonnenweg bzw. den Harzer Grenzweg trifft (3).

Rechts und über den Kolonnenweg 2½ km auf halber Höhe an der östlichen Flanke des Wurmbergs entlang. Am Sattel zwischen Wurmberg (Niedersachsen) und Großem Winterberg (Sachsen-Anhalt) geht es noch einmal steil bergan (4). Wer überschüssige Kraft hat, steigt die 70 Höhenmeter zum Wurmberggipfel hinauf. Dort gibt es nicht nur eine schöne Aussicht, sondern auch etwas zu Essen und zu Trinken, und man kann sich einen Grenzweg-Wandernadel-Stempel holen.

Wenn man sich - anstatt aufzusteigen - am Sattel halbrechts hält, gelangt man auf einen rot markierten Wanderweg, der über die Seilbahnmittelstation hinunter nach Braunlage zum Ausgangspunkt der Tour, dem Seilbahnparkplatz führt. Man wechselt damit von der „Ruhezone" in die „Erlebniszone". Ab und zu wird man von Monsterroller-Fahrern überholt, die - wohl wegen der enormen Bremsarbeit - meist keinen besonders glücklichen Eindruck machen. Wer lieber noch etwas Grünes Band erleben möchte, dem sei empfohlen, am Sattel dem Harzer Grenzweg ca. 1 km bergab zu folgen. Nach einer Steilstelle trifft man auf eine Schutzhütte, wo ein Pfad hinüber nach Niedersachsen führt. Über einen Parkplatz gelangt man zum „Kaffeehorst" (5), wo man seinen

Durst stillen kann. Von hier aus erreicht man - leicht ansteigend - in ca. 500 m den rot markierten Wanderweg nach Braunlage.

Roter Fingerhut

Zu den Oberharzer Bergorten und ihren Bergwiesen

Ziegenalm in Sophienhof

Abschied vom Brocken

Am Abend vor meiner letzten Übernachtung in der Brockenherberge stehe ich an der Teufelskanzel und schaue in Richtung Süden. Die Sicht ist gut. Der Mittlere Harz liegt zu meinen Füßen. Bis zum Südrand des Gebirges geht der Blick und darüber hinaus. In der Ferne kann ich den Kyffhäuser und die Hainleite ausmachen. Direkt gegenüber erhebt sich der Wurmberg, mit 971 Metern der höchste Berg Niedersachsens. Deutlich ist die Wurmbergschanze zu erkennen, deren Auslauf vor der innerdeutschen Grenze endete. Bei der breiten Schneise, die sich auf halber Höhe vor dem Wurmberg entlang zieht, handelt es sich um den ehemaligen Grenzstreifen. Mehrere Kilometer ist der Verlauf des Grünen Bandes auszumachen, vom Nordfuß des Brockens bis hin zur Sprungschanze. Einen Daumenbreit weiter zieht sich ein hellgrüner Streifen durch dunkle Forste. Wie ich später erfahre, sind dies die Wiesen im Tal der Warmen Bode, die Teil des Grünen Bandes sind. Dahinter kann ich zwei Ortschaften ausmachen: Benneckenstein und Hohegeiß. Durch Hohegeiß führt der Harzer Grenzweg und Benneckenstein ist mein nächstes Etappenziel.

Am Dreieckigen Pfahl

Am nächsten Morgen steige ich geschwind über den Goetheweg hinunter. Es dauert keine Stunde, dann stehe ich am Dreieckigen Pfahl, eine steinerne Grenzmarke am Nordfuß des Brockens. Der aus dem Jahr 1866 stammende Stein markierte die Territorien des Königreichs Hannover (KH) und des Herzogtums Braunschweig (HB). Ursprünglich verlief hier die Grenze der Wernigeröder Grafschaft, aber die war ja bereits 1714 in Preußen aufgegangen. Preußen hat 1866 dann auch das Königreich Hannover geschluckt. Pietätvoll hat man an den Grenzsteinen jedoch noch den Namen Hannovers beibehalten. Bis zum Ende des Zweiten Weltkriegs befand sich hier eine Wandergaststätte. Sie wurde im April 1945 durch amerikanische Truppen niedergebrannt, damit sie deutschen Soldaten nicht als Unterschlupf dienen konnte. Dann kam die Zonengrenze, die sich zur innerdeutschen Grenze entwickelte. Heute kreuzen sich am Dreieckigen Pfahl die Wanderwege. Man hat Bänke aufgestellt und eine Schutzhütte mit einer Stempelstelle für Wanderer errichtet.

Die Moor- und die Wurmberg-Passage

Ich schaue auf meine Karte. Auf dem Weg vom Abzweig Eckersprung zum Dreieckigen Pfahl bin ich, ohne es zu wissen, an einem Moor entlanggewandert. Und der kleine Bach, den ich gequert habe, war die Kalte Bode. Sie kommt aus dem Bodefeldmoor, das vom Kolonnenweg aus nicht einzusehen ist Ein Fichtenriegel verdeckt den Blick. Auch auf den nächsten zwei Kilometern geht es an Mooren vorbei, am Bodebruch, am Roten Bruch und am Schwarzen Sumpf. Durch diese Moorlandschaft führt der weiter oben beschriebene Achtermann-Moorrundweg.

Bis zum Abzweig Eckersprung sind mir Hunderte Wanderer entgegengekommen. Vom Eckersprung bis zum Dreieckigen Pfahl waren es immer noch Dutzende. Auf den folgenden vier Kilometern begegne ich nur noch drei Fernwanderern.. In etwa 800 Meter Höhe geht es über eine breite, sonnige Schneise. Immer wieder gibt es prächtige Ausblicke auf den Brocken. Die Schneise - der ehemalige Grenzstreifen- wurde von zahllosen Heidelbeersträuchern erobert. Wer hier im Frühherbst entlang wandert, kommt vor Beerenpflücken kaum noch voran.

Von der Wurmbergschanze geht es geradewegs in das Tal der Warmen Bode hinunter. Ein Schild

Grenzstreifen am Dreieckigen Pfahl mit Blick zum Brockengipfel

Grünes Band am Wurmberg

weist nach „Drüben", nach Niedersachsen, zur Gaststätte „Kaffeehorst", die so heißt, weil dort früher Waldarbeiter und Kulturfrauen ihre Kaffeepausen verbracht haben. Hier verläuft der Fußweg Braunlage – Schierke. In den ersten Jahren nach dem Zweiten Weltkrieg wurde der alte Wanderweg als Schmuggelpfad genutzt. Von Schierke her kam Schnaps und von Braunlage im Gegenzug Heringe. Dann machten die DDR-Grenzorgane den „Übergang" dicht und errichteten dort, wo heute die Schutzhütte steht, einen Wachturm. Seit der Grenzöffnung tauschen die Harzfreunde aus Schierke und Braunlage wieder Schnaps und Fisch aus und feiern damit die Wiedervereinigung.

Es geht weiter bergab. An der Straße Braunlage - Elend schaue ich auf den Höhenmesser, er zeigt 570 Meter an. Als ich das Bodetal erreiche, sind es nur noch 530 Meter. Hochharz und Nationalpark liegen hinter mir. Von nun an, bis zum Rand des Gebirges, geht es durch den Mittleren Harz, dessen Gesicht die sieben Bergorte Braunlage, Benneckenstein, Hohegeiß, Sorge, Elend, Tanne und Rothesütte prägen.

Von Mönchen, Wäldern und Bergwiesen

Einst war der Mittlere Harz von Buchenurwald bedeckt und der war Bestandteil des großen Harzer Bannforstes, in dem die deutschen Könige und Kaiser des Heiligen Römischen Reiches zu jagen beliebten. In der Nähe des Zusammenflusses von Warmer und Kalter Bode unterhielten die Heinrichs (I.-IV.) und Ottos (I.-III.) eine Jagdpfalz, auf der - vom Papst bis zu den Abgesandten von Byzanz - lauter illustre Personen weilten. Doch bei den deutschen Königen rangierte der Kommerz vor dem Schutz des Waldes. Jagen konnten sie auch woanders, Hauptsache, die Säcke mit Silbermünzen mehrten sich. Und so gestatteten sie im 13. Jahrhundert den im Bergbau tätigen Mönchen des Klosters Walkenried, ihr bei St. Andreasberg und Hohegeiß gefördertes Kupfererz im Mittleren Harz zu verhütten. Für den Aufbau von Hüttenwerken brauchte man nämlich starke Bäche und viel Holz. Und vorausschauend, wie die unternehmerisch agilen Mönche von Walkenried waren, hatten sie sich bereits Grund und Boden gesichert. Mit den Betriebsgenehmigungen und den Besitzurkunden in der Tasche, den Blick auf die reichlich fließenden Bäche gerichtet und mit all dem schönen Holz vor Augen, machten sich die Walkenrieder an die Arbeit. An der Rappbode, an der Warmen Bode, zwischen Braunlage und Tanne, im Brunnenbachtal: Überall entstanden Buntmetallhütten. Später kamen zahlreiche Eisenerzhütten hinzu, da man bei Braunlage große Roteisensteinvorkommen gefunden hatte. Der Mittlere Harz wurde zu einem Zentrum des Hüttenwesens.

Vor den Hütten drehten sich riesige Wasserräder und bewegten Blasebälge, die das Feuer in den Erzrösten auf Hochglut brachten. Als Brennmaterial diente Buchenholzkohle, die in den umliegenden Wäldern hergestellt wurde. Zahlreiche Holzfäller sorgten dafür, dass die Meiler der Köhler immer genug Material hatten. Die Buchenwälder erschienen ja zunächst auch unermesslich. Die Produktion brummte, was man an der zunehmenden Prosperität des Klosters ablesen kann. Doch langsam lichtete sich der Wald. Bald blieben nur noch schwachwüchsige Buchen sowie Ebereschen, Birken und Salweiden übrig. An Nachpflanzungen dachte damals noch niemand. Man agierte wie die Goldsucher im Amazonas, der Wald wurde ausgebeutet und liegen gelassen. Als den Familien der Hüttenarbeiter, den Köhlern und den Holzfällern gestattet wurde, ihr Vieh in den bereits stark aufgelichteten Wald zu treiben, wuchsen keine Laubhölzer mehr nach. Womit sollten die Hüttenwerke nun betrieben werden? An den Einsatz von Kohle dachte damals noch niemand.

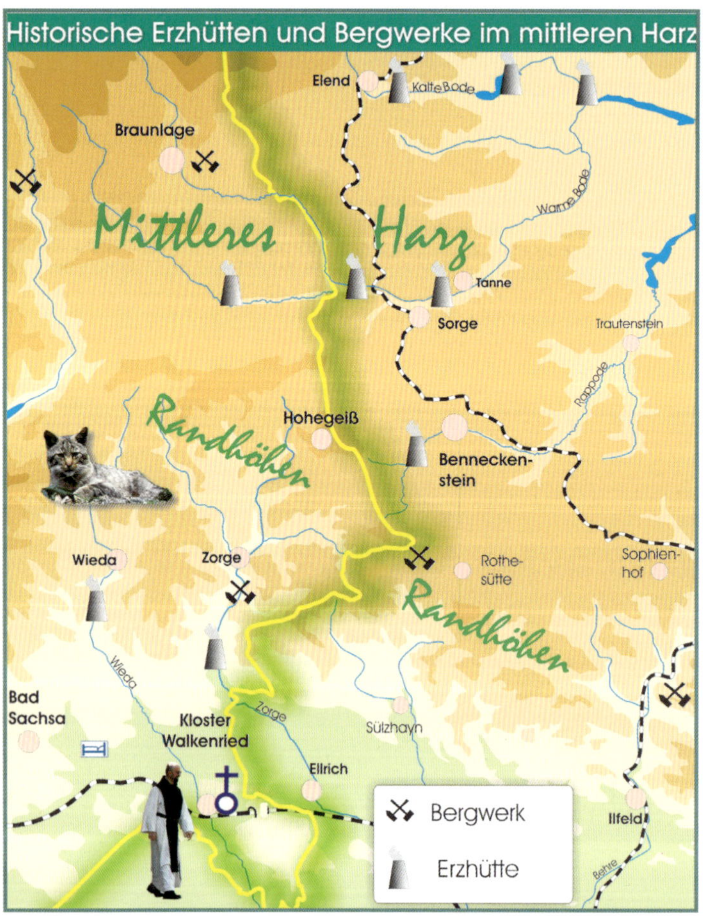

Erzaufbereitung, Gemälde von Hans Hesse, 1506, auf der Rückseite des Bergaltars der St. Annenkirche in Annaberg-Buchholz (Sachsen)

Rettung brachte die Fichte, die im Harz heimisch ist, von Natur aus aber nur auf Lagen über 900 Meter oder in Kaltlufttälern vorkam. Fichten produzieren jedes Jahr unzählige flugfähige Samen.

Tuschezeichnung Wilhelm Ripe (1818-1885), (Privatbesitz Dr. Peter Bode Hamburg)

Fichtensämlinge lassen sich leicht ziehen und pflanzen. Fichten wachsen, in Reih und Glied gepflanzt, schnell und liefern gutes Grubenholz. Auf den geschundenen Waldböden breiteten sich die Fichten von allein aus. Und im Gegensatz zum Laubholzaufwuchs wurden die Fichtensämlinge vom Vieh nicht abgefressen. Es dauerte nicht lange und man hatte die Technik für großflächige Aufforstungen im Griff. Der Mittlere Harz - und nicht nur dieser - versank in einem Meer von Fichten. Ab Mitte des 16. Jahrhunderts begann im Harz die „Fichtenzeit", die bis heute andauert.

Die Wiesen der sieben Bergorte

Die Bergrücken, die Hänge, die Täler, überall nur Fichten? Nein, der Mittlere Harz ist weit mehr als ein großer Forst. In weitem Umkreis um die alten Hütten- und Bergorte erstrecken sich, wie wir bereits gehört haben, Bergwiesen. Die Wiesen sind ein Erbe der Bergleute, Hüttenarbeiter, Köhler und Schmiede – kurz: all derer, die mit ihrer Hände Arbeit ihren Lebensunterhalt verdienten. So berichtet die Chronik der Stadt Bennecken-

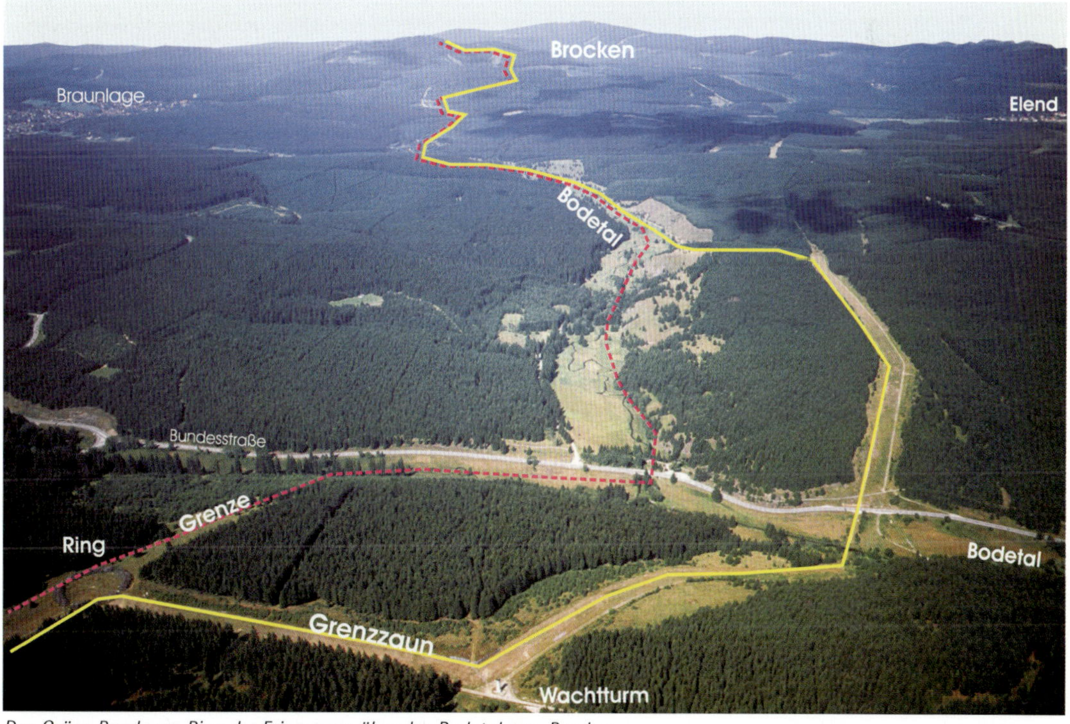

Das Grüne Band vom Ring der Erinnerung über das Bodetal zum Brocken

Grünes Band Bodetal

stein, die Manfred Heyder und Jürgen Kohlrausch verfasst haben.

Da in dem rauen Klima der sieben Bergorte das Wintergetreide nicht gedieh und Obst nicht voll ausreifte, „ ... so muß das erforderliche Brot- und Futterkorn auf 2-3 Meilen Weges auf eine beschwerliche und kostspielige Art herbeigeschafft werden, wodurch der Preis pro Scheffel um 3-4 Silbergroschen erhöht wird." (Benneckensteins Bürgermeister Staeder im Jahre 1811). Da die Arbeiter ihre sauer verdienten Groschen lieber dreimal umdrehten, bevor sie sie ausgaben, gingen viele einem landwirtschaftlichen Nebenerwerb nach. Wenn schon der Getreideanbau nichts brachte, dann konnte man zumindest über die Rindvieh-, Schaf- und Ziegenhaltung einen gewissen Grad der Selbstversorgung erreichen. Platz genug war da. Der Wald war zu großen Teilen abgeholzt und die Herrschenden waren froh, wenn sich ihre Untertanen mit Milch, Käse, Fleisch und Wolle selbst versorgten. Und so entwickelte sich rund um die geschäftigen Hüttenorte Weideland, in das auch Äcker eingestreut waren.

Als gegen Mitte des 19. Jahrhunderts die großen Industriereviere an der Ruhr, der Saar und in Oberschlesien entstanden, gerieten die Orte im Mittleren Harz in Schwierigkeiten. Der Bergbau wurde unrentabel und auch das Hüttenwesen und das eisenverarbeitende Gewerbe bekamen die Konkurrenz der neuen Zentren zu spüren. Eine ganze Reihe von Betrieben wanderte aus und siedelte sich am Rande des Harzes in einer verkehrsgünstigeren Lage an. Das Fuhrgeschäft ging zurück und zahlreiche Fuhrleute wurden zu Hausierern, die im Frühjahr übers Land zogen und erst im Herbst, zur Kirmes, wieder zurückkamen. Die daheim gebliebenen Frauen und Kinder versorgten derweil die Landwirtschaft.

Die Fertigstellung der Harzquerbahn im Jahre 1898 brachte den

Blutströpfchen auf Grüne-Band-Blumen am Rande des Bodetals

Anschluss an die außerhalb des Harzes ablaufende industrielle Entwicklung und bescherte der Not leidenden Region etwas völlig Neues: den Tourismus. In kurzer Zeit entstanden Fremdenheime, Hotels, Pensionen, Sanatorien und Kuranlagen. Die Region hatte ein neues Standbein, und da die Feriengäste nicht nur wegen des Waldes und der frischen Höhenluft kamen, sondern auch von blumenreichen Bergwiesen schwärmten, hat sich im Umkreis der sieben Bergorte bis heute eine abwechslungsreiche Wald-Wiesenlandschaft erhalten. Zu den Bergwiesen und Schafweiden rund um die Orte kommen die Wiesen in den zahlreichen Bachtälern, welche die Fichtenforste wie lebendige Adern durchdringen. Die längste und vielleicht schönste bachbegleitende Wiese folgt dem Tal der Warmen Bode. Und da dieser Fluss über eine lange Strecke die innerdeutsche Grenze bildete, sind diese Wiesen Bestandteil des Grünen Bandes, und zwar unabhängig davon, ob sie sich am linken - dem thüringischen - oder am rechten - dem niedersächsischen - Bachufer erstrecken. Tiere und Pflanzen kennen keine administrativen Grenzen.

Durchs Bodetal nach Sorge

Ich erreiche das Bodetal zwei Kilometer östlich von Braunlage, an der ehemaligen Silberfuchsfarm. Zur Freude der Tierschützer, Wanderer und Radler wurde die Farm nach dem Einbruch des Pelzhandels zum „Waldcafé Fuchsfarm" umfunktioniert (geöffnet Samstag und Sonntag von 12-17 Uhr). Die Wiesen des Bodetals werden seit langem nicht mehr bewirtschaftet, an einigen Stellen sind bereits Gehölze aufgekommen. Die östliche Seite des Tals wird durch steile Grashänge begrenzt, die durch Holzungsaktionen der DDR-Grenztruppen entstanden sind. An der Hangoberkante stehen einzelne, bis auf den Boden beastete Fichten. Dahinter erstrecken sich Fichtenwälder, die sich zum Wurmberg und zum Brocken hinaufziehen, ein Bild, das an die Nationalparks Kanadas erinnert. Dazu passend der mäandrierende Lauf der Bode. Nur Biber und Wisente fehlen. Zugegeben, die Fichtenforste müssten in Laubholzbestände umgewandelt werden, aber der Waldumbau hat teilweise schon begonnen, zumindest auf niedersächsischer Seite.

Von Wisenten und Auerochsen

Bis ins frühe Mittelalter haben in den Tälern des mittleren Harzes Auerochsen und Wisente geweidet. Selbst zur Zeit der Königsjagden sollen im Bannforst noch Au-

Alt-Sorge

erochsen erlegt worden sein. Zusammen mit Hirschen haben die großen Grasfresser in den Bachauen Lichtungen geschaffen. Die Wiesen des Bodetals sind somit Bestandteil des natürlichen Inventars, eine naturnahe Beweidung wäre also gar nicht verkehrt. Sie würde nicht nur helfen, den Reiz dieser Landschaft zu erhalten, sondern auch zur Artenvielfalt beitragen. Im Nationalpark wäre gemäß dem Motto „Natur Natur sein lassen" eine Beweidung dagegen nicht möglich, obwohl man sich auch darüber streiten könnte, denn: Ist eine Entwicklung ohne Wisent und Auerochse wirklich natürlich? Wie dem auch sei. Der Nationalpark hat genug Probleme und muss sich mit vielerlei Vorbehalten auseinandersetzen, gerade was die Wilddichte angeht. Doch die Bodewiesen liegen außerhalb des Nationalparks, im Naturpark Harz. Und bei den niedersächsischen Forsten denkt man seit längerem über Beweidungsprojekte in den Wiesentälern des Harzes nach. Auf der 100-Morgenwiese bei Zorge wurde ein solches Projekt bereits realisiert (siehe S. 169). Im mittleren Bodetal hat man inzwischen angefangen, die Fichten zurückzudrängen Wer weiß, vielleicht werden dort eines Tages Heckrinder, eine Nachzüchtung der „Auerochsen", oder Harzer Rotvieh weiden.

Entdeckung eines Schmelzhüttenstandortes?

Ich bin nicht hinüber auf die niedersächsische Seite gewechselt. Da die Besitzer der ehemaligen Silberfuchsfarm den provisorischen „Grenzübertritt" nicht gestatten - der Pfad führt über ihr Grundstück - hätte ich einen ordentlichen Umweg in Kauf nehmen müssen. Der Grenzweg führt nun am Fuße der steilen Grashänge entlang, die einst von den Grenztruppen frei geholzt wurden. Ich wandere über einen von Blumen gesäumten Plattenweg. Schmetterlinge fliegen umher. Grashüpfer nehmen vor meinen Schuhen Reißaus An einer Stelle stoße ich auf größere Bestände von Galmei-Veilchen, ein untrügliches Zeichen für schwermetallhaltige Böden. Ich schaue mich um und entdecke am Rande der Wiese Schlackenhalden. Die Vermutung liegt nahe: Hier hat sich einst eine Schmelzhütte befunden. Oder haben die Grenztruppen hier Schlacke als Unterbau für den Kolonnenweg eingesetzt? Bisher habe ich keine Antwort auf diese Frage erhalten.

Bahnhof Sorge

Die Südharzbahn

Weiter geht's durch das einsame Tal der Bode, dann wieder durch Fichtenwald. Schließlich stoße ich auf die Straße Braunlage – Sorge und auf einen Radweg, der auf einer breit gespannten Brücke das Tal der Bode quert. Auf der Brücke entdecke ich Bahngleise. Es sind die schmalspurigen Gleise der Südharzbahn, die sich von Walkenried aus in vielen Kurven das Tal der Wieda emporzog. Drei Kilometer vor dem Bahnhof Braunlage befand sich der Abzweigbahnhof Brunnenbachsmühle. Von dort verlief ein Schienenstrang über das Brunnenbachtal und das Tal der Warmen Bode hinunter nach Tanne und von dort - als Normalspur - weiter nach Königshütte. Kurz vor Sorge kreuzte diese Linie die Harzquerbahn. Ein Umsteigebahnhof wurde angelegt. Mit der Grenzziehung wurde die Strecke Braunlage- Tanne – (Königshütte) kurz vor Sorge unterbrochen. Der Umsteigebahnhof wurde überflüssig.

Das ehemalige Hüttenwerk Voigtsfelde

Der Grenzweg quert das Tal der Bode und während der Kolonnenweg daraufhin einen Steilhang erklimmt, wandere ich gemütlich auf dem Grenzweg talwärts in Richtung Sorge. Auf diesem Weg stoße ich auf eine Tafel, die den Wanderer auf das Hüttenwerk Voigtsfelde hinweist, das hier bis zum Jahre 1907 gestanden haben soll. Eine verblichene Fotografie zeigt Fachwerkhäuser, davor Waldarbeiter, ein idyllisches Bild. Wo ist denn hier das Hüttenwerk? Das erfahre ich in Sorge, im alten Kutscherhaus des Landhauses Weichelt. Dort befindet sich eine Ausstellung zur Bergbau- und Hüttengeschichte von Sorge. Die Hütte geht auf eine Gründung der Walkenrieder Mönche zurück. Ein Plan aus dem Jahr 1659 zeigt das Hüttenwerk mit seinen zahlreichen Mühlen, Wassergräben, Mühlteichen und Hüttenhäusern. Der Harzer Grenzweg führt an einem der Mühlgräben entlang. Die Mühlen und Produktionshallen, in denen bis 1907 gearbeitet wurde, existieren nicht mehr und die Natur hat von Voigtsfelde Besitz ergriffen. Die Erzverhüttung wurde in die Werke des Nachbarorts Tanne verlagert. Bis 1965 waren dort Hochöfen, Gießereien und Walzwerke - mit wechselhaftem Erfolg - in Betrieb.

Ein Besuch der Ausstellung im Landhaus Weichelt, das an der alten Straße Richtung Hohegeiß liegt, lohnt sich (Tel.: 039457-98102). Neben Exponaten zum Bergbau- und Hüttenwesen werden die Könige und Kaiser dargestellt, die im Mittelalter den Harz zur Königslandschaft gemacht haben.

In Sorge

Sorge war früher ein Zentrum des Hüttenwesens. Heute ist es ein Ort, der sich auf angenehme Art dem Pensionstourismus widmet. Sicher gibt es auch hier Neubauten, doch haben sich viele harztypische Holzhäuser erhalten. Mittelpunkt von Sorge ist heutzutage der Bahnhof mit der ehemaligen Jugendstilkirche, die so richtig in die Harzlandschaft passt und zusammen mit den ein- und ausfahrenden Dampfzügen ein Bild abgibt, das Stadtmenschen in Urlaubslaune versetzt. In der DDR-Zeit wurde die Kirche zum Schulgebäude umfunktioniert und bekam einen Zwischenboden eingezogen, nach Meinung einer ehemaligen Schülerin, damit das Gebäude nicht mehr so nach einem Gotteshaus aussah. Kirche und Bahnhof kamen erst 1945 nebeneinander zu liegen. Davor befand sich der Sorger Bahnhof auf der anderen Seite des Bodetals. Dort kreuzten sich die Linien der Harzquerbahn und der Südharzbahn.

Die Häuser des Hüttenbesitzers

Der Harzer Grenzweg führt nicht nach Sorge hinein. Dort, wo die Harzquerbahn das Bodetal quert, macht er kehrt und steigt über Wiesen zum Sorger Freiland-Grenzmuseum hinauf. Ich gönne mir den kurzen Abstecher in den Ort, nicht nur wegen der Gaststätten. Schon der Jugendstilbahnhof ist lohnend. Als ich mich wieder zum Grenzweg aufmache, fällt mir unterhalb des Bahnhofs, an der Bodebrücke, ein mit Holz verkleidetes Haus auf, das ein Schriftzug als „Hotel Sorgenfrei" bezeichnet. Anscheinend wird das Hotel seinem Namen jedoch nicht mehr gerecht, denn es ist seit Längerem geschlossen. Auch die Häuser gegenüber in der Bodetalstraße, mit ihren Holzschuppen und Anbauten, stehen überwiegend leer. Doch trotz des Leerstandes sind die Gebäude nicht verwahrlost.

Fragt man Einheimische nach diesem merkwürdigen Umstand, so bekommt man zur Antwort, dass sich das Hotel „Sorgenfrei" und die gesamte Bodetalstraße, mit Ausnahme der weiter unten liegenden Mühle, im Besitz der Erben des ehemaligen Hüttenbesitzers Vogel befänden. Ihnen habe man nach der Wende die im Volkseigentum befindlichen Gebäude rückübertragen. Dabei handele es sich um ein wertvolles Ensemble, das die jetzigen Besit-

Freiland-Grenzmuseum

zer in Gänze erhalten wollten, schließlich hätte sogar der Alte Fritz bei seinem Besuch von Benneckenstein in dem alten Herrenhaus - heute Bodetalstr. 7 - übernachtet. Das Gebäude gegenüber sei die alte Brauerei gewesen und ein Stück die Straße hinunter stehe das in rot-weißer Holzverkleidung errichtete ehemalige Schulhaus.

In der Ausstellung im Landhaus Weichelt findet man dazu folgenden Hinweis: „In Sorge herrschten eigenartige Verhältnisse. Bis auf einige Häuser, die auf angrenzendem Forstgrund stehen, und die Mühle gehören das ganze Dorf und der benachbarte Weiler Voigtsfelde mit der Stabschmiede und samt aller Flur dem Hüttenbesitzer Vogel. Dieser hatte aber auch die Schule und die Kirche zu erhalten. Nach alten Verträgen musste der Hüttenbesitzer den Lehrer – neben freier Wohnung und Feuerung, etwas Acker- und Wiesennutzung - mit 150 Talern besolden und für den Kirchendienst mit 24 Talern entschädigen." Aus K.O. Beetz (1930), Sorge: Rückblicke aus dem Leben eines Schulmannes.

Von Sorge nach Hohegeiß

Das Freiland-Grenzmuseum

Zu DDR-Zeiten war hinter dem beschaulichen Ferienort Sorge „die Welt mit Brettern vernagelt". Ein paar hundert Meter hinter dem alten Kreuzungsbahnhof, wo die Straße nach Elend den Berg hinaufführt, begleitet von den Gleisen der Harzquerbahn, zog sich der Grenzsignalzaun quer durch das Tal der Bode. Beim ehemaligen Hüttenwerk Voigtsfelde stieg er über die Wiesen den Hang hinauf. Auf der Höhe befindet sich heute das Sorger Freilicht-Grenzmuseum, das man in einem halbstündigen Spaziergang ereicht. In dem Museum sind sowohl der Grenzsignalzaun als auch ein Abschnitt der zweiten Sperrstaffel erhalten. Die Signalzäune waren an einigen Stellen mit Toren versehen, über die die Grenzsoldaten zu ihren Einsatzorten in der sogenannten Schutzzone gelangten. Privatpersonen war der Zugang verwehrt. Lediglich Waldarbeiter durften sich - nach vorheriger Anmeldung und unter Bewachung - in dem Raum zwischen Grenzsignalzaun und eigentlichem Grenzzaun aufhalten. Heute steht das Tor weit offen und ich folge dem Lochbetonplattenweg, über den früher die Grenzsoldaten mit ihren Kübelwagen zum Wachturm gefahren sind. Nach knapp einem Kilometer stehe ich am Rande einer breiten Schneise, die von einem aus Betonteilen gefügten Turm bewacht wird. Rechts sind Reste des Metallgitterzauns zu sehen, finale

Sperre des DDR-Grenzsystems. Der Wachturm ist im Winkel des abknickenden Grenzstreifens postiert, sodass die wachhabenden Soldaten in beiden Richtungen freies Schussfeld hatten.

Fluchtversuche und tragischer Tod

Den Berichten von Einheimischen zufolge wurde an dieser Stelle ein Fluchtversuch vereitelt. Zwei junge Männer aus Leipzig hatten es geschafft, bis in die Nähe des Wachturms vorzudringen. Hier wurden sie jedoch von den Grenzsoldaten des Wachturms entdeckt und einer von ihnen nach Zuruf erschossen. Bezeichnend für das Verhalten der DDR-Grenzorgane war, dass man der Mutter des „Verunglückten" zwar mitteilte, dass ihr Sohn auf der Republikflucht ums Leben gekommen war, aber man sagte ihr nicht, wo und auf welche Weise. Was das Grenzregime betraf, waren Geheimhaltung und Verdunkelung oberste Prinzipien. Erst nach der Wende erfuhr die Mutter von offizieller Seite, dass man ihren Sohn bei Sorge erschossen hatte. Im Winter 1964, als die Sperranlagen noch nicht so perfekt waren, gelang einer Gruppe von Skifahrern die Flucht. Der Schnee lag damals so hoch, dass sie über den Grenzzaun steigen konnten. Der Schnee bewahrte sie auch vor den Minen, die zu dieser Zeit noch die Grenze „sicherten".

Ring der Erinnerungen

In Sichtweite zum Wachturm stoße ich auf einen Ringwall aus Fichtenhölzern, zwischen denen Birken und Himbeeren in die Höhe wachsen. Vier Eingänge führen in die Mitte dieses Monuments, das mit 70 Metern Durchmesser den gesamten Grenzstreifen einnimmt. Auf der Freifläche im Innern steht eine Pfahlreihe aus ehemaligen Grenzpfosten, deren Stahlbeton bereits zu bröckeln beginnt. Dieser Ringwall führt den Namen „Ring der Erinnerung". Er wurde 1993 von dem Künstler Herrmann Prigann geschaffen. Das Zusammenbrechen der kunstvoll aufgeschichteten Fichtenstämme offenbart nach den Vorstellungen Priganns die Symbiose vom Vergehen und Entstehen, den natürlichen Kreislauf, der auch den ehemaligen „Todesstreifen" wieder zur „Lebenslinie" werden lässt.

Vom „Ring der Erinnerung" gingen zwei Grenzstreifen aus. Der eine führte in Richtung Wachturm, hier verliefen die Sperranlagen der 70er und 80er Jahre. Der andere zog sich den Hang hinunter ins Tal der Warmen Bode, was dem eigentlichen Grenzverlauf näher kam, hier verliefen die Grenzzäune der 50er und 60er Jahre, die noch aus Stacheldraht bestanden. Auf dem Luftbild ist zu

Ring der Erinnerungen

Keulenbärlapp

sehen, dass der untere Teil dieser Schneise bereits von Fichten eingenommen wird. Auf dem ehemaligen Todesstreifen entwickelt sich Wald.

Tannenwalds Kinderstube auf ehemaligem Todesstreifen und der Keulenbärlapp

Der Harzer Grenzweg nimmt Kurs auf Hohegeiß, wobei er ohne Wenn und Aber dem Kolonnenweg folgt. Auch auf diesem Streckenabschnitt wird die Vitalität der umgebenden Natur offensichtlich. Massenweise und dicht gedrängt wachsen auf dem ehemaligen Grenzstreifen junge Fichten heran und dies, obwohl sie auf dieser Höhe nicht mehr natürlich vorkommen sollen. Die Fichten wurden dennoch nicht durch Förster gepflanzt, sie haben sich von selbst angesamt; rechts und links des Grenzstreifens finden sich genügend Zapfen tragende Fichten. Auf dem offenen Boden des Grenzstreifens fanden die Fichtensamen ein ideales Keimbett. Probleme mit der Konkurrenz von Laubholzsämlingen hatten die jungen Fichten nicht, in den benachbarten Forsten gibt es weder Buchen noch Ahornbäume, die als Samenspender hätten dienen können. Und auch unter den Bäumen gilt das Prinzip: Wer zuerst kommt, malt zuerst.

Der Wald regeneriert sich also relativ rasch, kein Wunder bei dem Klima, das im Harz herrscht. Das Nachsehen haben dabei die Pflanzen des Waldbodens, die sich in den ersten Jahren nach dem Fall der Grenze auf dem „Todesstreifen" sehr wohl gefühlt haben. Eine prominente Art, die sich in der Nähe des „Rings der Erinnerungen" auf dem ehemaligen Grenzstreifen etabliert hatte, ist der Keulenbärlapp. Diese urtümliche Art ist zwar eine Waldpflanze, aber zum Wachsen braucht der Bärlapp ein wenig Sonnenlicht und das machen ihm im Pionierwald die dicht an dicht stehen Fichten und Birken streitig. Der Harzklub hat das Problem erkannt und hält den ehemaligen Todesstreifen im Abschnitt Sorge - Benneckenstein an einigen Stellen offen. Damit hat nicht nur der Keulenbärlapp eine Überlebenschance, sondern mit ihm auch Arnika, Borstgras und Bärwurz.

Hohegeiß, ein Bergdorf ohne Ziegen

Es geht bergan. Als ich über bunte Bergwiesen auf die ersten Häuser von Hohegeiß zustrebe, überschreite ich die 600-Meter-Höhenmarke. Hohegeiß bezeichnet sich seit 1989 dementsprechend auch als Bergdorf, ein Attribut, das bei den Feriengästen ankommt, schließlich können sie von Hohegeiß aus einen weiten

In Hohegeiß

Grenzsperranlagen bei Hohegeiß aufgenommen am 20. November 1961. Mit neuem Betonpfosten-Doppelzaun rechts vom Grenzstreifen

Blick über Täler, Wiesen und Wälder genießen. Nach den Forschungen von Heimatkundlern hat Hohegeiß nichts mit Ziegen zu tun. Der Ortsname gehe vielmehr auf ein Waldstück zurück, das im Mittelalter „Hogeyz" genannt wurde. Dessen ungeachtet hat man vor kurzem in der Ortsmitte eine steinerne Ziege aufgestellt. Die Bezeichnung „Bergdorf" mag bei manchem Harzkenner auch die Assoziation an Bergbau wachrufen. Sankt Andreasberg, Clausthal-Zellerfeld, Altenau, Lautenthal, Wildemann und Bad Grund führen die Bezeichnung Bergstadt, weil man dort nach Erzen gegraben hat. Auch in Hohegeiß war man bergbaulich tätig, allerdings ist dies schon über 200 Jahre her. Von 1560 bis 1780 hat man in dem Stollen „Antoinette Rösche" nach Kupfer- und Eisen-

Alte Grenzsteine am Grünen Band Hohegeiß

Die Hohegeißer Geiß

erz gegraben. Damit die Erinnerung an die Zeit des Bergbaus nicht verloren geht, hat man den längst stillgelegten Stollen für die Öffentlichkeit zugänglich gemacht. Der Besucherstollen befindet sich unterhalb des Ortszentrums in der Nähe des Hotels Wolfsbachmühle. Von Mai bis September findet einmal im Monat eine Stollenführung statt, wobei man an Gummistiefel und wasserdichte Kleidung denken sollte. Wer an der Führung teilnehmen möchte, melde sich bei der Kurverwaltung an.

Im Spukzimmer der „Alten Pfarre"

In Hohegeiß kann ich endlich wieder etwas einkaufen und meinen Wanderproviant auffrischen. Auch Kaffee und Kuchen leiste ich mir. Danach habe ich eine Verabredung mit dem Ortschronisten Friedemann Schwarz, der durch das Heimatmuseum führt. Das Museum ist in dem fast 400 Jahre alten Fachwerkhaus „Alte Pfarre" (Lange Str. 54) untergebracht. Das Haus an sich ist also schon ein Museumsstück, ein glücklicher Umstand, den der Museumsverein geschickt genutzt hat. Da gibt es ein Studierzimmer mit Urgroßvaters Sofa, Sekretär und tickender Wanduhr. Man schaut in die Schwarze Kammer mit ihrer Feuerstelle und in das Spukzimmer, in dem der Geist des verstorbenen Pfarrers sein Unwesen getrieben haben soll. Im Stallgebäude hat man eine Zimmermannswerkstatt eingerichtet. Die Geschichte von Bergbau und Wintersport wird erzählt. Und natürlich hat man auch an eine Ausstellung zur innerdeutschen Grenze gedacht. Der Clou: Im Studierzimmer kann man sich standesamtlich trauen lassen (April-Oktober).

Kontakt: Museumsverein Hohegeiß e.V., Stefan Grote, Tel.: 05583-389 oder -241, haus-ingrid@t-online.de

Vom Pfarrhaus steige ich zur Kirche hinauf. Der 1704 errichtete Fachwerkbau ist ganz mit Holz verkleidet und in schwedischem Rot gestrichen. In Verbindung mit dem parkartigen Kirchhof trägt die Kirche viel zum Charakter des Ortes bei. Leider liegt der Kirchhof direkt an der Bundesstraße 4. Zu DDR-Zeiten war das kein Problem, denn die B4 war in Hohegeiß nicht mehr als eine Ortsstraße. Vier Kilometer südlich des Bergdorfs endete die B4 vor den Grenzsperren der DDR. Die Verbindung nach Nordhausen und Erfurt war unterbrochen. Seit mittlerweile 20 Jahren rollt der Verkehr wieder.

Über die Brockenblickstraße gelange ich rasch wieder in ruhiges „Fahrwasser". Nach knapp 300 Metern bin ich am Grünen Band und damit am Harzer Grenzweg. Reste des Grenzzauns sucht man hier vergeblich. Dafür findet man eine Gruppe alter Grenzsteine, die man nach dem Fall der Grenze aufgestellt hat. Passend zur Abendstimmung ein kurzer Blick hinüber zum Brocken – es ist erstaunlich, wie weit man an einem

Walpurgis

Kirche Hohegeiß

Tag laufen kann - dann geht es in den Wald hinein. Ich muss mich sputen, denn ich habe in Benneckenstein ein Quartier gesucht und möchte noch vor dem Dunkelwerden dort sein. Der Wanderweg (Markierung: „Gelbes Kreuz") macht es mir leicht. In weniger als einer Stunde bin ich am Ziel meiner 3. Etappe.

Benneckenstein: eine Stadt, zwei Rathäuser und herrliche Bergwiesen

Benneckenstein ist eine Stadt, die über dreieinhalb Jahrhunderte zweigeteilt war, die nach der Wiedervereinigung der Ortsteile über 100 Jahre als preußische Enklave existierte, ein Wintersportort, der in die sowjetische Besatzungszone fiel, wegen seiner Grenznähe 1952 der DDR-Sperrzone zugeordnet und 1972 wieder ausgelöst wurde. Im Jahr 1990 wurde Benneckenstein schließlich Bestandteil des neu gegründeten Bundeslandes Sachsen-Anhalt. Die Bewohner von Benneckenstein haben einerseits unter Grenzziehungen gelitten, andererseits haben sie erfahren, dass willkürliche Grenzen auf die Dauer keinen Bestand haben.

Benneckenstein und die Geschichte seiner Grenzen

Benneckenstein entwickelte sich Anfang des 14. Jahrhunderts um eine Burg und wurde bereits ein halbes Jahrhundert später - entlang der Rappbode - in eine Nord- und eine Südhälfte geteilt. Dörfer waren damals so etwas wie persönliche Besitztümer von Grafen und anderen Herrschaften und konnten wie Immobilien verkauft,

verpfändet oder vererbt werden. Bennecksteins Teilung war die Folge einer Erbsache der Hohnsteiner Grafen, die im Besitz von Benneckenstein waren. Zunächst blieb alles in der Familie, die Südhälfte ging an den Bruder, später an den Onkel, den Grafen zu Schwarzburg-Rudolstadt.

Am Ende des Dreißigjährigen Krieges wurde die Nordhälfte von Benneckenstein jedoch Brandenburg-Hohenzollern, dem späteren

Schwarzburger Rathaus

Preußen, zugeschlagen, einem souveränen Staat, der sich anschickte, zu einer Militärmacht aufzusteigen. In dem weit entfernten Berlin wollte man sich mit der Verwaltung des Harzdörfchens zunächst nicht belasten und gab Benneckenstein einem verlässlichen Vasallen, dem Grafen von Sayn-Wittgenstein, zum Lehen (was soviel bedeutet wie Nutzung auf Widerruf). Die Wittgensteiner erwarben 1675 ein Viertel des südlichen Beneckensteins. Doch die Freude über diesen Zugewinn währte nicht lange: 1699 mussten sie Benneckenstein an das Kurfürstentum Brandenburg zurückgeben. Damit war Beneckenstein zu dreiviertel preußisch und zu einviertel im Besitz des thüringischen Hauses Schwarzburg-Rudolstadt. Wer im preußischen Viertel wohnte, musste damit rechnen, zu Militärdiensten für das sich immer soldatischer gebärdende Preußen gedungen zu werden. Wer im Schwarzburger Viertel wohnte, war vor den Preußen sicher.

Doch Friedrich den Großen ließ die Situation in Benneckenstein nicht ruhen. 1741 erwarb Preußen den Schwarzburger Teil und damit gingen 368 Jahre Teilung zu Ende. Der Alte Fritz war selbst nach Benneckenstein gekommen, um die Bürger auf Preußen einzuschwören. Um seine Neubürger günstig zu stimmen, verlieh er Beneckenstein die Stadtrechte. Aber die Menschen des Schwarzburger Viertels waren nicht sonderlich begeistert, Preußen zu werden. Wenige Jahre später, im Siebenjährigen Krieg, wurden zahlreiche Männer aus Benneckenstein zu den Fahnen Preußens gerufen und verloren ihr Leben in den Kämpfen um Schlesien.

Von 1741 bis 1866 (mit einer Unterbrechung von 1806 bis 1812) war Benneckenstein nun preußische Enklave, die vom Herzogtum Braunschweig und dem Königreich Hannover umgeben war. Die nächsten preußischen Orte waren Ellrich, Sachsa und Nordhausen. Als Preußen im Jahre 1866 das Königreich Hannover und das Herzogtum Braunschweig annektierte, war Benneckenstein ein Ort wie jeder andere. Diesen Status konnte Benneckenstein ganze 79 Jahre genießen. Was ab 1945 geschah, darüber wurde bereits berichtet. Seit 1990 ist Benneckenstein wieder eine ganz normale Kleinstadt und wir wollen hoffen, dass dies auch für die nächsten 300 Jahre so bleibt.

Der Schäfer von Benneckenstein

Benneckenstein ist eine Erkundung wert, nicht nur wegen seiner kuriosen Territorialgeschichte, sondern auch wegen seiner herrlichen Bergwiesen. Rund 850 Schafe und 17 Ziegen halten die Landschaft rund um Benneckenstein offen. Das Domizil des Schäfers befindet sich auf dem Pfeiferberg, nicht weit von der erwähnten Bank. Von Anfang Mai bis Ende Oktober wohnt hier Schäfermeister Helmut Koth mit seiner Lebensgefährtin Karin in einem geräumigen Wohnwagen. Es ist völlig unmöglich, sich dem Wohnwagen zu nähern, ohne bemerkt zu werden. Man ist noch gut 100 Meter entfernt, da schlagen die Hunde an. Fünf sind es an der Zahl: Allen voran der Herdenschutzhund Kim, dann die Hütehunde Alf, Elsa, Nasko und Jette. Wenn der Schäfer aus dem Wohnwagen kommt, um nach dem Rechten zu sehen, beruhigen sich die Hunde nach und nach. Bald sitzen alle brav vor ihrem Hundehäuschen. Nur Asko pflegt mit dem Napf im Maul auf sich aufmerksam zu machen.

Helmut Koth ist Schäfer mit Leib und Seele. Auf die Frage, ob er sich vorstellen könnte, in einem anderen Beruf tätig zu sein, antwortet er mit einem klaren und entschiedenen „Nein!" Koth, der aus Passendorf bei Halle stammt, hat sein Handwerk von der Pieke auf gelernt. Als junger Bursche ist er bei einem LPG-Schäfer in Halle-Nietleben in die Lehre gegangen. 1985 zog es ihn in die Altmark, wo er sich bei Arendsee niederließ. Fünf Jahre später hat er in Aulosen, der nördlichsten Gemeinde von Sachsen-Anhalt, direkt an der ehemaligen Grenze und ganz in der Nähe der Elbe,

Benneckenstein

seinen Meister gemacht. Hier zog er mit seinen Schafen durch das ehemalige Sperrgebiet, hütete im Hinterland der Elbe und pflegte die Elbdeiche bei Schnackenburg. Als das Geschäft im „hohen Norden" nicht mehr so gut lief, weil die Pflegegelder, die er für die Deich- und Landschaftspflege erhielt, kaum noch die Ausgaben deckten, machte sich der rege Schäfer auf die Suche nach einem eigenen Revier. Im Harz, bei Benneckenstein, direkt an der ehemaligen innerdeutschen Grenze, fand er, was er suchte: eine große, ca. 200 Hektar umfassende Fläche, die er allein und in eigener Regie bewirtschaften konnte.

Sein Winterquartier schlug Helmut Koth in Heimburg am nördlichen Harzrand, unweit von Blankenburg auf. In einem alten Gutshof fand er genügend Platz für sich und seine Schafe. Sobald oben im Harz der Schnee getaut ist und sich auf den Wiesen das erste Grün zeigt, zieht er mit seiner Herde und den Hunden wieder hinauf in die Berge. Zwei Tage benötigen der Schäfer und seine Tiere für diese Tour, während der in der Nähe von Rübeland übernachtet wird. Früher war Wanderschäferei etwas ganz Normales. Heute muss man schon nach Spanien fahren, um Wanderschäfer über Land ziehen zu sehen - oder eben nach Benneckenstein im Ostharz. Wenn Helmut Koth, auf den Schäferstab gestützt, seine grasende Herde mustert, den breitkrempigen Schäferhut in die Stirn gezogen, dann vermittelt sein scharf geschnittenes und von Wind und Wetter gegerbtes Gesicht schon etwas Mediterranes. Sein Blick ist auf jeden Fall stolz wie der eines Spaniers.

Schäfer Helmut Koth

Des Schäfers Ziegen

Wiesenfalter auf Teufelsabbiss

Und stolz kann Helmut Koth auf seine Tätigkeit wirklich sein. Wo gibt es das noch, dass ein Schäfer seine Herde den ganzen Tag über hütet. Die meisten pferchen ihre Schafe mit Hilfe von Elektrozäunen in Koppeln, die sie nach und nach versetzen. Koth versteht es, mit seinen Hunden die Herde so zu lenken, dass die Orchideen während der Blüte geschont werden. Wenn die seltenen Arten gefruchtet haben, lässt er die Grasnarbe so weit abfressen, dass die konkurrenzschwachen Pflanzen genügend Raum haben, um auch im nächsten Jahr wieder zu blühen. Zudem machen Koth und seine Lebensgefährtin Karin auf den Wiesen von Benneckenstein Heu und tragen so dazu bei, dass die bunt blühenden Wiesen erhalten bleiben. Koth hat daher bei den Naturschützern und Landschaftspflegern einen Stein im Brett. Für Benneckenstein und das Grüne Band ist Helmut Koth ein Glücksfall.

Eine kurze Wanderung über die Höhen um Benneckenstein erschließt die Bergwiesenlandschaft, die von Schäfer Helmut Koth offen gehalten wird. Dabei erhält man einen ersten Eindruck von der herben Schönheit der Gegend. Eine ausgewachsene Tagestour, die von Benneckenstein aus zu den thüringischen Waldsiedlungen Rothesütte und Sophienhof führt, weitet den Blick. Auch diese beiden Orte sind von einem Kranz von Bergwiesen umgeben. In der Gemarkung von Rothesütte weidet Harzer Rothvieh, bei Sophienhof grasen Ziegen.

Harzer Rotvieh und der „Almauftrieb" in Rothesütte

Das Rotvieh ist eine alte Mittelgebirgsrasse. Die Tiere sind sehr genügsam und produzieren eine hervorragende Milch, ihr Fleisch ist feinfaserig und ohne störenden Talg. Darüber hinaus kann man die Tiere vor einen Pflug oder einen Karren spannen. Doch das Multifunktionstalent ist unmodern geworden, denn wer benötigt schon eine Kuh, die Zugarbeiten verrichtet. Heute ist Milchleistung gefragt und die ist beim Rotvieh leider geringer als bei den auf Milchproduktion gezüchteten schwarzbunten Kühen. Und deshalb steht das Harzer Rotvieh auf der Liste der vom Aussterben bedrohten Tierrassen.

In Rothesütte hat ein Rinderhalter das Rotvieh neu entdeckt. Die Herde ist inzwischen zu einer Attraktion des Walddorfs avanciert. Anfang Juli veranstaltet man hier einen „Almauftrieb" mit Kuhglokken und allem Drum und Dran. In Trachten gekleidete Hirten begleiten die Herde und da man bei dieser Aktion nicht zuletzt an den Fremdenverkehr und die Direktvermarktung denkt, gibt es ordentlich zu essen und zu trinken. Rothesütte, das zu DDR-Zeiten weltabgeschieden an der Grenze lag, profitiert von der „Alm". Was wäre das 140-Seelen-Dorf auch ohne den Kranz von gepflegten Wiesen und Weiden.

Die Ziegenalm vom Sophienhof

Harzer Ziegen waren früher weit verbreitet. Die Ziege war die Kuh des kleinen Mannes. Nach dem zweiten Weltkrieg verschwanden die Ziegen nach und nach aus dem Bild der Ortschaften. Vier Kilometer östlich von Rothesütte, in der Waldsiedlung Sophienhof, gibt es wieder professionelle Zie-

Ehem. Grenzkaserne Rothesütte, heute Gasthaus

Weidenröschen

genhalter, die Liebigs. Sie sind stolze Besitzer von 100 Harzer Ziegen, die den ganzen Sommer auf der Weide stehen. Den Winter verbringen die Tiere in einem geräumigen Stall, wo sie mit Heu gefüttert werden, das die Familie selbst geworben hat, u.a. auf der Rothesütter Glashüttenwiese am Grünen Band.

Die Milch wird unbehandelt und ohne Zusätze zu Schnitt- und Weichkäse verarbeitet. Auf jeden Fall sollte man das selbst gemachte Ziegeneis probieren, das in den klassischen Geschmacksrichtungen Erdbeere, Vanille und Schokolade angeboten wird. Und die Harzer „Almbauernfamilie" hat noch mehr zu bieten. Im Stall stehen Sattelschweine, die bestes Futter erhalten, um dann – Vegetarier bitte den nächsten Halbsatz überspringen – zu geräucherter Mettwurst verarbeitet zu werden. Natürlich produziert man auf der „Ziegenalm" auch Blut- und Leberwurst. Wurst und Käse werden zum Mitnehmen verkauft. Man kann die Produkte des Hofladens auch in der „Bauernstube" konsumieren. Bei Sonnenschein wird auf den Bänken vor dem Haus Kaffee und selbstgebackener Kuchen serviert. www.ziegenalm.de, Tel. 036331-48235.

Die Rothirsche vom Sophienhof und wie der Ort zu seinem Namen kam

1663 wird dort, wo heute der Ort Sophienhof liegt, ein Gehöft mit Brauerei und Brennerei erwähnt. Das Ensemble sowie der umgebende Wald gehörten dem Graf zu Stolberg-Wernigerode. Im Jahr 1720 war die Frau des Grafen, die Sophie, unweit des Hofes in ein Gewitter gekommen, das sie sehr in Angst versetzte. Das Stoßgebet, das sie gen Himmel schickte, wurde erhört. Jedenfalls erlitt sie keinen Schaden, was der Graf zum Anlass nahm, den Hof mit dem Namen seiner Frau zu beehren.

Der Wald um Sophienhof ist bis heute sehr reich an Rotwild. Christian Ernst zu Stolberg-Wernigerode hatte - wie berichtet – 1930 Bankrott gemacht. Der Versuch, die Insolvenz durch Einsätze auf der monegassischen Spielbank wieder wettzumachen, scheiterte. Und so musste Christian Ernst, neben anderem, den Wald bei Sophienhof an Preußen abgeben. Wegen des Rotwilds war das dem Grafen sicher sehr schwer gefallen. Über Preußen kam der Wald an Benneckenstein. Inzwischen hat auch Benneckenstein den Wald wieder verkauft, wobei sein Wert weniger in Festmetern bemessen wurde als in der Anzahl der Rothirsche.

Die Liebigs

Über den Ellricher Grenzkamm an den Fuß des Gebirges

Start in Benneckenstein zur vierten Etappe der Harzdurchquerung. Ich wandere zum wieder-

holten Mal durch bunte Bergwiesen. Dann geht es in den Forst hinein. Doch bald lichtet sich das Dunkel wieder und der Weg führt über Wollgraswiesen. Wenig später habe ich den Dreiländerstein erreicht und damit den Harzer Grenzweg. Der Dreiländerstein hat – man sieht es ihm an- schon einige Jahre auf dem Buckel. Um 1750 soll er gesetzt worden sein. An seinen drei Seiten hat der Steinmetz die Insignien „HB" (für Herzogtum Braunschweig), „KP" (für Königreich Preußen) und „GW" (für Gräflich Wernigeröder Forstgebiet) eingemeißelt. Heute stoßen hier die Bundesländer Sachsen-Anhalt, Niedersachsen und Thüringen aufeinander.

Das ehemalige Niemandsland

Auf geht's, entlang dem Grünen Band Thüringen, das einen guten Einstand macht. Während der Kolonnenweg geradewegs über den breiten Rücken des 634 Meter hohen Ehrenbergs verläuft, zog sich die ehemalige Demarkationslinie das nördlich angrenzende Große Kunzental hinunter und das Kleine Kunzental wieder hinauf. Dieses Auf und Ab muss den Grenzsicherungsspezialisten der DDR ein Dorn im Auge gewesen sein. Als sie in den siebziger Jahren die Sperranlagen modernisierten, ließen sie die beiden Kunzentäler außen vor und zogen den Grenzzaun auf geradem Weg über den Ehrenberg. Wie am Westhang des Brockens entstand so ein ungewöhnlich breites Stück Niemandsland, im DDR-Jargon: „vorgelagertes Hoheitsgebiet". Die Schneisen, die die Grenzer einst in den Wald der Kunzentäler geschlagen hatten, überließ man der Natur. An ihrer Stelle markiert heute ein ca. 50 Jahre alter Birkenwald die Landesgrenze zwischen Thüringen und Niedersachsen. Den darüber liegenden Wald durfte über Jahrzehnte niemand betreten. Und auch heute verirrt sich dort kaum jemand.

Der Graf-Botho-Schacht und der Steinkohlebergbau

Im 17. und 18. Jahrhundert war es in den Kunzentälern dagegen alles andere als ruhig. Bergleute

Am Ehrenplan, Blick auf ehem. Grenzstreifen

Blick vom Ellrich-Zorger Grenzkamm über das Elsbachtal auf den Großen Staufenberg (Niedersachsen)

waren damit beschäftigt, Schächte und Stollen zu graben. Man hatte Steinkohle entdeckt und über einige Jahre tatsächlich in nennenswerten Mengen Kohle gefördert. „Genehmigungsbehörde" und zugleich Eigner waren die Grafen zu Stolberg-Wernigerode. Doch schon zu Beginn des 19. Jahrhunderts waren die Vorräte erschöpft. Aber man gab nicht auf. 1856 wurde der Graf-Botho-Schacht in Betrieb genommen. Der Schacht liegt direkt am Grünen Band, nur drei Minuten von der B4 entfernt. Es handelt sich um einen Schrägschacht, der in einem Winkel von 20 Grad nach Süden einfällt und etwa 80 Meter lang ist. In diesem Schacht wurde die Kohle in drei Schichten von Hand gefördert. Und da es im Schacht keine Pferde gab, mussten die Bergleute den Kohlewagen selbst aus dem Stollen herausschieben. Auch draußen ging es archaisch zu. Die Kohle wurde mit einem zweirädrigen Ochsenkarren über Rothesütte ins elf Kilometer entfernte Ilfeld transportiert. Hinzu kam, dass die Kohle vom Ehrenberg minderwertig war. Jedenfalls konnte sie nicht mit der Qualität der Steinkohle aus dem Ruhrgebiet konkurrieren, und die kam jetzt per Bahn auch nach Nordhausen. Kein Wunder also, dass der Graf-Botho-Schacht bereits 1869 wieder aufgegeben wurde.

Am Graf-Botho-Schacht lässt der Harzer Grenzweg den Plattenweg für anderthalb Kilometer rechts liegen und zieht sich auf Waldwegen hinunter zum Ehrenplan, einem freien Platz mit Schutzhütte. Eine gute Entscheidung der Wegemacher, wie ich finde. Zum einen macht es nach all den Fichten wieder einmal Spaß, durch einen schönen Buchenwald zu wandern, zum anderen geht es auf dem Kolonnenweg, wie ich vom Ehrenplan aus sehen kann, ungewöhnlich steil bergab.

Auf dem Grenzkamm zur „Schwangeren Jungfer"

Auch auf der folgenden Strecke gehen der Kolonnenweg und der Harzer Grenzweg getrennte Wege. Der Grenzweg folgt einem Pfad, der auf dem alten Grenzkamm zwischen der preußischen Stadt Ellrich und dem braunschweigischen Ort Zorge verläuft. Immer wieder trifft man auf Grenzsteine mit den Inschriften „KP" und „HB". Die Grenzsperranlagen verliefen in einem gehörigen Abstand auf der östlichen Seite des Grenzkamms. Wahrscheinlich war den Grenztruppen der obere Abschnitt des Kamms für die Anlage ihres exorbitanten Sperrgürtels zu steil. Und so wandere ich völlig losgelöst von Plattenwegen durch eine Landschaft, wie ich sie im Harz nicht erwartet habe. Es geht durch Laub- und Mischwald und immer wieder treffe ich auf Aussichtspunkte, die den Blick auf steile Hänge und tiefe Täler frei geben. Und dann entdecke ich links im Wald stacheldrahtbewehrte Betonpfähle. Der Draht ist verrostet und hängt herunter. Kein Zweifel: Was sich dort am Hang als Pfahlreihe entlang zieht, sind die Reste des alten Beton-Doppelzauns, den die DDR in den sechziger Jahren errichtet hatte.

„Heiliger Stock", „Schwangere Jungfer", „Wendel-Eiche", „Zwei-Länder-Eiche", „Spitzer Winkel": Das sind meine Orientierungsmarken in der Waldwildnis des Grenzkamms. Kurz vor der „Schwangeren Jungfer" befindet sich auf thüringischer Seite, etwas abseits vom Grenzweg, ein Aussichtspunkt mit Bank, der „Sülzhaynblick". Von hier aus kann ich zum ersten Mal über das südliche Harzvorland blicken. Den Kurort Sülzhayn, der zwischen den letzten Ausläufern des Harzes eingebettet liegt, habe ich mir schon für einen Abstecher vorgemerkt. Sülzhayn soll einmal ein so bedeutender Ferienort gewesen sein, das man dort genauso viele Übernachtungen gezählt hat wie in Garmisch-Partenkirchen.

Doch jetzt ist erst mal die „Schwangere Jungfrau" dran: Gespannt folge ich einem Wegzeichen ins Thüringische und stoße nach wenigen Minuten auf einen Stein, in den ein Kreuz, die Buchstaben „D M S J" und die Jahreszahl 1780 eingemeißelt sind. Das also ist die „Schwangere Jungfer"! Offensichtlich ein Sühnezeichen. Der Stein gibt den Heimatforschern Rätsel auf. Sind „MSJ" die Initialen eines Försters, der hier seine unehelich geschwängerte Geliebte umgebracht hat? So jedenfalls behauptet es der Volksmund. Oder sind die Initialen eine Abkürzung für das lateinische Dominus Meus Salvatore Jesus (Mein Herr und Erlöser Jesus)? Man weiß es nicht.

Wendel-Eiche

Zurück auf den Grenzweg. Es geht bergauf und wenige Minuten später stehe ich am Brockenblick, dem höchsten Punkt des Kammwegs (572 Meter). Und tatsächlich kann ich von hier aus noch die Silhouette des höchsten Harzgipfels erkennen. Doch mein Blick ist vorwärts gerichtet auf das Land, das ich in den kommenden Tagen durchwandern werde, auf die Karstlandschaft des Südharzes. Dort sollen alle Karstphänomene zu beobachten sein wie im alten Jugoslawien: Höhlen, unterirdische Flüsse, Karstquellen, versickernde Flussläufe, Felsen und Erdfälle. Ich bin total gespannt. 50

Mit Brocken-Benno an der Wendel-Eiche

Meter weiter erreiche ich eine kleine Schutzhütte. Sie steht unter der „Wendel-Eiche", in deren Krone sich früher, d.h. vor dem Krieg, eine Aussichtsplattform befand. Eine Wendeltreppe führte zu der Plattform hinauf, daher der Name „Wendel-Eiche".

Weiter geht's, auf schmalem Pfad, jetzt steil bergab. Ab und an ist ein Blick in das auf niedersächsischer Seite liegende Tal möglich. Laubwald, aus dem einzelne Fichten hervorragen, überzieht lückenlos die Hänge. Die Kuppe links, das muss der Staufenberg sein. Sein Wald ist als Totalreservat ausgewiesen, das heißt: Hier dürfen weder Bäume gefällt noch gepflanzt werden und was umfällt, bleibt liegen. Ganz in der Nähe kann ich eine Wiese entdecken. Der Karte nach müsste es die 100-Morgen-Wiese sein. Auch sie liegt in Niedersachsen, nur wenige Meter von der Landesgrenze entfernt. Dort sollen die Forstleute - wohl gemerkt: Förster, nicht Landwirte - ein interessantes Beweidungsprojekt mit Harzer Rotvieh eingerichtet haben. Ich nehme mir die 100-Morgen-Wiese für die nächsten Tage vor.

Apropos Förster: Auf der thüringischen Seite komme ich an einer Stelle vorbei, wo die wild wachsende Natur gebändigt und umgestaltet wurde. Man hat einen Wildzaun gezogen und die Birken an der Basis geringelt, d.h. die Rinde abgeschält, um die Bäume zum Absterben zu bringen. Anstelle der Birken wurden Eichen und fremdländische Gehölze gepflanzt. Ade, Spontannatur! Warum diese nicht so recht in unsere Zeit passenden Aktionen ausgerechnet auf dem Grünen Band durchgeführt wurden, konnte auch auf Nachfrage nicht geklärt werden. Es bleibt die Einsicht: Förster ist nicht gleich Förster. Übrigens, zu DDR-Zeiten wurde im „Niemandsland" des Zorger Grenzkamms und auch am Brokken auf Wunsch der DDR vom Westen aus Holz geschlagen. Der Erlös ging in Form von Devisen an die DDR-Führung.

Nächste Station ist die ca. 450 Meter hoch gelegene Zweiländer - eiche, die aus zwei Stämmen besteht, von denen einer in die DDR, der andere in die alte BRD ragte. Wer's nicht glaubt, der sei auf den neben der Eiche stehenden schwarz-rot-goldenen DDR-Grenzpfahl hingewiesen. An der Spitze des Pfahls befand sich früher das Staats-Emblem, das nach dem Erlöschen der DDR abgeschraubt wurde.

Es geht weiter bergab. Auf 327 Meter Höhe ist der „Spitze Win-

Der Zorger Revierförster Kelka (l.) und der für den Naturschutz zuständige Förster des Forstamtes Clausthal-Zellerfeld Thiery (r.) zur Zeit der Bärwurzblüte auf der 100-Morgenwiese. Rechts Männliches Knabenkraut

kel“ erreicht, der so heißt, weil die Grenze hier eine Wendung von über 300 Grad macht. Der Kolonnenweg und der Harzer Grenzweg nehmen Kurs auf das Tal der Zorge. Der letzte Kilometer meiner Harzdurchquerung ist eingeläutet. 15 Minuten später sitze ich auf einer Pionierbrücke der Grenztruppen und lasse die Füße über der Zorge baumeln. Die Harzquerung ist geschafft. In einer Stunde bin ich in Walkenried. Doch der Harz wird mich auch in den nächsten Tagen nicht loslassen.

Kälbchen (Harzer Rotvieh) auf der 100-Morgen-Wiese

Drei Rundtouren am Ellrich-Zorger Grenzkamm

Von Walkenried aus geht es noch einmal in die Frontberge des Harzes, zur 100-Morgen-Wiese, zum Sanatoriumsort Sülzhayn und über den „Spitzen Winkel“ zum „Roten Schuss“. Auf der 100-Morgen-Wiese treffe ich zwei Förster, die berichten, warum sie mit Kühen die Waldwiesen offen halten. In Sülzhayn schaue ich mir verwunschene Villen an, die von Birken überwuchert werden und bewundere eine überbordende Rhododendronblüte. Am „Roten Schuss“ erfreue ich mich an der Aussicht und an einer Wander hütte, die im Top-Zustand ist.

Die 100-Morgen-Wiese von Zorge

Ich bin mit Herrn Thiery vom Forstamt Clausthal Kontakt und dem Revierförster von Zorge, Herrn Kelka verabredet. Treffpunkt ist Zorge, nahe der Spirituosenmanufaktur Hammerschmiede. Zusammen steigen wir über das Elstal zur 100-Morgen-Wiese hinauf. Johannes Thiery ist im Forstamt für den Naturschutz zuständig. Das Besondere: Er kümmert sich nicht nur um den Wald, sondern auch um den Erhalt der Bergwiesen.

„Es ist gerade einmal 50 Jahre her, da hat man im Harz noch jedes Fleckchen Grünland genutzt“, sagt Thiery, während wir über einen Waldweg bergan schreiten. „Wer sich keine Kuh leisten konnte, hat Ziegen gehalten. Wegen der Lebensmittelknappheit trachtete jeder danach, sein Nahrungs-

Bergplatterbse

Fuchssches Knabenkraut

budget durch Selbstversorgung aufzubessern, und sei es auch nur um ein bisschen Ziegenmilch." Wir erreichen den Rand einer großen Waldwiese, die sich über einen steilen Hang erstreckt, bis hinauf zum Staufenberg-Sattel, wo ehemals die innerdeutsche Grenze verlief.

„Stellen Sie sich mal vor", sagt Revierförster Kelka, „auf diesen unebenen und mageren Hängen haben die Leute im Sommer das Gras mit der Sense geschnitten, um ein bisschen Heu für den Winter zu gewinnen. An Düngen war hier nicht zu denken. Den Mist auf diese abgelegene Fläche hochzukarren und dann über dem steilen Hang zu verteilen, war einfach nicht drin. Schließlich waren das hier nur Feierabendbauern. Im Spätsommer haben die Leute dann ihr Vieh auf die Flächen getrieben, zur Nachweide."

Akelei

Neue Förster hat das Land (Niedersachsen)

„Da nicht gedüngt wurde, waren die Wiesen damals extrem artenreich und bunt", schwärmt Thiery, „doch mit dem Wirtschaftswunder verloren die Menschen das Interesse an der Kleinviehhaltung, und auch die Rindvieh haltenden Landwirte zogen sich langsam von den mühsam zu bewirtschaftenden Bergwiesen zurück", fügt er mit Bedauern hinzu. Damals wären die Harzwiesen zu Dutzenden unter den in Reih und Glied gepflanzten Fichten verschwunden, ergänzt Kelka und ich wundere mich über die beiden Forstbeamten, denn bisher dachte ich, dass sich Förster über Fichtenaufforstungen freuen. Als ich sie darauf anspreche, lacht Kelka:
„Da müssen Sie ihr Bild von den Förstern korrigieren. In Niedersachsen verfolgt man seit 1991 ein ökologisches Waldentwicklungsprogramm, für den Südharz bedeutet dies, mit Laubholz zu wirtschaften. Schauen Sie sich doch mal um. Ringsherum wunderbare Buchenwälder. Fichten gehören hier nicht hin."
„Auch nicht die großen, alten Fichten, die dort drüben über die Kronen des Laubwaldes herausragen?", wage ich einzuwerfen.
„O.K., als Beimischung kann die Fichte hier an einigen Stellen schon einmal natürlich sein, besonders in den Staulagen der Täler, wie an der Talenge dort unten, wo die Kaltluft nicht abfließt. Das sind auch besondere Fichten, wie Sie an den schmalen Kronen erkennen, Bergfichten, die viel Schnee ertragen. Aber Aufforstungen mit Fichten, und dann auch noch in Reih und Glied, kommen bei uns nicht mehr in Frage."
„So ähnlich haben wir das auch bei der 100-Morgen-Wiese gese-

hen", ergänzt Thiery, „die Hutefichten, die Sie hier sehen, stören uns nicht. Im Gegenteil, sie bereichern das Landschaftsbild. Aber geschlossene Fichtenbestände gehören nicht auf eine Waldwiese. Wir haben sie geräumt, damit die seltenen Pflanzenarten, wie die Orchideen und die Arnika, wieder Raum zum Wachsen bekommen."

„Sind die Hutefichten gepflanzt?", frage ich.

„Nein, die haben sich, nachdem man die Wiesennutzung aufgegeben hat, von allein eingestellt. Und die Gehölze wären mit der Zeit immer weiter vorgerückt und hätten irgendwann alle Blumen erstickt. Auch für die vielen Schmetterlinge hätte dies das Ende bedeutet. Naturschutz im Wald heißt, dass man sich auch um Bergwiesen, Moore und Bäche kümmert."

Wildkatze

„Lassen Sie uns kurz nach dort drüben gehen, wo wir im vorigen Jahr Fichten geräumt haben", schlägt Thiery vor, „dort können Sie sehen, wie schnell das Grün hoch kommt." Tatsächlich: Rund um die alten Fichtenstümpfe schießt das Kraut empor. Meist sind es Pionierpflanzen wie das Greiskraut, doch Thiery zeigt mir eine Stelle, wo die Akelei mächtig von der Auflichtung profitiert hat.

„Ja, und dann müssen sie erst mal Ende Mai oder im Juni hier sein, dann blühen hier zahllose Orchideen, die Arnika und das Kreuzblümchen. All diese seltenen Arten haben sich, nachdem wir mit der Beweidung begonnen haben, wieder gut entwickelt."

„Wird denn die Blütenpracht nicht von den Rindern zerstört?", frage ich.

„Nein, Almauftrieb ist erst Ende Juli, dann sind die meisten Blumen schon am Fruchten. Die Rinder bleiben dann sechs Wochen auf der Weide, die sind für uns Sensenersatz."

Holz ernten, Natur pflegen und Wildwuchs gewähren

„Wie kann ich meinen Lesern die 100-Morgen-Wiese nahe bringen?"

„Ganz einfach", antwortet Revierförster Kelka, „schicken Sie sie auf den Bergwiesenrundweg, den wir für die Wanderer markiert haben. Der führt nicht nur an der 100-Morgen-Wiese vorbei, sondern auch über die Planwiese, die dort oben auf der Höhe liegt. Zudem kommt man durch herrlichen Laubwald und dort unten durch das Totalreservat Staufenberg, ein großes Naturschutzgebiet, in das wir überhaupt nicht mehr eingreifen", Kelka zeigt zuerst auf die Talenge, dann links zur Kuppe des Staufenbergs. „Auch der Steilhang da drüben, der Südhang des Fuchsberges, gehört zum Waldschutzgebiet", Kelka deutet nach rechts. „Dort wachsen nicht nur Buchen, sondern auch Bergahorn, Ulmen, Eschen und Linden."

„Aber dort ist das Betreten des Waldes doch sicherlich verboten?", werfe ich ein.

„Natürlich, aber Sie sehen auch von den Wegen, die durch den Wald führen, genug. Und außerdem, das werden Sie sicherlich schon gemerkt haben, ist auch unser Wirtschaftswald ausgesprochen naturnah. Kahlhiebe führen wir schon lange nicht

Zorger Glockenhaus

mehr durch und wir übernehmen jeden spontan aufkommenden Aufwuchs. Auf diese Weise ist ein sehr reich strukturierter Wald entstanden. Dass unser Wald naturnah ist, beweist das Vorkommen der Wildkatze, die sich hier seit langem heimisch fühlt."
„Warum ist dieser schöne Wald dann nicht Teil des Nationalparks Harz geworden?", frage ich.

„Ganz einfach, weil es neben dem Nationalpark Flächen geben muss, die Holz produzieren, und da wir Holz auf naturnahe Weise produzieren, ist das eine prima Sache. Unsere Flächen bilden die Pufferzone, in die der Nationalpark eingebettet ist."
„Und außerdem", ergänzt Thiery, „hätten wir die 100-Morgen-Wiese, wenn sie zum Nationalpark gehören würde, auf keinen Fall beweiden dürfen. So aber dürfen wir das. Vielfalt hat Vorrang, auch im Umgang mit dem Wald".

Sülzhayn

Sülzhayn - das Davos des Nordens, so bezeichnete man zu Beginn des 20. Jahrhunderts den kleinen, am südlichen Harzrand gelegenen Ort. „Sülzhayn? Nie gehört! Ob man da nicht ein wenig hochgestapelt hat?" Kann sein, aber bei einem Gang durch Sülzhayn wird man bald bemerken, dass man hier einen ungewöhnlichen Ort vor sich hat.

Zugegeben, Sülzhayn hat bessere Tage gesehen. Eine gewisse Melancholie liegt über dem Dorf, wie sie wohl allen Orten eigen ist, in denen sich Lungenheilstätten befanden. Am Kurpark stehen ehemalige Sanatorien, einst prächtige Jugendstilbauten. Bei einigen muss man wohl die Hoffnung auf einen Neuanfang aufgeben. Die Fenster sind zerbrochen, das Dach leckt und in den verwilderten Parkanlagen, zwischen Rhododendronbüschen und verfallenen Pavillons, äsen die Rehe. Der Kurpark dagegen ist gepflegt, mit einem Überschwang an Rhododendren und einem Kurcafé, einem Nachwendebau, der mit viel Holz und Glas gestaltet wurde. Hinzu kommen zahlreiche wiederhergerichtete Fachwerkhäuser und - als Kontrast – eine neu errichtete Reha-Klinik. All dies zeugt von Aufbruchstimmung. Eine gute Idee, ein paar pfiffige Leute: Vielleicht kann der Ort wieder an Goldene Zeiten anknüpfen.

Die „Karriere" Sülzhayns hatte damit begonnen, dass die Knappschaft in den Bergen über dem Ort eine Heilstätte für lungen-

Eisenerzgrube in Zorge, Gemälde am Stolleneingang unter dem Glockenhaus

kranke Bergleute errichten ließ. Mitten im Wald entstand ein riesiger Neubaukomplex, der im Oktober 1898 seine Pforten öffnete. Bis 1914 schossen weitere, zum Teil recht exklusive Sanatorien aus dem Boden, eher an Villen erinnernd als an Heilstätten. Auf der Weltausstellung in St Louis im Jahre 1902 wurde Sülzhayn hierfür mit zwei Preisen bedacht. Auch in den folgenden Jahrzehnten florierte der Kurbetrieb. Erst die Teilung Deutschlands brachte Sülzhayn den „Karriereknick". Der Kurort lag nun mitten im Sperrgebiet, vom Knappschaftssanatorium bis zur Grenze waren es gerade einmal zwei Kilometer. „Hier haben se nur Rollstuhlfahrer hergeschafft, die konnten ja nich übern Grenzzaun abhaun in'n Westen", soll ein Bewohner von Sülzhayn zu Klaus Kleinau, einem begeisterten Harzwanderer, gesagt haben. (Klaus Kleinau, 2003: Mich brennt's in meinen Reiseschuh'n. Eine Liebeserklärung an den Ostharz in 10 Wanderungen.)

Warten auf den Investor, Sülzhayner „Rhododendron-Sanatorium"

Es erscheint müßig, an diesem Ort der Grenzgeschichte auf den Grund zu gehen. Man sollte sich bei der Erkundung von Sülzhayn auf das Hier und Heute konzentrieren und dazu gehört, auf die günstigste Zeitspanne für die Tour zu achten, die sich zwischen Ende Mai und Anfang Juni bewegt. Dann nämlich ist der Kurpark ein flammendes Blütenmeer in Lila und Rot, ein Erbe aus der Gründerzeit der Sanatorien. Seit 1996 feiert man in Sülzhayn um diese Zeit das Rhododendron-Fest und krönt die Rhododendron-Königin.

Blick vom Ellricher Rainberg auf das Grüne Band und die Südfront des Harzes

3. Etappe des Harzer Grenzweges

__Länge:__ bis Hohegeiß 25 km, nach Benneckenstein zusätzlich 3 km
__Steigungen:__ nennenswerte Anstiege am Wurmbergsattel und zwischen Sorge und Hohegeiß (beide jeweils ca. 90 Höhenmeter)
__Start:__ Brockengipfel, Marschrichtung Süd
__Ziel:__ die 600 Meter tiefer gelegene Bergstadt Benneckenstein im Mittleren Harz, knapp drei Kilometer abseits des Harzer Grenzwegs
__Zwischenstationen:__ die Bergorte Sorge und Hohegeiß
__Wegecharakter:__ überwiegend befestigte Wege und Kolonnenweg, vor Sorge ein kurzer Abschnitt über Stock und Stein
__Gastronomie:__ Kaffeehorst am Wurmberg, Sorge, Hohegeiß, Benneckenstein

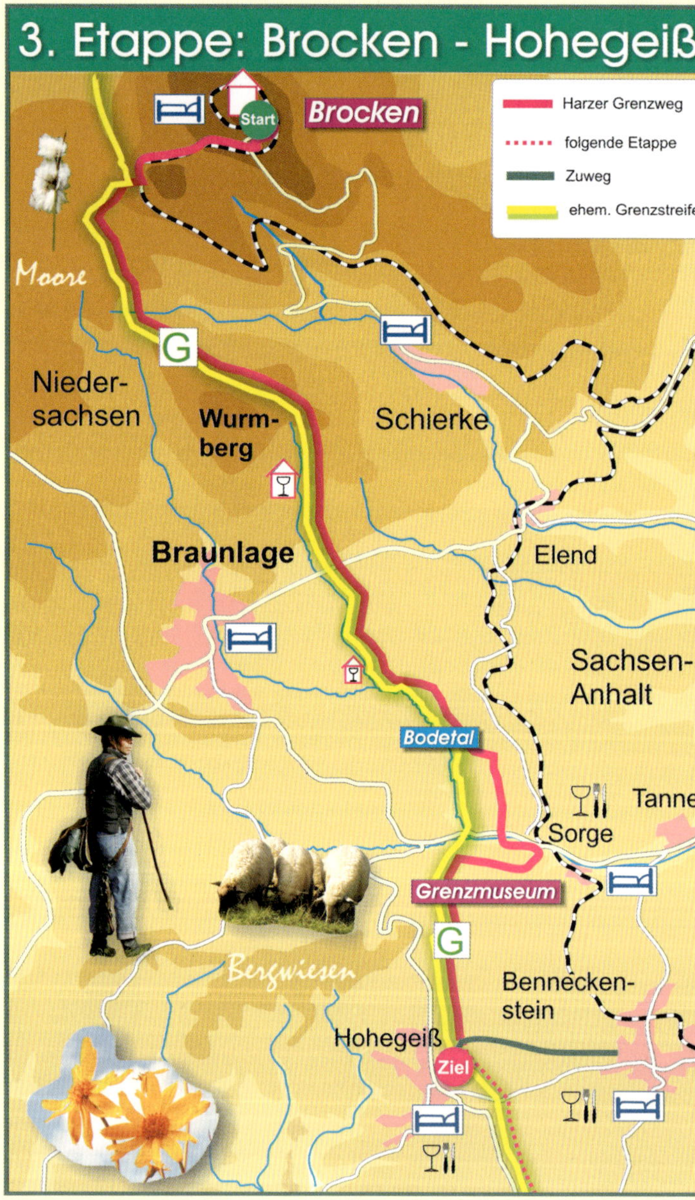

Vom Brocken über den Goetheweg Richtung Torfhaus. Auf den ersten Kilometern des Abstiegs sind Goetheweg und Harzer Grenzweg identisch. Kurz vor dem Eckersprung (dort befindet sich eine Wandernadelstempelstelle) trennen sich die Wege (km 3,5). Der Grenzweg bleibt dem Kolonnenweg treu. Nächste Landmarke ist der Dreieckige Pfahl (km 4). Weiter geht's auf dem Kolonnenweg in Höhen um 800 m. Am Sattel zwischen Wurmberg (West) und Winterberg (Ost) steht ein kurzer, aber heftiger Anstieg bevor. Nachdem man den Auslauf der Wurmbergschanze passiert hat (km 8), geht es wieder bergab. Nach knapp 1 km Abstieg kommt man an einer Schutzhütte mit Grenzweg-Wandernadel-Stempelstelle vorbei. Rechts, ca. 300 m abseits, liegt die Gaststätte „Kaffeehorst". Bei km 13 wird die Straße Braunlage - Elend gequert.

Bei km 15 hat man das Tal der Warmen Bode erreicht. Der Harzer Grenzweg zieht sich am linken

Talrand entlang. Nach ca. 2,5 km folgt der Grenzweg dem Kolonnenweg auf die talbegleitende Höhe (ein Anstieg von lediglich 10 Höhenmetern). Nach gut 1 km geht es hinunter ins Brunnenbachtal. Rechts auf den Radweg und auf der alten Bahnbrücke die Bode queren. Danach links über die Bundesstraße und am Zusammenfluss von Bode und Brunnenbach zum rechten Rand des nun Richtung Osten verlaufenden Bodetals. Auf einem schmalen Weg mit vielen Wurzeln zum Wanderparkplatz von Sorge (km 20). In Sorge gibt es Einkehrmöglichkeiten. Entfernung zur Ortsmitte ca. 500 m.

Für den Weiterweg ab Sorger Wanderparkplatz im spitzen Winkel nach rechts. Auf einem gut ausgebauten Wirtschaftsweg gelangt man zum Freiland-Grenzmuseum und dem Grenzdenkmal „Ring der Erinnerung" (km 22). Am Grenzdenkmal befindet sich eine Grenzweg-Wandernadelstempelstelle. Weiter auf dem Kolonnenweg Richtung Hohegeiß, ein Wegabschnitt mit mäßigem Anstieg. Kurz vor dem Ort wechselt der Grenzweg auf die niedersächsische Seite. In Hohegeiß bestehen mehrere Übernachtungsmöglichkeiten. Alternativ kann man in Benneckenstein übernachten (ca. 3 km).

Sorge - Hohegeiß und zurück

Von Sorge über das Freilicht-Grenzmuseum und den „Ring der Erinnerungen" nach Hohegeiß. Rückweg über das Ochsenbachtal („O") oder über die alte Straße Hohegeiß - Sorge („S").

Länge: *„O" 10 km, „S" 9 km*
Anstiege: *„O" 200 Höhenmeter, „S" 220 Höhenmeter*
Dauer: *3- 3½ Stunden*
Wegecharakter: *befestigte Wege, Plattenweg ,Straße*
Gastronomie: *Einkehrmöglichkeit in Sorge und Hohegeiß*

Start ist der Wanderparkplatz in Sorge in der Ebersbachstraße (Nä-

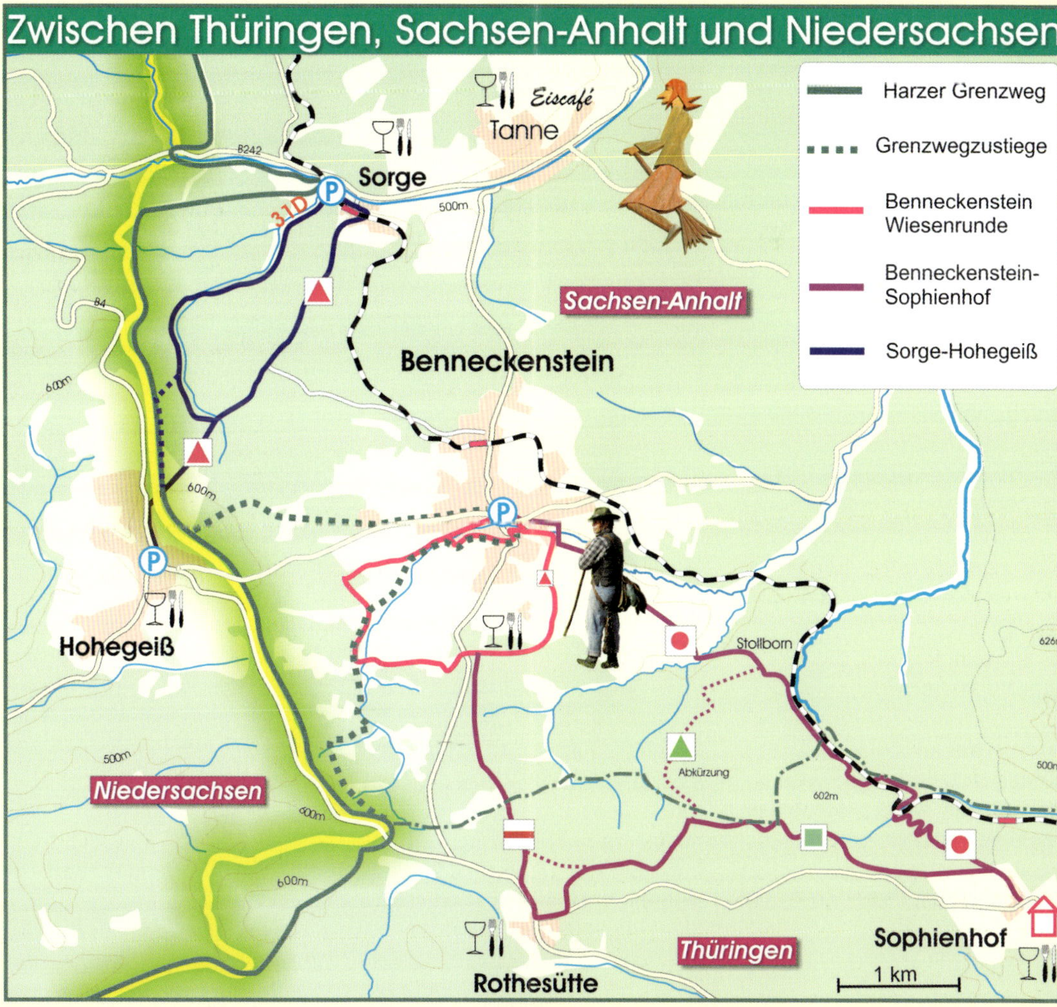

he Bahnbrücke). Der Weg zum Freiland-Grenzmuseum ist gut ausgeschildert und mit der Markierung des Harzer Grenzwegs versehen. Der Weg führt, leicht ansteigend, über Wiesen in 20-30 Minuten zu einem erhaltenen Abschnitt des Grenzsignalzauns. Weiter durch Fichtenforst. Nach knapp 1 km trifft man auf den ehemaligen Grenzkontrollstreifen mit Kolonnenweg, Wachturm und einem Stück des über 3 Meter hohen Streckmetallzauns, dem eigentlichen Grenzzaun. Über den Kolonnenweg in gut 300 m zur nächsten Station, dem „Ring der Erinnerungen". Weiter auf dem Kolonnenweg, nun aber in südlicher Richtung bis kurz vor Hohegeiß.

Der Harzer Grenzweg bleibt bei Hohegeiß dem Grenzstreifen treu. Wir queren die Landesgrenze und wandern nach Hohegeiß hinein. Über die Kirchstraße und die nach 200 m links abbiegende Lange Straße in die Ortsmitte. Weiter bis zum Pfarrhaus und von dort über den Pfarrweg hinauf zur Kirche. Damit ist die Ortsbesichtigung beendet. Über die Brockenblickstraße geht es hinauf zur ehemaligen Grenze, von wo aus man auf den höchsten Gipfel des Harzes schauen kann. An dieser Ecke wurden nach der Wende historische Grenzsteine aufgestellt. Links und auf dem Harzer Grenzweg bergab, bis nach knapp 400 m der alte Postweg das Grüne Band quert.

Jetzt heißt es Entscheidungen treffen: Entweder rechts dem alten Postweg nach Sorge folgen (Markierung: „Rotes Dreieck") - auf diesem Weg kommt man am Ende der Wanderung durch den Ort- oder dem Harzer Grenzweg noch knapp 1 km treu bleiben und erst am Sportplatz rechts ab und über einem Wanderweg (Markierung: „31 D") ins Ochsenbachtal. Durch das ehemalige Wiesental direkt zum Wanderparkplatz.

Stadtrundgang Benneckenstein nebst Bergwiesenwanderung

Länge: *längere Variante 6 km, kürzere Variante 4,5 km*
Anstiege: *ca.80 Höhenmeter*
Dauer: *2-3 Stunden*
Wegecharakter: *befestigte Wege, Rasenwege, Pfad*
Gastronomie: *Einkehrmöglichkeit im Waldschlösschen*

Die Wanderung beginnt mitten in der Stadt, an der Kurverwaltung („Straße der Einheit"). Über den kleinen Kurpark mit dem großen Gondelteich geht es auf dem „Bruno-Ellinger-Weg" zur Stadtkirche. Von dort steigt man über den „Wildenberg" hinunter zur „Unterstadt", einer Straße, der man links bis zum Ortsende folgt. Hier hält man sich rechts und folgt den Wanderwegzeichen durch das Tal der Rappbode und in die freie Flur hinaus.

Bis zur Rappbode geht es durch ehemals preußisches Territorium. Mit der Überquerung des Bachs betreten wir den ehemals zur Grafschaft Schwarzburg-Rudolstadt gehörenden Teil von Benneckenstein. Wären wir vor 1741 diesen Weg gegangen, hätten wir eine Staatsgrenze überschritten. Heute geht es ohne Schranken hinauf zum Pfeiferberg, wo es sich auf einer von Birken und Quitschen (Ebereschen) umstandenen Ruhebank wundervoll rasten lässt. Unter uns das von der Kirche dominierte Benneckenstein, zu beiden Seiten der Stadt Wiesen, Heide und sanfte Höhenzüge, dann Wald und dahinter die Silhouette des Brockens, flankiert vom Wurmberg und den Hohneklippen.

Wir wandern weiter in Richtung thüringische Grenze, die sich in 2 km Entfernung über die Randhöhen des Harzes zieht. Der Weg führt auf einen Fichtenwald zu, hinter dem sich das Wintersportzentrum von Benneckenstein mit Sprungschanze und Loipen verbirgt. Mit dem Traditionscafé „Waldschlösschen" hat dieser Ort auch im Sommer Anziehungskraft. Wir folgen der Zufahrt zum Café und überqueren nach ca. 200 m die Straßenverbindung Benneckenstein - Rothesütte, hinter der es wieder über Bergwiesen geht (Wanderwegweiser „Benneckenstein über den großen Rappenberg").

Nach ca. 500 m teilt sich der Weg. Wer nicht so weit laufen möchte, hält sich rechts und folgt dem Wegweiser „Benneckenstein" in das nur 1½ Kilometer entfernte Städtchen. Über einen Wiesenweg geht es oberhalb des Rappbodetals entlang. Im Juni und Juli sind die Hänge voller blauer Glockenblumen, gelbem Johanniskraut und pinkfarbenen Weidenröschen und übersät mit den weißen Dolden der Bärwurz.

Eine etwas längere Variante führt über einen mit Felsblöcken durchsetzten Hang in das Tal der Rappbode (den Wegweisern „Sülzhayn, Zorge und Hohegeiß" folgen). Man sollte langsam hinabsteigen, nicht weil der Hang gefährlich ist, sondern weil der Weg - oder vielmehr der Pfad - durch ein Schutzgebiet führt, wo Türkenbund, Arnika und zahllose Maiglöckchen blühen. Im Tal geht es auf einer schmalen Holzbrücke über die Rappbode, die durch aufgelassene Wiesen mäandriert. Die flach ansteigenden Hänge werden dagegen weiterhin gemäht. Der Weg ist hier von bunten Rainen gesäumt. Schmetterlinge fliegen umher, dazu einzeln stehende Fichten, deren Äste fast bis auf den Boden reichen. Nach einem kurzen Anstieg verschwindet der Weg in einem Fichtenforst. Kaum ist man in das Dämmerlicht des Waldes eingetaucht, trifft man auf ein Wegkreuz. Man hält sich rechts und ist ebenso schnell aus dem Wald heraus, wie man hereingekommen ist. Über Wiesen geht es zurück nach Benneckenstein.

Wer pfadfinderische Fähigkeiten besitzt, kann sich eine Abkürzung leisten und geradewegs über die Wiesen auf Benneckenstein zulaufen (in der Karte grün gestrichelte Linie). Auf diesem Weg trifft man inmitten knorriger Birken auf eine Naturbank, kommt am „Fuhrmannsbrunnen" vorbei und kann sich an den Feuchtwiesen der Rappbode mit ihren Trollblumen und dem rosa blühenden Schlangenknöterich erfreuen. Kurz vor Benneckenstein trifft man wieder auf den Hauptweg. Einziger Nachteil dieses „Weges": Er ist im Sommer, wenn das Gras hoch steht, nur schwer auszumachen.

Ob man nun die kürzere oder die längere Variante gewählt hat, am Ortseingang von Benneckenstein folgt man den Straßen „Oberbruch" und „Unterbruch" und stößt dann auf die „Nordhausener Straße". Um die Ecke (rechts in ca. 50 m) steht das ehemalige Rathaus des Schwarzburger Viertels. Im zweigeteilten Benneckenstein gab es selbstverständlich zwei Rathäuser. Über die Nordhausener Straße geht es hinunter zur Rappbode, hinter der die preußische Hälfte von Benneckenstein liegt. Doch es gab angeblich auch eine neutrale Zone, die „Freiheit", ein Hof, der auf ein freies Burglehen zurückgeht. In der Bevölkerung erzählt man sich, dass hier Übeltäter Unterschlupf fanden, weil sie weder von der einen noch der anderen Seite geschasst werden konnten. Zudem soll die „Freiheit" ein Ort des Schmuggels gewesen sein. Der Hausherr der „Freiheit" erzählte mir, dass die nun schon über 250 Jahre zurückliegende Teilung von Benneckensteins in einen preußischen und einen „thüringischen" Teil noch immer im Bewusstsein der Bevölkerung verankert sei. Als man nach der Wiedervereinigung Deutschlands darüber beriet, welchem Bundesland Benneckenstein zugesprochen werden sollte, hätten sich die Anwohner auf der ehemaligen Schwarzburger Seite mehrheitlich für den Anschluss an Thüringen ausgesprochen. Dass es anders kam, gehe auf das Mehrheitsvotum der auf der anderen Seite der Rappbode lebenden Einwohner zurück. Wenn man von der „Freiheit" über den „Teichdamm" bis zum zentralen Verkehrskreisel Benneckensteins geht, kommt man am preußischen Rathaus vorbei, dem leider der Abriss droht. Am Kreisel hält man sich rechts und schon ist man am Ausgangspunkt der Wanderung angelangt.

Benneckenstein – Rothesütte - Sophienhof und zurück

Länge: *14 km*
Anstiege: *ca. 200 Höhenmeter*
Dauer: *4-5 Stunden*
Wegecharakter: *überwiegend befestigte Wald- und Wiesenwege*
Gastronomie: *Einkehrmöglichkeit im Benneckensteiner Waldschlösschen, in Rothesütte und in Sophienhof*

Auf dem oben beschriebenen Wiesenweg wandert man von Benneckenstein zur Sprungschanze und zum Waldschlösschen. Von dort folgt man einer alten Poststraße in den thüringischen Grenzort Rothesütte (Markierung: „Roter Querbalken"). Oberhalb des Ortseingangs kann man es sich in der ehemaligen Kaserne bei deftiger thüringischer Kost und zu günstigen Preisen wohl gehen lassen, und zwar mit Blick auf „Almwiesen", auf denen Harzer Rotvieh grast. In Rothesütte folgen wir den Wegweisern nach Sophienhof (Markierung: „Grüner Punkt"). Nach 4 km Fichtenforst öffnet sich die Landschaft und vor uns liegt eine kleine, von Bergwiesen umgebene Ansiedlung, die wir über eine von Birken gesäumte Straße erreichen. Am Ortseingang rechts zur „Ziegenalm" der Familie Liebig, die (leider) in Tiroler Bauweise errichtet wurde.

Der Rückweg nach Benneckenstein führt auf einem Wanderweg mit der Markierung „Roter Punkt" durch ehemals gräflichen Wald. Unser Weg führt durch stille Waldtäler, in denen es jedoch passieren kann, dass man vom Pfeifen und Rattern der Harzquerbahn aufgeschreckt wird. Nach gut einer Stunde Marsch und einigem Auf und Ab steht man wieder am Rande der Benneckensteiner Bergwiesen. Ein schöner Wiesenweg führt direkt auf die kleine Stadt mit der großen Kirche zu.

4. Etappe des Harzer Grenzweges Hohegeiß – Walkenried

Länge: 16 km
Anstiege: ca. 120 m, meist Gefälle
Start: In Hohegeiß (alternativ von Benneckenstein)
Ziel: Das Kloster Walkenried
Wegecharakter: befestigte Wirtschaftswege, Kolonnenweg, Graswege und gut begehbare Pfade
Gastronomie: am Anfang und am Ende der Strecke

In Hohegeiß über die Benneksteiner Straße zur direkt am Ortsrand verlaufenden Landesgrenze. Dort rechts auf den Harzer Grenzweg, der dem ehemaligen Kolonnenweg folgt. Doch man muss keine Betonplatten treten. Bis zum 3 km entfernten Jägerfleck, wo der Dreiländerstein steht, hat man den Lochbeton entfernt. Am Dreiländerstein befindet sich eine Grenzweg-Wandernadel-Stempelstelle. Hier wurde im Mai 2007 der Harzer Grenzweg eingeweiht.

Bei Übernachtung in Benneckenstein über die Straße Unterbruch und Oberbruch aus der Stadt hinaus. Über Bergwiesen und durch Fichtenforste ca. 2 km der Markierung: „Roter Balken" folgen. Man stößt auf einen befestigten Forstweg. Hier links den Markierungen „rotes und grünes Kreuz" folgen, zum knapp 1½ km entfernten Jägerfleck bzw. dem Dreiländerstein.

Am Jägerfleck läuft die Bundesstraße 4 vorbei. Man quert vorsichtig die Straße und gelangt auf einen in Thüringen liegenden Wanderparkplatz. Von hier aus folgt der Harzer Grenzweg zunächst 300 m dem Kolonnenweg. Am ehemaligen Botho-Schacht (Info-Tafel) zweigt er links auf einen schmalen Grasweg ab, der weiter unten auf den Ilfelder Stieg mündet und zum Ehrenplan führt (km 6). Am Rande der Ehrenplan-Freifläche steht eine Schützhütte des Harzklub-Zweigvereins Sülzhayn.

Am Ehrenplan trifft man wieder auf den Kolonnenweg. Doch der Harzer Grenzweg lässt den Lochbetonplattenweg links liegen und folgt dem alten Weg auf dem Ellrich-Zorger-Grenzkamm, der ziemlich genau auf der ehemaligen Demarkationslinie zwischen Deutschland „Ost" und Deutschland „West" verläuft. Der Weg ist über weite Strecken als Pfad realisiert, der jedoch immer gut zu gehen ist, auch bei Gefälle. Auf den ersten 2 km des Kammweges ist das Gefälle noch unwesentlich. Ab der Wendel-Eiche (Schutzhütte mit Wandernadel-Stempelstelle) beginnt der eigentliche Abstieg. Dabei passiert man die Zweiländer-Eiche, an der sich eine schwarz-rot-goldene Sonderstempelstelle der Harzer Grenzweg-Wandernadel befindet. Am „Spitzen Winkel" stößt man wieder auf den Kolonnenweg. Man folgt dem Plattenweg, der in gut 1 km hinunter ins Tal der Zorge führt (km 13). Weiter auf dem Kolonnenweg. Neben einer auf der niedersächsischen Seite liegenden Fabrik wird die Straße Zorge - Ellrich gequert. Dann geht es über Wiesen hinüber zum 273 m hohen

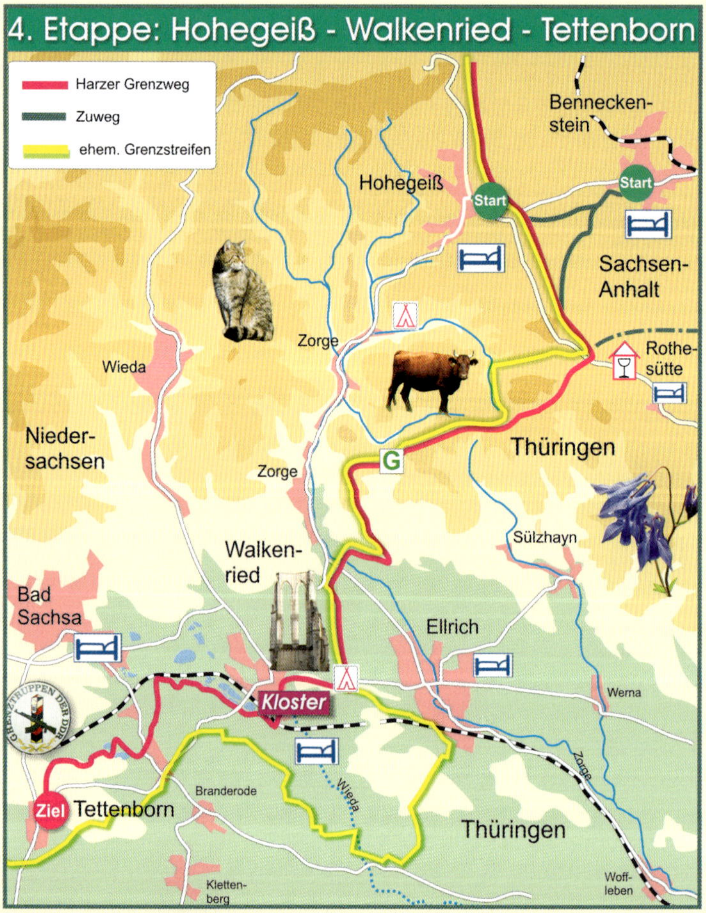

Rainberg, einem Höhenzug des Gipskarstes (km 14). Nach einem kurzen, aber steilen Anstieg löst sich der Grenzweg vom Grünen Band. Letzteres zieht nach links, Richtung Ellrich, der Grenzweg wendet sich nach rechts, Richtung Walkenried. Auf einem Wirtschaftsweg geht es durch die Feldflur, dann kurz durch Wald. Nach ca. 2 km steht man vor den Mauern des Klosters Walkenried, dem Ziel der 4. Etappe.

Die Zorger Bergwiesentour

Länge: *5 km*
Anstiege: *150 Höhenmeter*
Dauer: *2-3 Stunden*
Wegecharakter: *befestigte Wege*
Gastronomie: *In Zorge und am Waldschwimmbad*

Beste Zeit für diese Tour ist Ende Mai bis Ende Juni. Dann stehen die Bergwiesen in voller Blüte. Man startet am Parkplatz hinter dem Zorger Waldschwimmbad und folgt einem Forstweg, der neben dem Bergwiesen-Emblem mit einen grünen Dreieck markiert ist. Es geht steil bergauf, bis man auf 500 m Höhe eine Verebnung erreicht. Hier liegt die verwunschene Planwiese (1), die von der Forstverwaltung offen gehalten wird. An einer Schutzhütte biegen wir links ab, und folgen der Bergwiesen-Markierung hinunter ins Elsbachtal. Nach ca. 250 m treffen wir auf einen Forstweg, auf dem wir talwärts laufen. Wenig später gelangt man an eine Stelle, an der man auf den Gegenhang blicken kann, wo sich der hintere, erst vor kurzem frei geschlagene Teil der 100-Morgen-Wiese (2) befindet. Was man aus der Entfernung nicht sehen kann: Die artenreiche Wiesenvegetation ist im Begriff, sich wieder einzustellen. Die Wiesenkräuter haben - in Form von Samen - die Zeit der Beschattung überdauert. Dass das Beweidungsmanagement die gewünschte Wirkung hat, zeigt sich vor allem am unteren Ende der 100-Morgen-Wiese (3). Neben Pflanzen, die lichte Wälder oder den Waldsaum bevorzugen, wie Akelei und Rapunzel, blühen hier echte Wiesenpflanzen. Dominierend ist die Bärwurz, die mit ihren weißen Blütendolden den gesamten Hang überzieht. Dazwischen blaue Blütentupfer des Storchschnabels und unten, im Bereich des Baches, goldgelbe Trollblumen.

Der Weg führt wieder durch Wald. Wir passieren die Talenge zwischen Staufenberg und Fuchsberg und laufen ein kurzes Stück durch das Totalreservat, das Revierförster Kelka beschrieben hat. Rechts erheben sich die wilden, von Felsen durchsetzten Hänge des Fuchsberges, in dem die Natur schon seit langem machen darf, was sie will. Entsprechend urig und baumartenreich präsentiert sich der Wald. Hier wachsen Bergahorn, Linde, Esche, Buche und Ulme wild durcheinander. Hier blinken im Herbst die silbernen Schoten der Viole.

Am Ende der Talenge erreichen wir die Wald-Info-Tafel, an der der Pfad hinunter nach Zorge führt.

Im Ort halten wir uns rechts und nicht etwa links, denn in diese Richtung geht es zur Spirituosenmanufaktur „Hammerschmiede", wo man Harzer Kräuterbitter verkosten kann. Wir folgen lieber der Hauptstraße durch das Geschäftszentrum und gelangen so zu dem liebevoll gepflegten Kurpark. Hier quert man das Flüsschen Zorge und über Treppen geht es hinauf zu einem felsigen Sporn, auf dem die Zorger Bürger ihr Glockenhaus (4) errichtet haben. Ein Kirchturm mit Glocken hätte im engen und gewundenen Zorgetal wenig Sinn gemacht. Der Klang der Glocken hätte nur einen Teil des 4 km langen Ortes erreicht. Am Fuße des Glockenturmberges kommt man am Eingang eines alten Stollens vorbei, wo bis Ende des 19. Jh. Eisenerz gefördert wurde. Das Erz wurde in Zorge verhüttet und das Roheisen im Ort verarbeitet. Stolzes Produkt der Zorger Eisenindustrie war die 1842 gebaute Lok „Zorge", die erste deutsche Lokomotive der Braunschweigischen Staatsbahn. Über den „Langen Weg" gelangt man - nahezu hangparallel - vom Glockenturm zum Schwimmbad-Parkplatz, dem Ausgang der Bergwiesen-Rundtour.

Weiterführende Informationen zum Naturschutz in den niedersächsischen Harzforsten erhält man im Forstamt Clausthal, bei Johannes Thiery, Tel. 05323-9361-22, 0170-9214641. Zudem lohnt es sich, unter www.landesforsten.de im Internet nachzuschauen. Dort werden Projekte vorgestellt und man kann sich über das aktuelle Angebot an Waldführungen informieren.

Sülzhayn – Harzer Grenzweg und zurück

Länge: *12 km*
Anstiege: *ca. 320 Höhenmeter*
Dauer: *2-3 Stunden*
Wegecharakter: *befestigte Wege, Pfade, kurze Abschnitte Lochbetonplattenweg*
Gastronomie: *Am Kurpark von Sülzhayn*

Start der Wanderung ist das Kurcafé in Sülzhayn. Über die Doktor-Kremser-Straße und die Carl-

Rundtouren am Zorger - Ellricher Grenzkamm

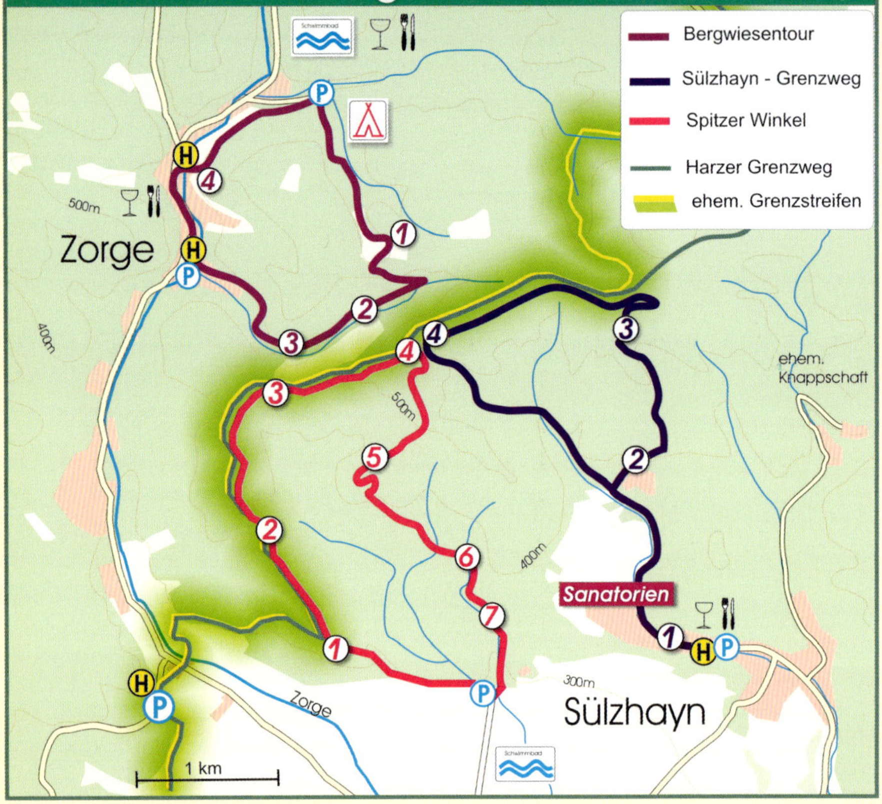

von-Ossietzky-Straße wandern wir durch den Teil Sülzhayns, in dem sich der Kurbetrieb konzentrierte. Rechts und links der Straße stehen die ehemaligen Sanatorien (1). Wir folgen der Markierung „Blaues Kreuz" durch das Tal der Sülze bis zu dem renovierten Parkhotel, einer 1912 erbauten Jugendstilvilla, die den Sprung in das neue Zeitalter geschafft hat (2). Direkt hinter dem Hotel zog sich der Grenzsignalzaun den Hang hinauf. Hier war die Welt für die Bewohner des Sperrgebietes und die verbleibenden Kurgäste zu Ende. Wir biegen rechts ab und folgen der ehemaligen Grenztrasse bergan bis zu einem breiten Platz, wo ein Forstweg mit der Markierung „34 Q" links abbiegt. Dieser Weg führt steil bergauf, wird schmaler und trifft schließlich auf der Höhe auf den Kolonnenweg. Wir halten uns rechts und folgen den Lochbetonplatten bis zu einer Ruhebank, von der der Blick hinüber nach Hohegeiß und dem dahinter aufragenden Brocken geht (3).

Der Kolonnenweg führt ein kurzes Stück bergab, um gleich darauf doppelt so steil wieder anzusteigen. Junge Birken und von Moos überzogene Flächen begleiten den Weg. Überall schaut nackter roter Boden hervor. Die Grenztruppen hatten hier den fruchtbaren Oberboden abgeschoben, um den Aufwuchs im Zaum zu halten. Es wird noch Jahrzehnte dauern, bis sich wieder eine neue Humusschicht gebildet hat. Bis dahin ist der ehemalige Grenzstreifen ein Dorado für lichtliebende Pflanzen und Insekten. Die Steigung des Kolonnenweges ist enorm, ebenso das anschließende Gefälle. Die Grenzsoldaten müssen sich in ihren Patrouillefahrzeugen wie auf einer Achterbahn gefühlt haben.

Der Ehrenplan und der Harzer Grenzweg werden erreicht. Wir halten uns links und folgen dem Grenzweg bis zum Abzweig „Schwangere Jungfer" (4). Der Abzweig ist gut ausgeschildert. Von der „Schwangeren Jungfer" folgt man dem „Jungfernpfad" bis zum nahen Kolonnenweg und steigt dann, der Markierung „Grünes Kreuz" folgend, durch Buchenwald ab. Man gelangt so in das Tal der Sülze und trifft dort wenig später auf das Sülzhayner Parkhotel. Von dort ist der Rückweg mit dem Hinweg identisch.

„Spitzer Winkel"

Länge: 10 km
***Anstiege:** 280 Höhenmeter*
***Dauer:** 3-4 Stunden*
***Wegecharakter:** befestigte Wege, Pfade, Lochbetonplattenweg*
***Gastronomie:** keine Einkehrmöglichkeit, Gaststätten an der Zufahrt im 1 km entfernten Ellrich*

Die Tour „ Spitzer Winkel" beginnt am Rande des Ellricher Stadtwaldes, auf einem Wanderparkplatz, den man erreicht, wenn man in Ellrich der Beschilderung in Richtung Schwimmbad folgt. Vom

Ortsende (Sülzhayner Straße) geht es schnurgerade durch die Feldflur, bis zum Wanderparkplatz. Wer vorher ohne Ozon- oder Chlordusche in weichem, naturbelassenem Wasser schwimmen möchte, biegt auf halber Strecke rechts ab. In 1 Minute ist das Ellricher Schwimmbad erreicht.

Zu DDR-Zeiten gab es den Wanderparkplatz natürlich nicht, denn Ellrich lag im Sperrgebiet, und der Wald in Richtung Zorge durfte nur von bestimmten Personen und auch nur nach Anmeldung und unter Bewachung betreten werden. Heute durchziehen zahlreiche markierte Wanderwege den Stadtwald. Wir wählen den Weg, der vom Parkplatz aus links am Waldrand entlang auf die ehemalige Grenzlinie zuläuft. Nach ca. 500 m erreicht man eine Wanderwegkreuzung, an der man sich geradeaus hält. Anschließend wird ein sumpfiges Tal gequert, hinter dem sich der Wanderweg in den Wald hineinzieht, wo man in wenigen Minuten den Kolonnenweg und den Harzer Grenzweg erreicht. Wir sind am „Spitzen Winkel" (1). Hier löst sich der Grenzweg vom Kolonnenweg, um bis hinauf zum Ehrenplan der ehem. Demarkationslinie zu folgen. Auch wir lassen den Kolonnenweg rechts liegen und folgen dem Harzer Grenzweg.

Im Abschnitt „Spitzer Winkel" und im Bereich der Wendel-Eiche existieren noch Reste des Stacheldraht-Doppelzauns der 60er Jahre. Unmittelbar hinter dem „Spitzen Winkel" entdeckt man, mitten im Wald, die ersten Betonpfosten, an denen noch Reste des Stacheldrahts hängen. Für die Errichtung des Doppelzauns hatte man eine 50 m breite Schneise durch den Wald geschlagen, die bis zum Bau der „modernen" Grenze gehölzfrei gehalten wurde. Danach ließ man wachsen, was wollte. Vor allem Birken siedelten sich an, daneben auch Kiefern und einige Fichten, und bald stand der alte Doppelzaun mitten im Wald. Der ehemalige Grenzstreifen mit der Betonpfosten-Doppelreihe ist vom Grenzweg aus nicht immer zu sehen, denn auch der Doppelzaun folgte nicht allen Windungen der Grenzlinie.

Nächste Station sind die Zweiländereiche (2) und der Staufenbergsattel. Ein Abzweig vom Grenzweg führt hinüber nach Niedersachsen an den Rand der 100-Morgen-Wiese. An dieser aussichtsreichen Stelle, die den Namen „Stiefmutter" führt, steht eine Schutzhütte (3). Ab dem Staufenbergsattel wird der Grenzweg zum Pfad, der immer hart auf der Kammlinie verläuft. An der Wendel-Eiche (4) empfiehlt es sich, Rast zu machen. Hier befinden wir uns auf dem höchsten Punkt unserer Tour. Bei schlechtem Wetter kann man in einer Schutzhütte unterschlüpfen. Bei klarem Wetter ist der Brocken zu sehen. Der Brockenblick befindet sich ca. 50 m hinter der Wendel-Eiche, direkt am Grenzweg.

Zum Abstieg wendet man sich nach rechts und folgt zunächst der Markierung „Blauer Punkt". Der Kolonnenweg wird überquert und auf einem Kolonnenweg-Zubringer geht es in mäßigem Gefälle ca. 300 m bergab, bis zu einem Wegweiser mit der Aufschrift „Roter Schuss". Von hier aus rechts und über einen unbefestigten Weg (Markierung: „Roter Punkt") durch Fichtenwald steil den Berg hinunter. Halten Sie sich geradeaus. Die nach rechts und links abbiegenden Wanderwege führen letztlich zwar auch zum Ellricher Wanderparkplatz, doch es wäre es schade, wenn man den „Roten Schuss" versäumt. Nach dem Abstieg führt der Weg noch einmal ein kurzes Stück bergan, um kurz darauf umso steiler abzufallen. Man erreicht eine Verebnung, auf der große, zum Teil von Baumpilzen befallene Buchen das Waldbild prägen. Gut 100 m weiter trifft man auf eine Schutzhütte, die nahe einer Abbruchkante steht, dem „Roten Schuss" (5). In der vom Harzklub-Zweigverein Ellrich betreuten Hütte, die zugleich Stempelstelle für die Harzer Wandernadel ist, kann man herrlich Picknick machen. Zudem kann der Wanderer auf einem Holzbrett an der Hüttenwand ganz offiziell seinen Namen einritzen, inklusive Verweildatum. Wenn man sich über das Geländer beugt, das man vor der Hütte angebracht hat, blickt man auf rötlichen Porphyr, ein Gestein vulkanischen Ursprungs aus der geologischen Frühzeit des Harzes.

Über einen Zickzackpfad geht es am Rande des Steilabsturzes hinunter. Man folgt der Markierung „Roter Punkt" und erreicht in ca. 750 m den „Hellen Fleck", wo eine weitere Schutzhütte steht (6). Zwei Wege führen von hier aus in wenigen Minuten zum Ausgangspunkt der Tour: der eine links durch ein Tal, der andere geradeaus über einen Bergrücken. Auf dem Talweg trifft man nach ca. 500 m auf eine links vom Hang hinunterkommende Schneise, auf der sich der Grenzsignalzaun entlang zog (7).

Durch die Karstlandschaft des Südharzes

Sattelkopf bei Hörningen

Das Kloster Walkenried

Heiliger Bernhard (Miniatur)

Es gibt wohl kaum einen anderen Ort am Grünen Band, wo Natur, Kultur und Geschichte so miteinander verwoben sind wie im Umfeld des Zisterzienserklosters Walkenried. Das Kloster mit seinem Kreuzgang und der Ruine der Klosterkirche nimmt jeden Besucher gefangen und die Landschaft ist in weitem Umkreis vom Wirtschaften der Mönche geprägt. Das Wirken des Klosters Walkenried war eine Erfolgsgeschichte, die über 200 Jahre währte und von einem für diese Zeit revolutionären Geist getragen wurde. Sie begann im Jahre 1127, als zwölf Mönche und ein Abt vom Zisterzienserkloster Kamp am Rhein in den Südharz zogen, um hier ein Tochterkloster zu gründen. In der Nähe des Ortes Sachsa war ihnen im Ried des Flüsschens Wieda Land zugesprochen worden, ein Terrain, wie sie es suchten. Hier konnten sie sich als Pioniere betätigen. Die Kampener waren voller Tatendrang. Ihr Orden, der sich die Erneuerung des Kosterlebens auf die Fahnen geschrieben hatte, war gerade 25 Jahre alt.

Die mitreißenden Predigten des Bernhard de Clairvaux

Der Elan der Zisterzienser kam nicht von ungefähr. Die Gründung ihres Ordens vollzog sich in unruhigen Zeiten: Pabst und Kaiser stritten sich um die Macht im Heiligen Römischen Reich, das Abendland rüstete zu den Kreuzzügen und in Frankreichs Klöstern brodelte es. Junge Mönche wandten sich gegen den Pomp und die Ausschweifungen der etablierten Klöster. Die alte Benediktsregel „Ora et labora" (Bete und arbeite) war in Vergessenheit geraten. Man war mit der Ausschmückung der Liturgie beschäftigt, trug golddurchwirkte Messgewänder und feierte das Abendmahl mit goldenen Kelchen. Kaum jemand dachte noch daran, mit eigener Hände Arbeit gottgefällige Werke zu tun. Robert von Molesme, Abt im burgundischen Tonnère, setzte sich an die Spitze einer Protestbe-

Kreuzgang des Klosters Walkenried

Zisterzienser bei der Arbeit, Handschrift aus Citeaux, 12. Jahrhundert

wegung, die die Rückbesinnung auf das Armutsideal und die Konzentration auf das Wesentliche forderte. Im Jahre 1098 verließ er mit 21 Gefährten sein Heimatkloster, um in der Einöde von Cîteaux, südlich von Dijon, ein Kloster zu gründen, wo die Mönche Askese übten und nach dem Gebet Arbeit verrichteten. Ein neuer Orden entstand, der sich nach dem Gründungskloster Cîteaux Zisterzienser nannte.

Richtig in Schwung kamen die Zisterzienser aber erst, nachdem Bernhard de Clairvaux (1090-1153) die Leitung des Klosters von Cîteaux übernahm – daher auch der Name „Bernhardiner". Bernhard entwickelte aus den asketischen Idealen, dem Stolz der Armut, ein neues Programm für das Klosterleben und einen Stil für die Gestaltung der Klostergebäude, der alles Figürliche vermied und sich stattdessen auf Proportionen und Harmonie konzentrierte. Bernhard war zudem eine charismatische Persönlichkeit, der mit seinen hinreißenden Predigten Mönche wie Laien gleichermaßen begeisterte. Als Bernhard im Beisein von Kaiser Heinrich V. in Speyer predigte, jubelten ihm Tausende zu. Bald fieberten auch in Deutschland junge Menschen danach, als Zisterzienser zu leben und gottgefällige Werke zu tun. Und so wurde im Jahr 1023 in Kamp am Rhein das erste Zisterzienserkloster gegründet und nur vier Jahre später das Kloster Walkenried.

Zisterzienser machen Land urbar

Die Mönche waren nicht in die Weltabgeschiedenheit und Einsamkeit eines heidnischen Landes gezogen, schließlich lag das Kloster Walkenried im Südharz, der

Berbaulandschaft, Gemälde von Hans Hesse, 1506, auf der Rückseite des Bergaltars der St. Annenkirche in Annaberg-Buchholz (Sachsen)

Fragment des Chors der Walkenrieder Klosterkirche

damals Teil einer Königslandschaft war. Hier befand sich das Krongut der deutschen Könige. Die von Heinrich I. gegründeten Pfalzen Pöhlde und Nordhausen lagen jeweils nur einen halben Tagesritt vom Kloster entfernt, und nur eine Fußstunde von Walkenried hatte König Heinrich IV., gut 50 Jahre zuvor, eine Reichsburg zum Schutz seines Herrschaftsgebietes errichten lassen. Die Zisterzienser fanden im Südharz ein reiches Betätigungsfeld. Die sumpfigen Niederungen des Helmetals und das flachwellige Land südlich von Nordhausen warteten darauf, urbar gemacht zu werden. Sie rodeten die Auewälder, entwässerten die Sümpfe und schufen Ackerland, das zwischen Harz und Kyffhäuser so fruchtbar war, dass es den Namen Goldene Aue erhielt.

Zisterzienser engagieren sich im Berg- und Hüttenwesen

Die Walkenrieder Zisterzienser waren auch technisch versiert. Das Wasser der Harzbäche Wieda und Zorge nutzten sie nicht nur als Antrieb für Getreide- und Walkmühlen, sondern auch für den Aufbau von Schmiedehämmern. Die Entstehung von Hüttenbetrieben und Bergwerken ließ denn auch nicht lange auf sich warten. Mitte des 13. Jahrhunderts ließen die Walkenrieder Mönche an der Zorge eine Eisenhütte errichten. Über Schenkungen und eine planmäßige Grunderwerbspolitik sicherte sich das Kloster weitere Hütten- und Bergwerkstandorte, u.a. das Rupenbergrevier zwischen St. Andreasberg und Braunlage. Einen großen Coup landeten die Zisterzienser, als ihnen Kaiser Friedrich Barbarossa im Jahre 1188 Anteile an dem höchst lukrativen Silber- und Kupferbergwerk Rammelsberg bei Goslar bestätigte. Die Kupfererze ließen die Mönche in das wasser- und holzreiche Tal der Warmen Bode transportieren, wo sie, wie wir bereits erfahren haben, das Erz verhütten ließen. Das Walkenrieder Kloster entwikkelte sich so zu einem führenden Unternehmen im Harzer Montanwesen, das seine Aktivitäten längst nicht mehr auf die Umgebung von Walkenried beschränkte.

Prachtvoller Kirchenbau für demutsvolle Mönche

Es mag der Eindruck aufkommen, dass es sich beim Kloster Walkenried im Wesentlichen um ein Wirtschaftsunternehmen gehandelt hat. Bergbau, Hüttenwesen und Landwirtschaft kennzeichneten aber nur die eine Seite des Klosterlebens. Gemäß dem Leitspruch „Bete und arbeite" kümmerten sich die Mönche natürlich auch um das geistige Leben. Unmittelbar nach der Klostergründung begann man - noch ganz im Geiste der Ordensphilosophie - mit dem Bau einer bescheidenen Kirche, die 1137 geweiht wurde. Der wirtschaftliche Erfolg ihres Unternehmens erfüllte die Mönche jedoch mit so viel Stolz, dass sie 80 Jahre nach Klostergründung Teile ihrer demutsvollen Regeln beiseite stellten und mit der Errichtung eines gotischen Monumentalbaus begannen. Bis 1350 entstand eine Kirche, die sich weit und breit sehen lassen konnte und die auch noch als Ruine unsere Bewunderung erregt.

Modell des Klosters

Vom Fall des Walkenrieder Klosters

„Wisset, dass es drei Dinge gibt, die dem Allerhöchsten besonders missfallen: der Luxus der Bauwerke, die Künstelei im geistlichen Gesang und die allzu ausgedehnten geistigen Ländereien." So hatten es die Väter der Zisterzienser noch Ende des 12. Jahrhunderts im großen Exordium von Cîteaux formuliert. Von diesen Vorgaben hatte man sich in Walkenried inzwischen weit entfernt. Auf Hochmut folgt bekanntlich der Fall: Mitte des 14. Jahrhunderts brach im Harz die Pest aus. Der Bergbau kam zum Erliegen. Das Montanwesen, das Kerngeschäft des Klosters, das schon zuvor erste Krisen durchgemacht hatte, brach zusammen. Auch das zweite Standbein des Klosters, die Landwirtschaft, warf nicht mehr das ab, was sich Abt und Mönche wünschten. Das Wüten der Pest hatte die Bevölkerung in ganz Deutschland erheblich dezimiert und die Getreidepreise fallen lassen. Das Kloster versuchte, die Misere durch Zinsgeschäfte auszugleichen. Doch Walkenried hatte seinen Zenit überschritten, nicht nur in wirtschaftlichem Sinne. 1519 schrumpfte der Walkenrieder Klosterkonvent auf das zulässige Minimum von zwölf Mönchen und einem Abt.

Die Bauernaufstände im Jahre 1525 haben dem Kloster Walkenried dann Wunden geschlagen, von denen es sich nie wieder erholen sollte. Die Bauern verwüsteten das Kloster und vertrieben die Mönche, die es gerade noch schafften, die Urkunden in Sicherheit zu bringen. Die wertvolle Buchsammlung fiel den wütenden Bauern zum Opfer, die mit den Folianten die sumpfigen Stellen der Straßen ausbesserten. Als der Sturm vorüber war, kehrten die Mönche zurück. Doch die Bauern hatten den Dachreiter der Klosterkirche zerstört, was zum Einsturz des Kirchendachs führte. Zur Blütezeit des Klosters wäre das kein Problem gewesen, binnen kurzer Zeit hätte man einen neuen Dachreiter errichtet. Doch die Zeiten standen auf Umbruch. 1546 traten die verbliebenen Mönche zum lutherischen Glauben über, womit das Kloster seinen zisterziensischen Charakter verlor. Das endgültige Aus kam Ende des Dreißigjährigen Krieges. 1648 wurde der protestantische Konvent des Klosters Walkenried aufgehoben, es fiel an Braunschweig.

In den folgenden 170 Jahren wurde die ehemalige Klosterkirche zum Steinbruch. Das Fragment des Chors und Teile von Westfront und Seitenschiff sind alles, was von der Klosterkirche übrig geblieben ist. Die Ruine ist dennoch beeindruckend, was nicht zuletzt auf die Dimensionen zurückzuführen ist: Der Raum zwischen dem Chor und der Westfront ist mit 90 Metern fast so groß wie ein Fußballfeld. Ende des 17. Jahrhunderts hatte man in der Ruine sogar ein Gehöft angelegt. Die Steine, die der Walkenrieder Klosterkirche fehlen, findet man übrigens in der Johanniskirche der Nachbarstadt Ellrich, in der Blasius- und der Jacobikirche in Nordhausen, in den Kirchen der nahe gelegenen thüringischen Dörfer Woffleben und Mackenrode sowie in dem 1725-1727 auf dem Klostergelände errichteten herzoglichen Jagdschloss.

Erdfälle und Karsthöhle mit Karstbach

Mit dem Beginn der Romantik entdeckten Künstler das im Verfall begriffene Kloster. Es gelang, der weiteren Zerstörung Einhalt zu gebieten. Die Klausur, d.h. die den Mönchen vorbehaltenen Räumlichkeiten mit dem Kreuzgang, dem Dormitorium (Schlafsaal), dem Refektorium (Speisesaal), dem Brunnen- und Abthaus, dem Brüdersaal sowie dem ehemaligen Kapitelsaal blieben so vollständig erhalten und können heute besichtigt werden. Herausragend ist der frühgotische Kreuzgang, durch den zu wandeln es ein Genuss ist. Der durch eine Säulenreihe gliederte Raum ist schlicht gehalten; Farbschmuck, Putz, Bilder und Glasmalereien widersprachen der asketischen Haltung der Zisterzienser und waren nicht erlaubt. Doch der Zuschnitt des Raumes, der Lichteinfall durch die hohen Fenster und die ornamentale Verzierung der Säulenkapitelle machen dies bei weitem wett.

Im Dormitorium und im Abthaus wurde ein modern gestaltetes Klostermuseum eingerichtet, in dem die Mönche - unter Einsatz von Audio- und Lichttechnik - als Manager und Arbeitgeber, als Schöpfer „industrieller" Produktionsformen und als Verwaltungsspezialisten mit eigener „Betriebsphilosophie" dargestellt werden. Hier wird von dem Programm „Ora et labora" erstmals konsequent der Teil „labora" beleuchtet, was im Hinblick auf das Wirken des Klosters angemessen erscheint.

Kontakt: Tel.: 05525 - 13 54,
info@kloster-walkenried.de,
www.kloster-walkenried.de

Die Mönchsteiche und der Gipskarst

Zu den Regeln des Mönchslebens gehörte das Fasten und - damit verbunden - die Fastenspeise, in der Fisch die zentrale Rolle spielte. Mit 80 Mönchen und 180 Laienbrüdern benötigte das Kloster Walkenried davon gehörige Mengen. Aber woher sollten die Mönche den Fisch nehmen? Das Flüsschen Wieda, das durch Walkenried fließt, führt im Sommer nur wenig Wasser und versickert kurz hinter dem Kloster im Untergrund. Auch die Nachbarflüsse Zorge und Helme führen streckenweise nur wenig Wasser. Verlässlich fließende Bäche sind im Südharz Mangelware und dies, obwohl es im nahen Harz überall rieselt, gluckert und rauscht. Was

Karpfen im Höllteich

passiert mit dem ganzen Wasser, das aus dem Harz kommt?

Um dies zu verstehen, müssen wir uns ein ganz klein wenig mit der Geologie beschäftigen: Am Südfuß des Harzes zieht sich ein ca. fünf Kilometer breiter Streifen Gips entlang, ein Sediment, das einst in einem flachen Meer abgelagert wurde. Gips ist leicht wasserlöslich, wie jeder weiß, der schon einmal mit Gips Löcher verputzt hat. Sobald die Harzbäche den soliden Untergrund des Gebirges verlassen haben, dringt ihr Wasser in Spalten und Klüfte des Gipsuntergrundes ein und da der Gips sich in Wasser leicht löst, erweitern sich die Spalten und es entsteht ein weit verzweigtes System unterirdischer Höhlen und Kanäle. Das Sickerwasser folgt dem allgemeinen Gefälle und dort, wo die Gipsschicht endet, tritt das Wasser in Form stark schüttender Karstquellen wieder an die Oberfläche. Bekannteste Beispiele sind die Rhumequelle südlich von Herzberg und die Salzaquelle bei Nordhausen. Dort quellen regelrechte Flüsse aus dem Untergrund hervor.

Der Begriff „Karst" ist gefallen. Hiermit verbindet man zumeist Landschaften, die man von den im alten Jugoslawien gedrehten Karl-May-Filmen her kennt oder von einem Urlaub in Kroatien oder Slowenien. Neben Karstquellen gibt es dort große und kleine Höhlen, haushohe Klippen und tiefe Dolinen (Erdfälle). All das findet man auch im Südharz und sogar in einer viel dynamischeren Form. Beispiel Erdfälle: Geschichten von in die Tiefe gerissenen Kühen oder einem plötzlich abstürzenden Traktor gehören im Karst des Südharzes nicht ins Reich der Sage, denn die kreisrunden oder ovalen Einsturztrichter

Sachsenstein mit Lore der ehem. Gipsseilbahn

sind keine Erscheinung aus einer fernen geologischen Vergangenheit. Sie entstehen auch heute ständig neu. Gips ist viel weicher und leichter löslich als der Dolomit und das Kalkgestein, aus dem der Karst Jugoslawiens besteht. Regen- und Bachwasser laugen den gipshaltigen Untergrund unaufhörlich aus. Permanent entstehen neue unterirdische Kanäle und Kavernen, sodass es jederzeit zu Einstürzen kommen kann. Oft treten die Erdfälle an einer Stelle gehäuft auf, sodass regelrechte Trichterreihen oder Kraterlandschaften entstehen. Ohne zu übertreiben - die Karstlandschaft des Südharzes ist weltweit einmalig. Selbst im Karst des ehemaligen Jugoslawiens sucht man vergeblich nach einer solch dynamischen Szenerie, es fehlt dort der Gips. Auf unseren Erkundungen rund um Walkenried werden wir uns die schönsten und interessantesten Stellen des Harzers Gipskarstes anschauen.

Aber zurück zu den Zisterziensern, die vor dem Problem standen, in einer Landschaft, in der alle Bäche versickern, Teiche anzulegen. Die Mönche wussten sich zu helfen. Sie verstanden ihr Geschäft: In den flachen, sumpfigen Tälern westlich des Klosters zogen sie Dämme, die Regen- und Sicker-

Zisterzienser

wasser stauten, und damit kein Wasser verloren ging, verbanden sie die Teiche untereinander. In der Regel floss das Wasser des oberen Teiches in den nächst unteren. Daneben gab es Bypasssysteme, die das Ablassen erleichterten. Insgesamt wurde ein System geschaffen, das Fachkenntnis verrät und das über mehr als 800 Jahre Bestand hatte. Über 300 Teiche hat das Kloster Walkenried in seiner Blütezeit anlegen lassen, davon besonders große und schöne unmittelbar in der Umgebung von Walkenried. Große Teile der Teichkette sind dort erhalten geblieben. Gleich am ersten Tag meines Aufenthalts in Walkenried habe ich die Mönchs - teiche erkundet. Dabei bin ich zugleich auf Zwergenlöcher und andere Karsterscheinungen gestoßen und ich bin an der Ruine einer Königsburg vorbeigekommen.

Die Sachseneiche

Mönchsteiche, Klippen und Zwergenlöcher

Zwergenhöhle an der Sachsenburg

Bis in die 50er Jahre des vergangenen Jahrhunderts wurden die Mönchsteiche von der Klosterdomäne bewirtschaftet. Als die Domäne die Karpfenzucht aufgab, wurden die Teiche mit den umgebenden Wäldern unter Naturschutz gestellt: Für die in und an den Gewässern lebenden Tiere war dies zunächst eine gute Sache. Doch im Laufe der Jahrzehnte kam es zu Problemen. Bis zur Unterschutzstellung wurde im Winter das Schilf abgeerntet, um es zu Matten für die Fertigung von Gipsdämmplatten zu verarbeiten. Das war nun nicht mehr zulässig. Hinzu kam, dass im Herbst die Blätter der auf den schmalen Dämmen herangewachsenen Erlen in die Teiche fielen und zum Grund sanken. Jahr für Jahr häufte sich so am Gewäs-

Erdfall

serboden faulender Schlamm an und führte sukzessive zur Verlandung der Teiche. Die kunstvoll angelegten Mönchsteiche entwikkelten sich zu einem von Erlen dominierten Sumpf. Durch das Bewirtschaftungsverbot verloren die Lebewesen in und an den Teichen langsam ihren Lebensraum. Man kann dies mit einer Wiese vergleichen, die nicht mehr gemäht wird, innerhalb weniger Jahre verschwindet die Blumenpracht.

Der Eigentümer der Mönchsteiche, die Forstverwaltung, veranlasste im Jahr 2004, zusammen mit der Naturschutzbehörde, eine Entschlammung der Teiche. Auf den Dämmen wurden die Erlen gefällt und für die Bewirtschaftung der Teiche konnte der Walkenrieder Sportfischerverein gewonnen werden. Im örtlichen Naturschutz war diese Maßnahme nicht unumstritten, doch Beobachtungen der Tier- und Pflanzenwelt zeigten, dass bereits nach zwei Jahren die Artenvielfalt wieder zugenommen hatte.

Durch märchenhaften Karstwald zum Sachsenstein

Ich bin auf dem Hollpfad unterwegs. Er führt oberhalb der Mönchsteiche durch einen märchenhaften Karstwald. Überall schauen weiße, von Moosen überzogene Gipsbrocken hervor, dazwischen wachsen Farne. Die Bäume stehen kreuz und quer. Ein Schild verweist auf die Sachsen-Eiche, einen riesigen Methusalem. Von der Teichlandschaft ist es nicht mehr weit bis zum Sachsenstein, einem über 50 Meter hohen, senkrechten Felsabbruch, der sich über einen Kilometer durch die Landschaft zieht. In seiner Nähe treffe ich auch auf die sagenumwobenen Zwergenlöcher. Sie entstehen, indem Gipsschichten – der Geologe würde Anhydrit sagen - aufquellen und sich dabei verbiegen. Zwergenlöcher gibt es in Mitteleuropa nur hier im Gipskarst.

Sachsenburg

Die Zweijahres-Burg von König Heinrich IV.

Vom Sachsenstein zur Sachsenburg. Diese Burg oder vielmehr deren Mauerreste erinnern an keinen Geringeren als Heinrich IV., den deutschen König und Kaiser. Heinrich hatte rund um den Harz acht Burgen - eine davon die Sachsenburg - bauen lassen, um seine Macht gegenüber den Sachsen und Thüringern zu demonstrieren. Auf diesen Burgen setzte er landfremde Dienstmannen ein, die von der umgebenden Bevölkerung Bauleistungen forderten und Abgaben eintrieben. Man kann sich denken, dass er sich mit dieser Vorgehensweise bei den Sachsen und Thüringern nicht beliebt machte. 1074 zogen sie, wie berichtet, gegen ihren König zu Felde und belagerten seine nahe Goslar gelegene Festung, die Harzburg. Heinrich IV. musste fliehen und noch im selben Jahr im sogenannten Gerstunger Frieden der Schleifung seiner eben erbauten Burgen, u.a. der Sachsenburg, zustimmen. Umso erstaunlicher ist es, dass nach nahezu tausend Jahren noch etwas von der ehemaligen Feste zu sehen ist. Am Fuße der Burg befindet sich, passend zum Ambiente, ein besonders schönes Zwergenloch.

Hinter der Burg erstreckt sich eine Waldung, die dabei ist, sich zum „Urwald" zu entwickeln. Neben alten, von Baumpilzen übersäten Buchen stoße ich immer wieder auf mächtige Eichen, Nachfahren eines an die 300 Jahre alten Hutewaldes, in den früher die Schweine zur Mast getrieben wurden. Dieser „Märchenwald" ist gespickt mit kreisrunden, wassergefüllten Erdfällen, die wie magische Augen glänzen. Kröten kreuzen meinen Weg und bald stehe ich wieder an einem Mönchsteich, genauer gesagt am Priorteich, an dem sich zu meinem Erstaunen eine Badeanstalt befindet, mit Sprungbrett und allem anderen, was dazu gehört. Mein Weg führt mich noch an weiteren Teichen vorbei, dem

Im Himmelreich

Hirseteich, dem Eckteich und wie sie alle heißen. Alle sind sie untereinander mit Gräben verbunden, Gräben, die für einen Ausgleich der Wasserspiegel sorgten. Die Zisterzienser wussten, wie man vorgehen muss, um im Karst Teiche anzulegen.

Vom Kloster ins Himmelreich

Ich starte am Kloster Walkenried und peile das „Himmelreich" an. Der Weg dorthin führt über einen mit Klippen durchsetzten Steilhang, immer hart an der Abbruchkante entlang. Ich wandere zwischen uralten Buchen, von denen einige so mächtig sind, dass zwei Menschen nicht ausreichen, den Stamm zu umfassen. Ab und zu blinkt zwischen den Bäumen das stahlblaue Wasser eines Sees hervor. Die ältesten Bäume stammen aus der Zeit des Alten Fritz, womit die für Buchen natürliche Altersgrenze fast erreicht ist. Das Ende einer Buche kommt jedoch für gewöhnlich nicht auf einen Schlag, sondern zieht sich über Jahrzehnte hin. Oft beginnt es damit, dass ein Sturm Äste abbricht und Pilze über die Wunde in den Baum eindringen. Der Holzkörper wird zersetzt, die Standfestigkeit des Baumes nimmt ab, und wenn der nächste Herbststurm über das Land fegt, kann es sein, dass er dem Baum den Todesstoß versetzt. Dem Wald macht das nichts aus, denn im Schatten der alten Buche stehen bereits zahlreiche Jungbuchen in Wartestellung. Jetzt, wo das Kronendach aufgerissen wird und Licht auf den Waldboden fällt, beginnen sie aufzuschießen und schon nach wenigen Jahren wird sich die Lükke im Kronendach wieder geschlossen haben. Alte und junge Bäume stehen direkt nebeneinander - für Naturliebhaber und zahllose Pflanzen und Tiere ein Himmelreich.

Klippen überm Mönchsteich

An einer Schutzhütte ist die Himmelreichshöhe erreicht. Hier brechen senkrechte Klippen fast 50 Meter zum Itel-Teich ab. Auch dieser Teich wurde natürlich von Mönchen angelegt. Von drei Seiten wird die Wasserfläche von steilen und zum Teil felsigen Wänden begrenzt. Zur Wieda hin ist das Ufer dagegen flach und von einem breiten Schilfgürtel umgeben. Dort sprudelt das Sikkerwasser der Wieda hervor. Weitere Quellen werden am Grund des Sees vermutet. Der Abfluss des Teiches befindet sich am Fuße der Klippen, wo das Wasser gurgelnd unter den Felsbrocken eines vier Jahrzehnte alten Bergsturzes verschwindet. Einen halben Kilometer weiter, nach einer Fahrt durch Höhlen und Klüfte, tritt das Teichwasser auf der östlichen Seite des „Himmelreichs" wieder ans Tageslicht.

Tunnelbauer entdecken Riesenhöhle

Dem Verlauf des Wassers durch das Karstmassiv ist man beim Bau der Bahnlinie Walkenried – Ellrich auf die Spur gekommen. Die Bahn tangiert das nördliche Ufer des Itel-Teiches und führt geradewegs auf die steile Abschlusswand des „Himmelreichs" zu, wo sie in einem Tunnel verschwindet. 268 Meter weiter tritt sie an einer ebenso steilen Stelle auf der Ellricher Seite wieder hervor. Beim Bau des Himmelreich-Tunnels, im Jahr 1868, erlebten Arbeiter und Ingenieure eine Überraschung. Wenige Tage nach dem Beginn der Vortriebsarbeiten stieß man auf eine Höhle von 15 Metern Höhe und 182 Metern Länge. In Ellrich und Walkenried war große Aufregung, denn die Dimensionen der Himmelreichhöhle überstiegen die der berühmten Baumannshöhle. Was für ein Potential für den Tourismus! So dachten alle. Und schon stritten Ellricher und Walkenrieder über den Namen der Höhle.

Eine Höhlenfahrt hätte den Tatendrang der „Höhlenerschließer" sicherlich gedämpft. „ ... *Hängen doch die Steinmassen ... drohend über unserem Haupt; werden sie sich nicht lösen, uns zu zerschmettern oder den Rückweg aus diesem weiten Felsengrabe zu versperren? Werden die Steine*

Itelteich

unter unseren Füßen nicht wanken, wird nicht ein Fehltritt uns in eine bodenlose Tiefe stürzen?", so schildert Gustav Adolf Leibrock, der Chronist des Fürstentums Blankenburg, die neu entdeckte Höhle. Und weiter: "Wir wandern hier fortwährend auf Steinschutt und Getrümmer, welches überall massenhaft den Boden bedeckt und selbst Hügel und Berg innerhalb der Höhle bildet. Wie nahe liegt doch der Gedanke, daß all dies Getrümmer herabgestürzt ist von der lockeren Decke über uns, und daß jeden Augenblick ähnliche Massen hernieder senden kann."

Dass Leibrocks Befürchtungen zu Recht bestanden, zeigte sich im

Uralte Buche im Himmelreich

Tunnel durchs Himmelreich

Januar 1869, als drei Tunnelarbeiter bei einem Bergsturz ums Leben kamen. Dazu das Braunschweiger Tageblatt vom 20.1.1869: *„Die Zimmerleute sind eben beim Gewölbe mit Bogenstellen beschäftigt, die Bergleute hauen von den Seitenwänden noch etwas ab, um die Widerlagermauer etwas stärker machen zu können ..., da schiebt sich die Verzimmerung ... nach dem Bontel-Deiche und nach dem Itel-Deiche auseinander, und das Gebirge stürzt vier Ruthen lang von einer bedeutenden Höhe herunter in die Tiefe und begräbt die an betreffenden Stellen beschäftigten Arbeiter. Der eine war kurz zuvor zur Verrichtung eines Geschäftes mit seinem Lichte aus dem Tunnel gegangen und hatte das davor befindliche Thor zugemacht. Im Moment seines Heraustretens hört er ein Gekrach, er stürzt zurück, das Thor springt vom Luftdruck auf, in Todesangst ruft er seinen Cameraden zu, alle Lichter sind aus und - er steht vor einem Trümmerhaufen."*

Nach diesem tragischen Unfall hagelte es Kritik an den Planungsbehörden der Bahn, denn der Tunnelbau war leichtfertig, ohne gründliche bergmännische Untersuchung erfolgt. Und warum diese Streckenführung? Man hätte doch das „Himmelreich", wie von einem Gutachter vor dem Bau dargestellt, problemlos nördlich umfahren können. Wie dem auch sei, der Tunnel wurde am 1. August 1869 planmäßig dem Verkehr übergeben. Aus dem Schauhöhlengeschäft wurde jedoch nichts. Die Himmelreichhöhle wird bis heute von der Bahnverwaltung sorgfältig unter Verschluss gehalten, denn ihre Begehung ist lebensgefährlich.

Himmelreichhöhle.
Zeitgenöss. Darstellung in der Leipziger Illustrierten

Die unsichere geologische Situation am Himmelreich-Tunnel sollte die Bahn noch lange beschäftigen. Schon 1876 stürzte das Ostportal ein. 1906-07 mussten die Reisigpackungen auf dem Tunnelgewölbe, die vor herabfallendem Gestein schützen sollten, durch eine sechs Meter hohe Steinschüttung ersetzt werden. Weitere Deckeneinstürze zwangen 1937 zu einer Erhöhung der

Schüttung. Zudem machte das Höhlenwasser Probleme. Durch die Höhle floss ein Bach, der sein Wasser zu großen Teilen aus der Itelschwinde erhält. Auf der Ellricher Seite des Himmelreichmassivs, im Gänsloch, tritt der Höhlenbach zutage. Ein Gutachten empfahl, das Wasser des Höhlenbachs in einem Stollen zu fassen und zum Pontelteich zu leiten, einem größeren, mit Wasser gefüllten Erdfall auf der Ellricher Seite des Tunnels. 1912 begann man mit dem Bau des 430 Meter langen Stollens, 1914 wurde er fertiggestellt. Doch wider Erwarten versiegte der Höhlenbach damit nicht. Erst nach dem zusätzlichen Bau von drei Seitenstollen, die einen Zufluss unbekannter Herkunft ableiteten, konnte der Höhlenbach trocken gelegt werden. Mehr über die Himmelreichhöhle und den Tunnelbau unter www.karstwanderweg.de.

Fluchtversuch über den Bahngrenzübergang Ellrich

Nächste Station ist der Hexentanzplatz, von dem aus man hinüber nach Ellrich blickt. Man steht hier direkt über dem Tunnel. Auf dem Steilhang über dem Ostportal hat man aus Sicherheitsgründen die Bäume gefällt, sodass man freie Sicht auf die Gleise hat, die zum anderthalb Kilometer entfernten Bahnhof Ellrich führen. Die ehemalige Grenze verlief - in Blickrichtung Ellrich - links neben den Gleisen bis kurz vor den Tunnel und zog sich am Waldrand des „Himmelreichs" entlang. Zum Ellricher Bahnhof hin sprang die Grenze auf die rechte Seite der Trasse. In diesem Abschnitt befand sich zur Zeit der deutschen Teilung der scharf bewachte Bahngrenzübergang Ellrich, den nur Güterzüge passieren durften. Die Gleise wurden von einer Brücke überspannt, mit je einem Wachturm auf der Seite. Über die Brücke patrouillierten Grenzsoldaten, die, wenn nachts etwas ihre Aufmerksamkeit erregte, die Umgebung mit Suchscheinwerfern in gleißendes Licht tauchten.

Zumindest einen Fluchtversuch haben die Grenzsoldaten von der Brücke aus mit Waffengewalt verhindert: Ein in Ellrich wohnender Mitarbeiter des Forstbetriebs Woffleben hatte einen Holz-LKW mit Panzerplatten versehen und wollte mit dem so präparierten Gefährt auf den Schienen über den Bahngrenzübergang Ellrich fliehen. Nachts, so hoffte er, würden die Grenzer das Fluchtfahrzeug für eine Lok halten. Als Fluchttermin hatten er und seine Frau sich die Nacht vom 17. auf den 18 März 1985 ausgesucht. Seine drei Kinder nahm das Ehepaar mit auf das gewagte Unternehmen.

DDR-Bahngrenzübergang Ellrich

Modell des gepanzerten Fluchtfahrzeugs (gebaut von Wolfgang Schlicht)

Es war eine kalte Nacht mit Schneetreiben und so verfehlten die Flüchtlinge, als sie mit ihrem gepanzerten Fahrzeug an dem am Bahnhof Ellrich liegenden Bahnübergang auf die Gleise fuhren, den richtigen Schienenstrang. Der LKW blieb dadurch am Bahnsteig hängen und riss sich Teile der Panzerung ab. Rasch wechselte der Fahrer einen Schienenstrang nach links. Noch schien niemand etwas bemerkt zu haben. Also weiter! Doch plötzlich erneut ein Ruck! Das Gefährt hatte rechts einen Bremsbock gestreift und dabei ein Rad verloren.

Inzwischen hatten die wachhabenden Soldaten auf der Kontrollbrücke bemerkt, dass sich auf den Schienen ein Fahrzeug näherte. Dabei fiel ihnen auf, dass die vermeintliche Lok nur zwei Lampen hatte. Da Schienenfahrzeuge normalerweise mit drei Lampen ausgerüstet sind, riefen sie bei der Reichsbahn an und meldeten, dass da eine Lok käme, bei der eine Lampe defekt sei. Ob sonst alles in Ordnung wäre. Das war um 4 Uhr 21. „Von wegen!", antworteten die von der Reichsbahn, das könne keine Lok sein, der nächste Zug käme erst gegen 5 Uhr. Sofort rissen die Grenzsoldaten ihre Gewehre von den Schultern und feuerten auf das heranfahrende Fluchtfahrzeug. Da die Panzerung beschädigt war, traf ein Querschläger eines der Kinder. Das Fahrzeug stoppte und die Flüchtlinge wurden festgenommen. Gott sei Dank hatte das Kind nur einen Schultersteckschuss abbekommen. Der Mann wurde zu zehn Jahren Gefängnis verurteilt, die Frau zu zwei. Die Kinder wurden zu den Großeltern in Obhut gegeben. Doch Ende gut alles gut: Nach zwei Jahren kaufte die BRD das Ehepaar frei und die Oma brachte die Kinder offiziell in die BRD, um sie dort ihren Eltern zu übergeben.

Eine originalgetreue Nachbildung des Fluchtfahrzeugs im Miniaturformat kann man im Grenzmuseum Tettenborn bewundern. Gefertigt hat sie Wolfgang Schlicht, der aus Thüringen stammende Mitinitiator des Museums, der auch die Protokolle zu diesem Vorgang gesichert hat.

Die Hölle - KZ-Außenlager Ellrich

Weiter geht's, Richtung Ellrich. Dabei stoße ich auf ein von Bäumen überwuchertes Trafohäuschen und auf Strommasten mit zerschnittenen Leitungen und herunterhängenden Isolatoren. Die Masten sind eine Hinterlassenschaft aus der Zeit des kalten Krieges, das Trafohäuschen stammt von dem Gipswerk Juliushütte, das bereits zur Zeit der Nationalsozialisten seinen Betrieb eingestellt hatte. Die Natur hat sich das Werksgelände inzwischen zurückerobert. Birken, Salweiden, Bergahorn, Linden und Eschen wachsen heran und auf den künstlich entstandenen Klippen stellen sich Blaugrasgesellschaften ein, die der natürlichen Vegetation sehr nahe kommen.

Doch nicht die wild wachsende Vegetation ist es, die auf dem Gelände meine Aufmerksamkeit beansprucht, sondern die Reste eines Außenlagers des KZs Mittelbau-Dora, das die SS im Mai 1944 hier eingerichtet hat. Das Lager zog sich an den Bahngleisen entlang, bis kurz vor den Bahnhof Ellrich, sodass es von Reisenden eingesehen werden konnte. Das Außenlager Ellrich war mit durchschnittlich 8000 Häftlingen belegt, die für den Vortrieb von Stollen im Gipsmassiv des bei Nordhausen liegenden Kohnsteins eingesetzt wurden. In diesen Stollen sollten Rüstungsgüter hergestellt werden. Die überwiegend aus Osteuropa, Frankreich, und Belgien stammenden Häftlinge wurden jeden Morgen mit dem Zug ins fünf Kilometer entfernte Wofleben gefahren, wo sie im Berg, von Kapos und SS-Leuten angetrieben, Fronarbeiten verrichten mussten. Nach zwölf Stunden pausenloser Anstrengung ging es zurück in die Baracken des Lagers Ellrich. Wegen der mörderischen Arbeitsbedingungen im Stollen und wegen der katastrophalen hygienischen Verhältnisse der völlig überbelegten Unterkünfte sind hier im letzten Kriegsjahr 4000 Häftlinge ums Leben gekommen.

KZ-Außenlager Ellrich

Nach Kriegsende dienten die Lagerbaracken als Unterkünfte für Flüchtlinge. Grenzgänger wechselten bei Tag und Nacht über die Demarkationslinie, die sich zwischen der ehemaligen Kantine und dem Bahnhof durch das Lager zog. Ellrich war der sowjetischen Besatzungszone zugeschlagen worden, der zu Walkenried gehörende Teil von Juliushütte zur britischen. Es war eine Zeit, in der Schieber, Grenzführer und Schmuggler in der Umgebung von Juliushütte Hochkonjunktur hatten. Der Ausbau der Demarkationslinie zur Staatsgrenze West der DDR setzte dem Treiben ein Ende. Nach und nach verließen die Flüchtlinge das Lager, das nach Umsiedlung der letzten Familie dem Verfall preisgegeben wurde. Das Gelände des ehemaligen KZs entwickelte sich zum „Schandfleck" und 1964, ein Jahr, nachdem der Minister für Gesamtdeutsche Fragen, Rainer Barzel, Juliushütte besucht hatte, rückten Pioniereinheiten des Bundesgrenzschutzes an und machten das ehemalige Lager dem Erdboden gleich. Im Zuge dieser Säuberung wurde auch das Krematorium gesprengt.

Die Natur stellte sich ein und überdeckte die verbliebenen Mauerreste. Es schien Gras über das Lager zu wachsen. Doch 1984 kam die Vergangenheit wieder zutage. Im Rahmen eines Gutachtens der Universität Göttingen, mit dem die Schutzwürdigkeit der auf den Trümmern des Lagers entstandenen Natur überprüft werden sollte, stießen Studenten auf die Überreste des Krematoriums. Naturschutz und Denkmalschutz sollten vereinbar sein, so meinten sie und versahen das Gutachten mit Hinweisen auf das Krematorium und das ehemalige KZ. Doch es sollte lange dauern, bis der 60 x 90 Zentimeter große Gedenkstein, den Ruth Monicke aus Walkenried auf Eigeninitiative am Krematorium aufstellen ließ, von den Behörden akzeptiert wurde.

Heute ist das Zusammenspiel von Naturschutz und Denkmalpflege zur Selbstverständlichkeit geworden, wofür das Grüne Band das beste Beispiel liefert. Juliushütte stellt in dem 1400 Kilometer langen begrünten Grenzstreifen ei-

Reste des Außenlagers auf dem Grünen Band

nen besonderen Abschnitt dar. Die Wildnis ist dort Teil eines vielschichtigen Denkmals, das sowohl an die Opfer des Nationalsozialismus als auch an die Teilung Deutschlands erinnert und das mit der nötigen Rücksicht auf die Belange der Natur zugänglich gemacht wurde. Ein länderübergreifender Rundweg, der am Standort des ehemaligen Krematoriums vorbeiführt, wurde eingerichtet. Tafeln erläutern die Geschichte und Topographie des ehemaligen Lagers und berichten über die unfassbaren Gräuel, die sich im Außenlager Ellrich abgespielt haben.

Wen die Geschichte vom Lager Ellrich berührt, der möchte mehr wissen. Was hat es mit dem bei Nordhausen gelegenen KZ Mittelbau-Dora und dem Stollensystem auf sich? Der Franzose Yves Béon, einer der wenigen Häftlinge, die Mittelbau-Dora überlebt haben, hat in seinen Erinnerungen geschrieben, dass das KZ in einer schönen Landschaft liege. Was Yves Béon schrieb, gilt noch heute. Der thüringische Karst ist eines der wertvollsten Naturgebiete am Grünen Band Deutschland. Mit den Stollen, die die KZ-Häftlinge in die Karstmassive treiben mussten, und der KZ-Gedenkstätte Mittelbau-Dora ist diese Gegend zugleich ein bedeutsamer Ort der NS-Geschichte.

Von Ellrich zur Kelle

In Ellrich nutze ich die Gelegenheit für eine Einkehr. Dann folge ich der der Markierung "Radelnde Hexe" über die Hospitalstraße in die freie Flur. Der Weg führt am Rande des Zorgetals entlang. Drei Kilometer hinter Ellrich stoße ich auf die Sülze, ein aus dem Harz kommendes Flüsschen, das von Radfahrern über eine Furt gequert wird. Für Fußgänger gibt es eine kleine Brücke, die hinter einer dicken Rosskastanie über die Sülze führt. Der Baum ist über 200 Jahre alt, ein fast biblisches Alter für eine Kastanie. Gepflanzt wurde sie im Jahre 1785 von Elisa von der Recke (1754-1833), einer Reiseschriftstellerin und zugleich einer der prominentesten Frauen der Goethezeit. Elisa war zu Besuch bei L.F.G. Goeckingk (1748-1828), einem in Halberstadt geborenen Verfasser von Liebesgedichten, der einige Jahre im Südharz verbrachte. Auf seinem Sommersitz, dem nahe der Furt gelegenen „Neuen Haus", scharte Goeckingk einen Kreis von Kulturschaffenden um sich. Man traf sich bei Leopold Goeckingk und der Meister führte seine Gäste - zur Erbauung - zur Kelle, einer Karstgrotte, die ca. einen Kilometer östlich der Sülze in einem Wäldchen verborgen liegt.

„Nur frisch ihr Herrn und Damen! gleich
Sind wir an unsrer Höhle.
Seht da! - Nicht wahr? Es fährt auch Euch
Ein Schauer durch die Seele?"

So Goeckingk in seiner im Jahre 1782 verfassten, höchst dramatischen Ballade „Die Kelle", in der die von Eifersucht getriebene Geliebte den unschuldigen Helden in die Höhle stürzt.

Natürlich statten auch wir der Kelle einen Besuch ab. Das Naturdenkmal ist durch Info-Tafeln kenntlich gemacht, ohne die man ahnungslos an der Grotte vorbeilaufen würde. Umso größer ist die Überraschung, wenn man, dem Hinweis folgend, plötzlich am Rande eines großen Erdfalls steht. Ein Treppenweg führt hinunter in das riesige Loch. An schwülwarmen Sommertagen spürt man schon bei den ersten Schritten, dass man in einen kühlen Luftsee eintaucht, und mit jedem Meter, den man tiefer steigt, nimmt die Temperatur weiter ab. Der Treppenweg wendet sich nach rechts und man blickt auf eine hohe Felswand, an deren Fuß sich eine Höhlenöffnung auftut. Wir steigen weiter hinab bis an den Rand einer Grotte, aus deren Halbdunkel ein grünblauer See hervorschimmert. Es ist völlig still. Nur ab und zu hört man Wasser von der Decke in den Höhlensee tropfen. Man beginnt zu frösteln. Kein Gedanke mehr an das schweiß-

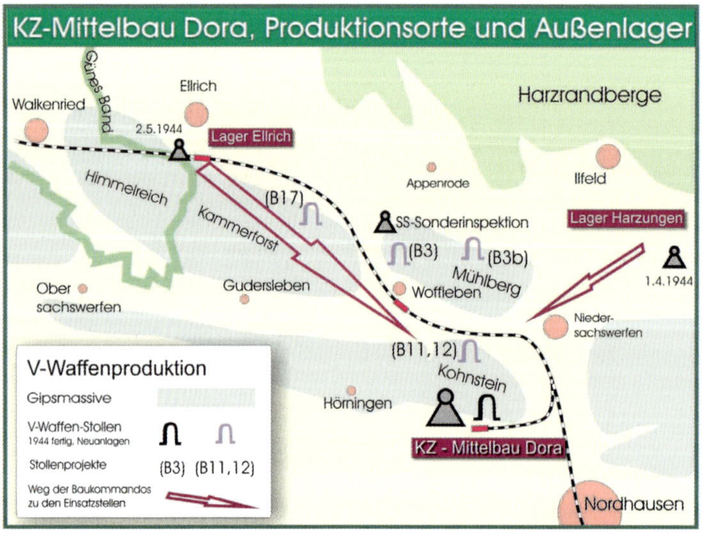

treibende Wetter oben am Radweg. Das Wasser in der Grotte ist eisig kalt und mit Gips gesättigt. In dem See ist kein Leben; kein Fisch, kein Frosch hält es dort aus.

Im 18. und 19. Jahrhundert wurden hier feuchtfröhliche Feste gefeiert. Die Grotte war ein beliebtes Ausflugsziel der gehobenen Gesellschaft, insbesondere an heißen Sommertagen, an denen man im Höhlensee eine Flasche Wein kaltstellte. Die einfachen Menschen gruselte es, wenn sie an die Kelle dachten. In der Grotte lebten tückische Wassergeister, die man mit Prozessionen zu versöhnen hoffte. Noch um 1800 glaubte man, dass die Kelle alljährlich ein Menschenopfer fordere. Wie zur Bestätigung fand man im Wasser des Grottensees zwei Zimmergesellen, die wohl Selbstmord begangen hatten. Zudem erzählte man sich, „dass uralte Fische mit bemoosten Köpfen in dem unheimlichen See lebten, die reden könnten, da sie verzauberte Menschen wären; auch Nixen, deren Töchter sich unter die tanzenden Mädchen auf Volksfesten mischten und zur Strafe vom Nixenvater in die Flut geschleift und getötet wurden, sodass ihr Blut die Oberfläche des Sees bedeckte." (aus Peter Kuhlbrodt: Die Kelle - das älteste Naturdenkmal im Kreis Nordhausen, unter www.karstwanderweg.de.

Nach den Angaben des aus Nordhausen stammenden Dichters Carl Duval (1808-1853) war der Erdfall Anfang des 19. Jahrhunderts noch von einer kuppelförmigen Gesteinsdecke überspannt, in der sich eine kreisförmige Öffnung von zwei Metern Durchmesser befand, durch die Tageslicht auf den Höhlensee fiel. Dieses Loch hat sich infolge der Löslichkeit des Gipsgesteins rasch erweitert, sodass in den dreißiger Jahren des 19. Jahrhunderts das Gewölbe zusammenbrach und

Fransenenzian auf dem Grünen Band

Teile des Sees verschüttet wurden. Was übrig geblieben ist, ist immer noch sehr eindrucksvoll. Von der Kelle aus erreicht man in gut zwei Kilometern den Bahnhof von Woffleben (Markierung: „Rotes Dreieck"). Von dort fahren regelmäßig Züge nach Walkenried, Nordhausen bzw. Bad Sachsa.

Am Grund der Kelle, Eingang zur Grotte

Abstecher nach Nordhausen und in die umliegenden Gipsberge

Von der Kelle ist es nicht weit nach Woffleben, das an der Bahnlinie Osterode – Nordhausen liegt. Von dort fahren stündlich Züge nach Walkenried oder nach Nordhausen. Nordhausen ist einen Abstecher wert, obwohl die Stadt um die 15 Kilometer abseits des Grünen Bandes liegt. Aber Nordhausen ist die nordthüringische „Metropole" am Südrand des Harzes, das Pendant zu Wernigerode. Vom Bahnhof Nordhausen kann man mit der Harzquerbahn nach Hohen Anne fahren. Einmal umsteigen und dann geht's hinauf auf den Brocken. Die Stadt kann zudem auf eine lange Geschichte zurückblicken kann. Kein geringerer als Heinrich I., der erste deutsche König, hat hier im 10. Jahrhundert eine Pfalz errichtet. Doch die Attraktivität Nordhausens gründet sich nicht allein auf Zeugen der Vergangenheit. Nordhausen ist modern, lebendig und der Zukunft zugewandt, eine Stadt der Kultur und der Jugend, vielleicht auch deshalb, weil die Stadt gegen Ende des Zweiten Weltkriegs schwer unter einem Bombardement der Alliierten gelitten hatte. Hitler hatte die Montage seiner „Wunderwaffe", der V2-Rakete, in einen Gipsstollen vor den Toren Nordhausens verlegt. Die Wunden, die das Bombardement einst riss, hat Nordhausen zu ungewöhnlichen städtebaulichen Vorhaben genutzt. Fazit: Nordhausen ist einen Abstecher wert. Und wenn man schon dort ist, sollte man der Gedenkstätte Mittelbau Dora einen Besuch abstatten. Jeder, der eine Führung in den Stollen mitgemacht hat, ist tief beeindruckt. Besinnung findet man danach auf einer Wanderung durch die angrenzenden Gipsberge.

Über den Mühlberg

Ein besonders schöner Gipsberg ist der nahe der Kelle gelegene Wofflebener Himmelberg. Zusammen mit dem Niedersachswerfener Mühlberg bildet er ein tafelförmiges Massiv, das nach drei Seiten steil abfällt. An den Hängen gedeihen Blaugrasrasen, deren Hauptvorkommen in den Alpen liegen. Im Frühjahr blüht hier das Brillenschötchen, ein Eiszeitrelikt, das den Namen seinen brillenförmigen Samenkapseln verdankt. Auch im Herbst findet man hier Besonderheiten wie den Fransenenzian, den Deutschen Enzian und das Sumpfherzblatt. An der Nordostkante sind die Hänge mit Geröll bedeckt, das im

Nordostkante des Mühlbergs

Hochsommer von den goldgelben Blüten der Färber-Hundskamille überzogen ist.

Am Nordfuß des Massivs ist es sumpfig und an vielen Stellen haben sich flache Gewässer gebildet. Schaut mann, genau hin, so erkennt man wie es zwischen den Horsten der Seggen blubbert. Wasser steigt aus dem Untergrund empor. Gespeist werden die Quellen vom Sickerwasser zweier Bäche, das im Schotter der Aue langsam auf den Mühlberg zufließt und an der Felsbarriere nach oben gedrückt wird.

Auf schmalem Pfad geht's am Fuß der Nordabstürze entlang zum sagenumwobenen Tanzteich, einem Erdfall, der ausschließlich vom Niederschlagswasser und den Kluftwässern des Mühlberges gespeist wird. Der Abfluss hat sich vermutlich durch herabstürzende Felsen zugesetzt. Der Tanzteich stand unter dem „Verdacht", grundlos zu sein und der in der Mitte vorhandene Wirbel verhinderte ein Befahren mittels Kähnen, was die Geschichte um ein Wasserungeheuer nährte, das hier sein Unwesen treiben sollte.

Die Nordabstürze sind von Gipsfelsen durchzogen, sodass es hier schon mit recht einfachen Werkzeugen möglich war, Gips zu gewinnen. Die Einwohner von Niedersachswerfen haben sich daher recht früh mit Spitzhacken und Brechstangen am Nordhang des Mühlberges zu schaffen gemacht. Den Gips verlud man auf Loren, die man auf einer diagonal durch die Steilwand verlaufenden Rampe, über Seile gebremst, langsam zu Tal rollen ließ. Die Spuren, die sie dabei hinterlassen haben, sind kaum noch zu erkennen. Der Wanderer sieht nur einen hohen felsigen Steilhang, der teils von

Färberhundskamille am Mühlberg

Rasen teils von Wald überzogen ist. Das wurde anders, als man begann, den Gips mit Hilfe von Sprengungen zu gewinnen. Es entstanden Gipsbrüche, die sich vom Fuß des Berges bis auf das Plateau zogen. Die Steilwände des Mühlbergs wurden dadurch mit Löchern „verziert", die, als die Steinbrüche aufgegeben wurden, wieder zu vernarben begannen. An den Steilhängen haben sich blumenreiche Matten ausgebreitet. Wildpfade kreuzen die abschüssigen Hänge. Hier wachsen Orchideen und Enziane. Hier graben Wildbienen ihre Brutröhren.

Von der Kelle aus führt ein Wanderweg über das Plateau nach Niedersachswerfen. Kurze Abstecher führen an die nördliche Absturzkante heran. Von Niedersachswerfen ist es nicht mehr weit nach Nordhausen. Doch es empfiehlt sich, mit der Bahn zu fahren. In wenigen Minuten ist man im Zentrum der Stadt. Wer etwas Zeit mitbringt, sollte die Ost- und Nordseiten des Niedersachswerferner Mühlbergs erkunden. Ein gut markierter Rundwanderweg führt am Fuße der Steilabstürze entlang und über das Plateau zurück nach Niedersachwerfen.

Der Kohnstein

Ich bin mit der Bahn unterwegs nach Nordhausen. Kurz hinter Niedersachswerfen erhebt sich rechter Hand ein Steinbruch von einer Dimension, wie ich es bisher noch nicht gesehen habe. Auf einer Breite von über einen Kilometer türmen sich sieben kalkweiße oder besser sieben gipsweiße Stufen, jede um die 10 Meter hoch. „Das war mal der Kohnstein", sagt mein Gegenüber, als er meinen erstaunten Blick sieht. „Zu DDR-Zeiten und in der Nachwendezeit hat man am Kohnstein den Gips großindustriell abgebaut."
„Und jetzt ist das Lager erschöpft?"
„Nein, die könnten noch weiter abbauen, bis sie auf die Gipswerke von Ellrich stoßen. Dann wären auf fünf Kilometer alle Berge weg

und wir hätten in Nordhausen freie Sicht nach dem Westen."
„Aber derzeit sieht es doch so aus, als ob gar nicht viel passiert. "
„Am Kohnstein wird immer noch Gips abgebaut. Ein Österreicher hat den Gipsbruch gekauft. Fünf Leute arbeiten für ihn. Dass der neue Besitzer nicht richtig zum Zuge kommt, liegt vor allem an der Konkurrenz mit dem Knaufschen Mega-Gipswerk im benachbarten Rottleberode, so 10 Kilometer von hier in Sachsen-Anhalt. Ja und ein wenig gibt es Probleme mit der Gedenkstätte Mittelbau Dora. Sie wissen doch sicher, dass sich im Kohnstein die Tunnel befanden, in denen Hitler seine V2-Rakten hat montieren lassen. Wenn die hier weiter rücksichtslos abbauen würden, dann würden sie die Tunnel der Gedenkstätte ankratzen."

Nordhausen

Inzwischen fahren wir in den Hauptbahnhof von Nordhausen ein. Mein Gesprächspartner gibt mir noch schnell einen Tipp: Ich soll mit der Straßenbahn die Grimmelallee hoch fahren. So käme ich am schnellsten zu Nordhausens Attraktion, der Traditionsbrennerei. Die Sache mit der Straßenbahn war für mich wohl ein größerer Anreiz als die Brennerei. Jedenfalls bin ich zwei Stationen zu weit gefahren. Aber um Spirituosen geht es auch hier. Vor einer gelb geklinkerten Hauswand halten zwei Bergknappen eine überdimensionale Flasche Kräuterschnaps hoch. „Das ist das Stammhaus des Harzer Grubenlichts", erklärt ein Passant, „Familienbetrieb, in der dritten Generation."

Nordhausener Altstadt mit St. Blasii

Kurz darauf komme ich an einem blauen Jugendstilhaus vorbei. Das ist nicht die Traditionsbrennerei, die befindet sich auf der gegenüber liegenden Straßenseite. Bei dem blauen Haus handelt es sich um das 1907 erbaute Stadtbad. Früher konnte man dort nicht nur schwimmen, sondern auch in Wannen baden oder warm duschen. Heute beherbergt das Haus ein Erlebnisbad, natürlich vom Feinsten, alles im Jugendstil. Ich steige über die Wassertreppe, sie heißt wirklich so, zur Altstadt hinauf. Von dort oben konnte man weit in die Goldene Aue schauen, in die Kornkammer des Landes. Und da verwundert es nicht, dass der erste deutsche König, Heinrich I., wie bereits gesagt, an dieser markanten Stelle eine Königsburg errichten ließ. Seine Witwe, Königin Mathilde, gründete im Jahr 961 auf dem Gelände ein Frauenstift. Der Nordhäuser Geistlichkeit müssen die Nonnen ausgegangen sein, denn 1220 wird das Damenstift in ein Herrenstift umgewandelt. Heute erhebt sich hier der Dom „zum Heiligen Kreuz", in dem trotz mannigfacher Reparaturen viel alte Bausubstanz erhalten blieb.

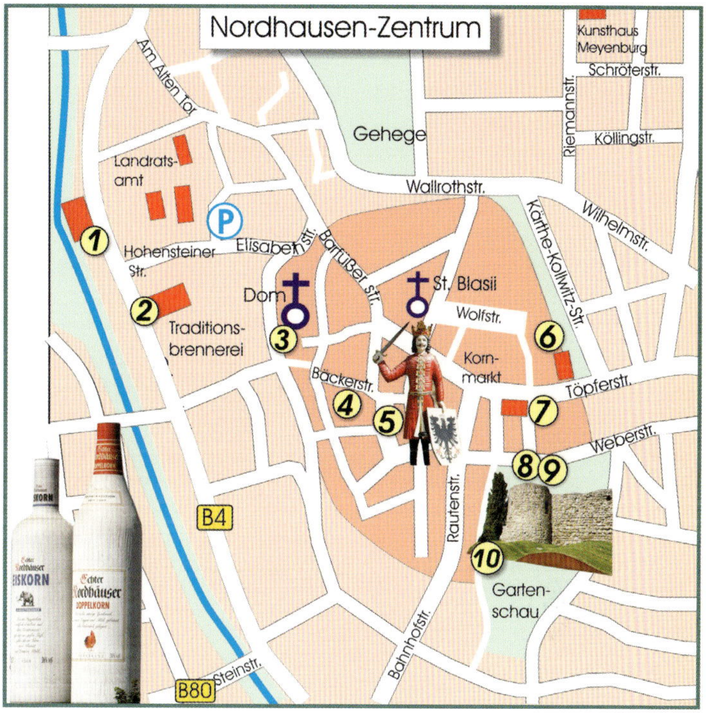

Der ehrwürdige Dom, das ist der alte Kern von Nordhausen.

Über die Domgasse geht's zur Barfüßerstraße, über die ich in das Geschäftszentrum des Altstadtviertels vordringe. Ich bin erstaunt über die zahlreichen Bistros und Gaststätten und über die vielen Fachwerkhäuser, denn die Altstadt war ja zu 80 % zerstört worden. Doch die Fachwerkidylle reicht nicht weit. Schon nach 100 Metern stehe ich am Rande des modernen Nordhausens. Links erheben sich die Türme der evangelischen Blasii-Kirche, die noch zum mittelalterlichen Inventar gehört. Auch St. Blasii wurde bei dem Bombardement stark beschädigt. Einer der Türme steht trotz umfangreicher Sanierungsarbeiten weiterhin schief. Ich folge der Gumpenstraße und bleibe so im Bereich der Altstadt. Mein Ziel ist der Tabakspeicher in der Bäckerstraße, ein Fachwerkhaus aus dem 18. Jahrhundert, das ein Museum zur Geschichte des Handwerks und der Industrie beherbergt. Der Name des Hauses hat etwas mit einem traditionsreichen Nordhäuser Gewerbe zu tun. Hier wurde früher Tabak gelagert.

Die Produktion von Genussmitteln hat in Nordhausen von jeher eine große Rolle gespielt. Jeder hat schon einmal vom Nordhäuser Korn gehört, der seit nahezu 700 Jahren produziert wird. Um 1900 existierten in der Stadt 68 Brennereien. Darüber hinaus hat man in Nordhausen Zigarren sowie Schnupf- und Kautabak hergestellt. Die Zeit des Schnupf- und Kautabaks ist seit langem vorbei und die zu DDR-Zeiten noch florierende Zigarren- und Zigarettenindustrie hat die Wende nicht überstanden. Nordhäuser Korn wird nach wie vor gern getrunken und in großen Mengen in der Stadt produziert. In der Traditionsbrennerei in der Grimmelallee wird man für ein paar Euro durch den historischen Betriebsteil geführt, Verkostung inklusive.

Vom „Tabakspeicher" über die Poststraße und den Lutherplatz zum historischen Rathaus, wo ein überlebensgroßer Roland für das Stadtrecht die Wacht hält. Das steinerne Rathaus hat den Luftangriff überlebt, die benachbarten Fachwerkhäuser sind in Schutt und Asche versunken. An ihrer Stelle reihen sich Stadthäuser im soliden Baustil der fünfzi-

Moderne Kunst vor altem Rathaus

In der Traditionsbrennerei

ger Jahre. In den oberen Stockwerken befinden sich Wohnungen, im Parterre haben sich Geschäfte eingerichtet. Wohnen in der Innenstadt wird in Nordhausen noch groß geschrieben. Dazu tragen auch die DDR-Plattenbauten und Wohnblocks der sechziger Jahre bei, die ihren westdeutschen Pendants aufs Haar gleichen. Hinzu kommt der unbeschwerte Toskana-Look der Häuser in der Rautenstraße, die an das Landesgartenschau-Gelände grenzen.

Die Kombination der verschiedenen Baustile und die Betriebsamkeit sorgen im Zentrum (Kornmarkt, Töpferstraße, Rautenstraße) für ein städtisches Flair, das durch das Stadttheater, die Straßenbahn und den Filmpalast „Neue Zeit" – Cinestar verstärkt wird. „Neue Zeit" das ist der Vorwendename. Der Filmpalast wurde Mitte der 50er Jahre errichtet. Das Beiwort Cinestar ist eine Konzession an die Zeit der Star Trecks und ähnlichen Hollywood Produktionen. Und natürlich hat man sich auch beim Innenausbau an den Bedürfnissen der heutigen Kinogänger orientiert. Die „Neuen Zeiten" sollen ja kein Museum sein, obwohl das legendäre „CC" (CentralCafé) im Haus eine Reminiszenz an die Vorwendezeit ist.

Erinnerung muss sein. Auch ein wenig Ostalgie. Das kann sich Nordhausen durchaus leisten, denn in der Stadt ist man rege und man schaut nach vorne. Das äußert sich im Spielplan des Theaters, in den Ausstellungen des Kunsthauses Meyenburg oder in den Lesungen, die das Buchhaus Rose veranstaltet. Die Kulturangebote für Erwachsene sind die eine Seite. In Nordhausen kümmert man sich dazu intensiv um die Jugend. Zunächst war ich erst mal erstaunt, dass die Schulen, auch die weiterführenden, trotz moderner Stadtgestaltung nicht an den Stadtrand gedrängt wurden. Auch an Spiel- und Erlebnisraum hat man gedacht. Wo gibt es das schon, einen Kletterturm direkt neben der City und davor reichlich Raum zum Ballspielen. Und Nordhausens Jugendarbeit ist pfiffig und von hoher Güte – was mit einem Bundespreis belohnt wurde. Neuster Gag sind die Treppenkäfer, die sich derzeit im Stadtbild ausbreiten (www.treppen-käfer.de). Ich bin den Krabbeltieren auf einer Treppe des Bürgerparks am Petersberg begegnet.

Auf dem Petersberg steht einsam der 62 Meter hohe Petri-Turm. Das Kirchenschiff ist ihm während im April 1945 abhanden gekommen. Zu DDR- Zeiten hat man auf den Trümmern um den Turm ein Schulgebäude errichtet. Im Jahre 2004 kam die Landesgartenschau hinzu. Seitdem existiert hier, nur drei Minuten vom Zentrum entfernt, eine große, ansprechend gestaltete Grünfläche, die allerdings mit einem Zaun geschützt wird. Wer in den Bürgerpark will, muss an einem Drehkreuz einen Obolus entrichten. Der Eintrittspreis ist nicht der Rede wert. Es ist nur peinlich, wenn man wie ich kein Kleingeld dabei hat. Schenken will mir keiner der Passanten etwas. Erst nachdem ich einen Laden finde, in dem ich mir eine Tafel Schokolade kaufen kann, habe ich die notwendigen Cents zusammen. Der Bürgerpark hat mir dennoch gut gefallen. Ich wandele durch die nach Süden ausgerichteten Terrassengärten, in die man die Reste der Stadtbefestigung integriert hat. Ich schaue mir Wasserspiele an und laufe durch Heckengärten. Dann mache ich mich auf zum nahen Bahnhof und fahre mit einem Sammeltaxi zur Gedenkstätte Mittelbau-Dora.

KZ Mittelbau Dora

Das Gelände der Gedenkstätte liegt direkt neben dem Kohnstein. Ich steuere das Info-Zentrum an, ein modernes graues Gebäude. Dort beginnen die Führungen, die auch eine Stollenbefahrung mit einschließen. Ich bin zwanzig Minuten zu früh und so nutze ich die Zeit, indem ich in dem großen Literaturangebot zum Thema Mittelbau-Dora blättere. Schnell noch ein Kaffee im Museumsrestaurant, dann beginnt die Führung.

Das KZ Mittelbau-Dora war, so erfahren wir, ein Arbeitslager, in dem Tausende von Häftlingen ums Leben kamen. Sie starben vor Entkräftung bei der Arbeit in den Stollen, sie erlagen Krankheiten, die sie sich aufgrund der hygienischen Verhältnisse zugezogen hatten und sie starben infolge der Misshandlungen durch Kapos und SS-Bewacher. Gearbeitet wurde in den Stollen. Geschlafen wurde ebenfalls in den Stollen, später auch im Barackenlager. Gestorben wurde an der Arbeit, in den Quartieren oder im Krankenlager. Zur Beseitigung der Leichen hatte man ein Krematorium gebaut. Die SS führte akribisch Buch. Jeder Häftling war erfasst. Und damit die SS-Bürokraten den Überblick behielten, fanden vor und nach der Arbeit Zählappelle statt. Wenn Häftlinge fehlten, weil sie bei der Arbeit im Stollen gestorben waren und die Kameraden vergessen hatten, ihre Leichen mitzubringen, so konnte der Appell auch etwas länger dauern, unabhängig vom Wetter.

Die Stollenbefahrung

Die Erläuterungen unseres Gedenkstätten-Führers sind sachlich. Ohne äußerliche Regung berichtet er von den Hinrichtungen, die während der Zählappelle stattfanden. Wir stehen auf dem ehemaligen Appellplatz und sind betroffen, wie damals in der Schule, als wir zum ersten Mal von der Existenz der KZs erfahren haben. Doch die so ferne Realität von Mittelbau-Dora wird uns bald näher kommen, noch eindringlicher berühren. Wir marschieren in Richtung Stollen und man rät uns, eine Jacke mitzunehmen, denn untertage herrschten Temperaturen um 8 Grad. Sobald man in das Halbdunkel des Stollens tritt, beginnt man zu frösteln und spätestens, wenn sich die Stahltür des Stolleingangs hinter einem

Raketenmontagestollen mit Resten einer V2-Rakete

schließt, zieht man die mitgebrachte Jacke über. An die 200 Meter geht es nun in raschem Schritt vorwärts, bis der Eingangsstollen auf einen haushohen Tunnel trifft, der sich im Dämmerlicht der Deckenbeleuchtung verliert. Nach rechts ist die Tunnelröhre durch einen Deckeneinsturz versperrt. Vor dem Geröll, von Strahlern effektvoll angeleuchtet, liegt der Torso eines Raketentriebwerkes, einer V2, der „Wunderwaffe" Hitlers.

Mit dem Bau der Stollen hat man bereits 1936 begonnen, um für die Wehrmacht ein geheimes Treibstofflager anzulegen. Die Arbeiten, die sich über 8 Jahre hinzogen, wurden zunächst von deutschen Bergleuten durchgeführt. Doch im August 1943 fasste Hitler, zusammen mit seinem Rüstungsminister Albert Speer und dem SS-Chef Heinrich Himmler, den Beschluss, die Serienfertigung der Vergeltungswaffe 2, oder kurz V2-Rakete genannt, in die bombensicheren Stollen des Kohnsteins zu verlegen. Auslöser für diesen Beschluss war ein britischer Luftangriff auf die Heeresversuchsanstalt Peenemünde/Usedom, in der Wernher von Braun an der Konstruktion der V2-Rakete arbeitete. Die Teilnahme Himmlers an der Besprechung zielte auf die Durchführung des Beschlusses ab: Für die dazu erforderlichen Bauarbeiten sowie für die Raketenproduktion sollten KZ-Häftlinge eingesetzt werden.

Hitler blieb nicht viel Zeit für seinen „Endsieg" und daher trafen bereits wenige Tage nach der Besprechung die ersten Häftlinge am Kohnstein ein, wo sie in den Querkammern 43-46 des Stollensystems untergebracht wurden. Die Stollenführung vermittelt eine Ahnung, unter welch unmenschlichen Bedingungen die Häftlinge hier gelebt und gearbeitet haben. Über einen Laufsteg, der Produktionsschrott und herabgefallene Gesteinsbrocken überbrückt, gelangt man zur Schlafkammer 46. Das Gestein fühlt sich feucht an und lässt sich mit den Fingern abreiben. Dazu das Halbdunkel und Temperaturen wie im November, denen die Häftlinge mit einem Hemd, einer dünnen Jacke und einer Hose trotzen mussten. Als Liegestatt hatte man vierstöckige Holzpritschen errichtet. Waschgelegenheiten gab es nicht und für die Notdurft standen halbierte Benzinfässer zur Verfügung. Auf zwölf Stunden schwere Arbeit folgten zwölf Stunden „Ruhe". „... wir versuchen nicht einmal, die Bettgestelle zu erreichen. Vollkommen erschöpft sinken wir auf die Felsen, auf den Boden nieder. Von hinten stoßen die Kapos weiter. Die Hinteren stolpern über die Körper ihrer Kameraden weiter. Bald liegen tausend verzweifelte Männer da, am Rande ihrer Kräfte angelangt und von Durst geplagt und warten auf einen Schlaf, der nie kommt, schließlich

Appellplatz

sind die Schreie der Wachen, der Lärm der Maschinen, die Explosionen und das Pfeifen der Lokomotiven auch hier noch zu hören." (Bericht des französischen Häftlings Jean Michel, Dora, London 1979, S. 68. Übersetzung J.C. Wagner, Leiter der Gedenkstätte)

Hinzu kam der Gesteinsstaub, der in die Schlafkammer drang und sich mit dem Gestank der Latrinen mischte. Unter diesen Bedingungen wurde der Tod zum ständigen Begleiter. Bis zum März 1944 starben hier 3000 Häftlinge. Weitere 3000 Kranke und Sterbende wurden in andere Lager abgeschoben. Die Arbeitsproduktivität wurde gehalten, indem man in anderen Lagern ständig neue Stollenarbeiter rekrutierte.

Ruine des Lagerkinos

Bis Ende des Jahres 1943 war unter Beibehaltung dieses Blutzolls der Ausbau des Stollensystems geschafft. Was mögen die überlebenden Häftlinge gefühlt haben, als sie erstmals wieder aus dem Berg geführt wurden? Die SS hatte ihre Strategie geändert und am Fuße des Kohnsteins ein Barakkenlager eingerichtet. Jetzt gab es auch besseres Essen, Waschgelegenheiten, eine Latrine und eine Krankenabteilung. Der Grund für das „menschliche" Gebaren der SS: Da der Stollenausbau im Wesentlichen fertig war, stand nun die Montage der Vergeltungswaffen an, der Raketen und Flugbomben, und dazu brauchte man gesunde Häftlinge, die konzentriert anspruchsvolle Feinarbeiten verrichten konnten.

Mittelbau-Dora und die Außenlager

Ein großer Teil der Häftlinge wurde als zu schwach befunden, um an den Montagebändern zu arbeiten. Man rekrutierte lieber neue und gesunde Männer aus anderen Lagern, möglichst solche mit passender Berufsausbildung. Die „verbrauchten" Stollenarbeiter setzte man erneut für Bergarbeiten ein. Und dazu war Bedarf, denn Görings Reichsluftfahrtministerium wollte die Jagdfliegerproduktion der Junkers-Werke in den Kohnstein zu verlagern. Und so wurden im Kohnstein und im Wofflebener Himmelberg neue Stollen vorangetrieben. Hinzu kamen der Ausbau der Heimkehle, einer natürlichen Höhle bei Rottleberode, der Bau eines Stollens im Kammerforst zwischen Ellrich und Woffleben und der Bau der Helmetalbahn, mit deren Hilfe die Strecke Ellrich - Nordhausen für Rüstungstransporte frei gehalten werden sollte. Für diese Vorhaben hatte die SS im November 1944 ca. 20.000 deutsche und ausländische Zwangsarbeiter sowie 35.000 KZ-Häftlinge eingesetzt. Diese ungeheure Zahl von Menschen ließ sich nicht mehr allein im Lager Dora unterbringen. Bereits im Frühjahr 1944 hatte die SS daher damit begonnen, Außenlager einzurichten, zunächst bei Rottleberode, dann bei Harzungen und schließlich das Lager Ellrich-Juliushütte, das sich zum größten Außenlager entwickelte, nicht zu vergessen die Lager an den Helmetalbahn-Baustellen. Dora fungierte als Zentrale, daher der Name Mittelbau-Dora.

Erkundung des Barackenlagers

Ich habe mich nach Führung noch einmal auf den Weg gemacht, um das Gelande des ehemaligen Barackenlagers zu erkunden, das sich zunächst nur als großer freier Platz zwischen zwei sanft ansteigenden Hängen darstellt. Die Baracken wurden bis auf die Grundmauern abgerissen. Mit dem Wissen, das man durch die Führung erlangt hat, kann man jedoch gezielt Spurensuche betreiben. Man ist motiviert, die Stelle zu finden, an der das Lagergefängnis stand und man hat die verzweifelten Häftlinge vor Augen, wenn man vor den Mauerresten der Zellen steht.

Wildrose auf den Sattelköpfen

Auch in dem Wald, der hinter der gepflegten Anlage beginnt, bin ich auf Reste des Lagers gestoßen, auf die von Bäumen überwucherten Mauerreste der Wäscherei, auf bemooste Betonfundamente, durch deren Risse und Spalten sich Wurzeln zwängen. Am Rande des Lagers stehen die Überbleibsel der ehemaligen Kinobaracke, in die Kapos und andere privilegierte Häftlinge für 1-2 Stunden vor dem Lageralltag flüchten konnten. Vom „Kino" führt ein Weg durch den nördlichen Bereich des Lagers. Immer wieder entdecke ich im Wald Mauerreste. Am Waldrand schließlich das Krematorium, dessen Türen offen stehen, sodass man die Verbrennungsöfen besichtigen kann. Eine Treppe führt hinunter zum Appellplatz, dem Ausgangspunkt des Rundkurses. Im Wald wird die Natur irgendwann die Reste des Lagers überwuchert haben, die KZ-Gedenkstätte wird jedoch Bestand haben und das Geschehen auch den nachfolgenden Generation vermitteln.

Empfehlenswerte Literatur:
„Zwangsarbeit für den „Endsieg" von Jens-Christian Wagner, dem derzeitigen Leiter der Gedenkstätte Mittelbau-Dora empfohlen (ISBN 3-931426-98-X).
Einen authentischen Eindruck vom Lagerleben bietet das Buch „Planet Dora" von Yves Béon, einem französischen Dora-Häftling (ISBN 3-88350-045-3).

Besinnung beim Wandern mit Schäfer Nikolei

Nahe der Gedenkstätte führt der Karstwanderweg durch Wald hinauf in das kleine Dorf Hörningen. Ich brauche Ruhe, um das, was auf mich in der Gedenkstätte eingestürmt ist, zu verarbeiten. Und so kehre ich nicht nach Nordhausen zurück, sondern folge, trotz der fortgeschrittenen Tageszeit dem Karstwanderweg durch die schöne Landschaft. Mit Hörnigen verbinde ich zudem angenehme Erinnerungen. Drei Jahre ist es jetzt her, da habe ich hier den alten Schäfer Nikolei getroffen. Mit ihm bin ich ein Stück des Wegs zusammen gewandert und dabei hat mir Nikolei viel erzählt:

Schafe, nackter Gips und Blutströpfchen

Vormittags, gegen 10 Uhr, steigt Schäfer Nikolei in seinen Berlingo und fährt mit den Hunden hinauf nach Hörningen, wo seine 500 Schafe geduldig in ihrem Pferch warten. Seit gestern Abend stehen sie, kurz unterhalb der Sattelköpfe, auf engen Raum hinter einem Elektrozaun. Nun endlich geht es wieder hinaus auf die Weide, zu frischem Futter. Kaum hat der Schäfer die Umzäunung geöffnet, rennen die Schafe blökend hinaus. Ein Pfiff von Nikolei und die Hunde treiben die Schafe zu einem dichten Knäuel zusammen, das ihm in kompakter Form willig den steilen Hang hinauf folgt, bis auf die Höhe zwischen dem Dorf Hörningen und dem Naturschutzgebiet Sattelköpfe. Direkt am Wanderweg, kurz hinter dem Parkplatz, hat der Schäfer seinen Wasserwagen abgestellt. Hier treffe ich auf Nikolei, und da die Schafe vor dem Weidegang erst trinken sollen, bleibt Zeit für ein Schwätzchen.

Er erzählt, zu Zeiten der DDR seien die Schafherden viel größer gewesen und man hätte damals Unmengen bester Wolle produziert. Heute sei das Schafscheren bald teurer als das, was man für die Wolle bekomme. Und überhaupt sei alles schwieriger geworden. Immer wieder gäbe es Ärger. Vorgestern hätten doch so verdammte Burschen den Pferch geöffnet, worauf sich die Schafe auf dem Weizenfeld da hinter uns gütlich getan hätten. Ich schaue mich um. Es stimmt, das Weizenfeld sieht arg mitgenommen aus. Und dann der Ärger mit dem Wessi-Jagdpächter, nur weil die Schafe auf der Trift ein paar Gehölze angeknabbert haben. Ob der Jagdpächter aus dem Ruhrgebiet

Schäfer Nikolei

käme? Nein, der stamme aus dem benachbarten Bad Sachsa.

„Bekommen sie von Seiten des Naturschutzes Pflegegelder für die Beweidung ?", frage ich.
„Ja, aber die Auflage, wann und wo ich zu weiden habe, damit ja keine Blumen abgefressen werden, ist unglaublich kompliziert und für den Weidgang nur hinderlich. Aber na ja, irgendwie schaffen wir das schon. Jetzt will ich auf eine Wiese unterhalb der Sattelköpfe, die ist nach Meinung der Naturschützer noch nicht genug abgeweidet. Sie können ruhig mitkommen. Es gibt da einen Rundwanderweg, an dem ziehen wir entlang."

Natürlich nehme ich das Angebot Nikoleis an. Die Schafherde zieht recht langsam vorwärts. Kaum geben die Hunde den Ring frei, den sie um die Herde gezogen haben, verteilen sich die Schafe entlang des Weges. Einige fressen die trockenen Grashalme ab, an denen sie gestern schon einmal vorbeigezogen sind. Andere drängt es in die Gebüsche und an den Waldrand. Dort, im Schutz der Dornen, ist noch mehr Grün vorhanden. Zudem kann man hier die Blätter der Sträucher und jungen Bäume abknabbern. Eigentlich ist dies ja die Aufgabe der Ziegen, die in der Herde mitlaufen. Doch Nikolei's Schafe sind so genügsam, dass sie sich auch an den Heckenrosen und dem Weißdorn zu schaffen machen. Die Nikolei'schen Ziegen sind so klein und niedlich, dass ich sie zunächst gar nicht gewahrt habe.

Dort, wo die Herde gestern durchgezogen ist, sieht es, wenn ich ehrlich sein soll, recht traurig aus. Außer Schaf- und Ziegenkot bleibt kaum etwas übrig. Alle Blumen, auch die Orchideen, werden abgefressen. Und doch stellt die Schaf- und Ziegenbeweidung - neben der Mahd - die einzige Möglichkeit dar, die Blumenpracht auf Dauer zu erhalten.

Wir erreichen eine Stelle, von der man weit übers Land blickt. Am Horizont ist die Kette der Harzrandberge zu sehen. Links bricht das Gelände steil ab. Hier war die

Blutströpfchen

Fliegenragwurz. Eine Orchidee, deren Blüte die Form eines Grabwespen-Weibchens nachahmt und einen Sexuallockstoff aussendet. Männchen führen auf der Blüte Begattungsbewegungen aus, wobei die Pollen übertragen werden.

Herde noch nicht gewesen und die von Heckenrosen durchsetzten Hänge sind mit Orchideen übersät, dazwischen blau blühender Salbei und an den Stellen, an denen der Gips ansteht, rosa Thymian und knallgelbe Fetthenne. An Ackerwitwenblumen saugen knallrot und schwarz gefärbte Insekten, die Ähnlichkeiten mit Schmetterlingen haben. „Das sind Blutströpfchen", erklärt Nikolei. „Die kommen hier noch häufig vor und das ist unser Werk, das Werk der Schäfer, der Schafe und der Ziegen."

Ein Stück weiter, wo der von nacktem Gipsgestein durchzogene Rücken in das Waldwiesental abbricht, wachsen Birken und Heidekraut. Der Gips ist hier vom Regen entkalkt worden. Saurer Boden, das ist das Milieu, das die Heide braucht. Solche Gegensätze sind typisch für den Gipskarst. Auf gewöhnlichen Muschelkalk-Standorten findet man so etwas kaum. Hier verabschiede ich mich von Nikolei. Er zieht mit seiner Herde hinunter zu seiner Talwiese und ich begebe mich zurück auf den Karstwanderweg.

Anmerkung: Schäfer Nikolei hat sich inzwischen zur Ruhe gesetzt und seinen "Job" an seinen Sohn weitergegeben.

Tipps für den Weg zurück zum Grünen Band:

Man kann von den Sattelköpfen aus über den Karstwanderweg nach Bad Sachsa bzw. zum Grenzmuseum Tettenborn wandern. Die Strecke führt über die kleinen Ortschaften Mauderode, Liebenrode, Obersachswerfen und Klettenberg. Zwischen Klettenberg und Tettenborn passiert man das Grüne Band. Der Weg führt über sanft gewellte Höhen und durch weite Feldfluren. Infotafeln des Karstwandervereins informieren über geologische Besonderheiten. Herausragen tut das Dorf Klettenberg und zwar im wahren Sinne des Wortes. Fachwerkhäuser ziehen sich an einem Dolomithügel hinauf, auf dem einst die Burg Klettenberg stand. Leider sind von der Burg nur wenige Mauerreste erhalten. Aber schön ist es dort oben dennoch, nicht nur wegen der Aussicht.

Man kann auch, wie ich es gemacht habe, durch das Wieda-Tal zum Bahnhof Woffleben wandern. In einer ½ bis ¾ Stunde ist man dort. Von Woffleben fahren regelmäßige Züge nach Walkenried und Bad Sachsa.

Grenzlandmuseum Tettenborn

Grenzaufklärer in vorderster Linie zwischen Mackenrode und Tettenborn

Ziel des Harzer Grenzweges ist Tettenborn, ein ehemals thüringisches Dorf, heute ein Ortsteil von Bad Sachsa. Was die wenigsten wissen: Auch Bad Sachsa war bis 1945 thüringisch. Beide Orte gehörten zu der thüringischen Grafschaft Klettenberg. Als nun Deutschland entsprechend den Länder- bzw. Provinzgrenzen in drei Besatzungszonen aufgeteilt wurde, kam Walkenried zur britischen Zone und die Klettenberger Orte zur Sowjetzone (SBZ). Die Gemarkungen von Sachsa und Tettenborn ragten nun wie eine Nase in den „Westen" hinein, wodurch die Bahnverbindung Osterode – Walkenried die SBZ kreuzte. Das passte den West-Alliierten natürlich nicht und so drangen sie auf einen Gebietsaustausch, der auch bald stattfand: Bad Sachsa und Tettenborn kamen in den „Westen", Gebiete des ehemaligen Landkreises Blankenburg, der wegen seiner Zugehörigkeit zu Hannover eigentlich zu den Briten hätte kommen müssen, wurden dafür dem „Osten" zugeschlagen. Es ist aber nicht dieser Gebiets - tausch, der die Macher des Harzer Grenzweges dazu bewegt hat, den Grenzweg vom Kloster Walkenried bis nach Tettenborn zu verlängern, sondern das kleine, aber feine Grenzlandmuseum.

Schon auf den ersten Schritten durch die Ausstellungsräume wird klar, dass hier engagierte Leute am Werk sind, die die Entwicklung der Grenze selbst miterlebt haben und die darüber hinaus ein Gespür besitzen, wie man diese Materie auf begrenztem Raum spannend und authentisch darstellen kann. So finden sich in dem auf private Initiative hin entstandenen Museum ausschließlich Originalstücke aus der Zeit der DDR, die - zu Themengruppen zusammengefügt - verschiedene Aspekte der ehemaligen Grenze beleuchten: die Entwicklung der Sperranlagen, das Thema Republikflucht und die Überwachung der Grenze. Man muss keine langatmigen Info-Tafeln lesen, man lauscht einfach dem lebendigen Vortrag von Rainer Böhle, dem in Tettenborn wohnhaften Initiator des Museumsvereins. Der Verein hat in Tausenden von ehrenamtlichen Arbeitsstunden etwas geschaffen, was offizielle Stellen so sicher nicht hinbekommen hätten.

Besonders gelungen ist die originalgetreue Nachbildung einer Führungsstelle der DDR-Grenzsoldaten, die sich im Innern der Grenzwachtürme befand. Wurde der elektrisch gesicherte Grenzsignalzaun berührt oder gar überstiegen, löste dies in der Führungsstelle stillen Alarm aus. An einer großen Anzeigetafel, die den zu bewachenden Grenzabschnitt darstellte, blinkten Lichter auf, die dem Diensthabenden Offizier verrieten, an welcher Stelle sich der Fluchtversuch abspielte. Und sofort wurden Grenzsoldaten zur Durchbruchstelle befohlen. Auch im Tettenborner Museum blinken die Lichtanzeigen und über Lautsprecher wird der Dialog zwischen Führungsstelle und Grenzsoldaten übertragen. Dass es hierbei originalgetreu zugeht, dafür hat Wolfgang Schlicht gesorgt, Mitglied des Museumsvereins und ehemaliger Stabsoberfähnrich der DDR-Grenztruppen. Mit der Selbsteinschätzung „klein, aber fein" in seinem Internetauftritt www.gm-badsachsa.de liegt der Museumsverein genau richtig.

Das Grüne Band und die ehemalige Grenze

Hinter Tettenborn zieht sich ein Gehölzstreifen quer übers Ackerland, dahinter verstecken sich eine schmale Wiese und ein Streifen Brachland. Ich bin am ehemaligen Grenzstreifen, dem Grünen Band. Aus der Vogelschau tritt der Gegensatz zwischen der Feldflur und dem Grünen Band besonders schön hervor. Gut zu erkennen ist das vorgelagerte Hoheitsgebiet, der Raum zwischen dem Grenzzaun und der Demarkationslinie. Um freie Sicht und Schussfeld zu haben, wurden im vorgelagerten Hoheitsgebiet, im westdeutschen Jargon: „Niemandsland", alle paar Jahre die Gehölze zurückgeschnitten. Es entwickelten sich Gras- und Staudenfluren, wo sich Feld- und Brachlandvögel, Schmetterlinge und Käfer wohl fühlten. Das vorgelagerte Hoheitsgebiet war schon zur Zeit der Grenze zu einem Refugium inmitten der ausgeräumten Agrarlandschaft geworden.

Eine Vorstellung davon, wie das Grenzsicherungssystem der DDR aufgebaut war, kann man sich anhand der nebenstehenden Abbildung verschaffen.

Bei Nüxei: Ein Wadi, Erdfälle, Höhlen und der Römerstein

Ich folge dem Grünen Band in Richtung West, wobei ich Makkenrode, den thüringischen Nachbarort von Tettenborn, passiere. Dann tauche ich in den niedersächsischen Teil des großen Mackenroder Grenzwaldes ein. Bis 1945 war der Wald in Gänze thüringisch. Der Gebietsaustausch hatte viele Mackenroder um ihre Waldparzellen gebracht. Nach der Wiedervereinigung bekamen die Thüringer ihren Besitz zurück. Natürlich wurden dann auch Bäume gefällt, aber der Charakter des unter Schutz stehenden Waldes blieb erhalten. An die 200 Jahre alte Eichen recken dort ihre Kronen empor.

Stabsoberfähnrich der DDR-Grenztruppen Wolfgang Schlicht am Tag der Grenzöffnung

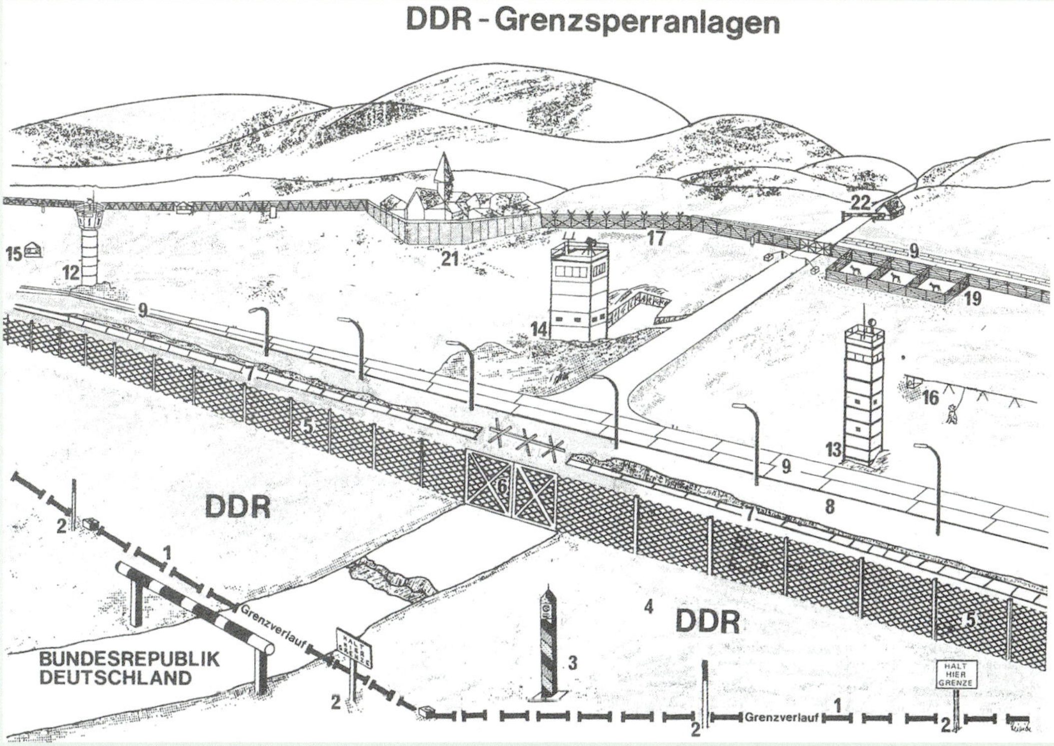

Grenzanlagen der DDR während der 80er Jahre. INFO-Blatt des Bundesgrenzschutzes (leicht verändert)

1 Grenzverlauf mit Grenzsteinen
2 Grenzhinweisschilder (West)
3 DDR-Grenzsäule
4 abgeholzter Geländestreifen
5 Grenzzaun
6, 20 Durchlass
7 Kfz-Sperrgraben
8 Spurensicherungsstreifen
9 Kolonnenweg
12, 13,14 Beobachtungstürme
15 Beobachtungsbunker
16 Hundelaufanlage
17 Grenzsignalzaun
19 Hundefreilaufanlage
21 Betonsperrmauer
22 Passierstelle der Schutzzone

Im Mackenroder Wald quert mein Weg das Bachbett der Steina, ein aus dem Harz kommendes Flüsschen. Doch von der Brücke aus sehe ich nur trockene Kiesel. Vom Wirt das Grenzkrugs im nahen Nüxei erfahre ich, dass die Steina dort unten nur zwei Monate im Jahr Wasser führt. Die übrige Zeit sei ihr Bett so trocken wie ein Wüstenwadi. Vier Kilometer unterhalb der Ortschaft Steina versickert das Harzflüsschen im Untergrund. Das Wasser sucht sich seinen Weg unter einer mächtigen Schicht von Flusskies und Geröll. Erst 20 Kilometer weiter, in der Salzaquelle, einer Karstquelle bei Nordhausen, tritt das Wasser wieder zutage. Auf seinem unterirdischen Weg fließt es über eine Schicht aus Gips. Und da Gips leicht wasserlöslich ist, entstehen Hohlräume. Der darüber liegende Flusskies rutscht nach und es bilden sich kreisrunde oder ovale Erdfälle. Einige dieser Löcher füllen sich mit Wasser, andere bleiben trocken. Der Wald, den ich jetzt durchwandere, ist von Erdfällen übersät. Wenn ich nicht wüsste, dass es sich um eine Karsterscheinung handelt, hätte ich an Bombentrichter gedacht. Am Waldrand stoße ich auf einen Erdfall aus dem Jahre 1995. Die Wände sind noch nahezu senkrecht und es wird noch Jahrzehnte dauern, bis man die Sicherung, die man um das kreisrunde Loch gezogen hat, abbauen kann.

An der Zoll- und Grenzstation Nüxei

Um die Ecke liegt Nüxei, eine Ansiedelung, die in Abhängigkeit von den politischen Rahmenbedingungen mehrmals ihre Bedeutung wechselte. Nach dem Westfälischen Frieden im Jahr 1648

Grünes Band bei Mackenrode/Krs. Nordhausen

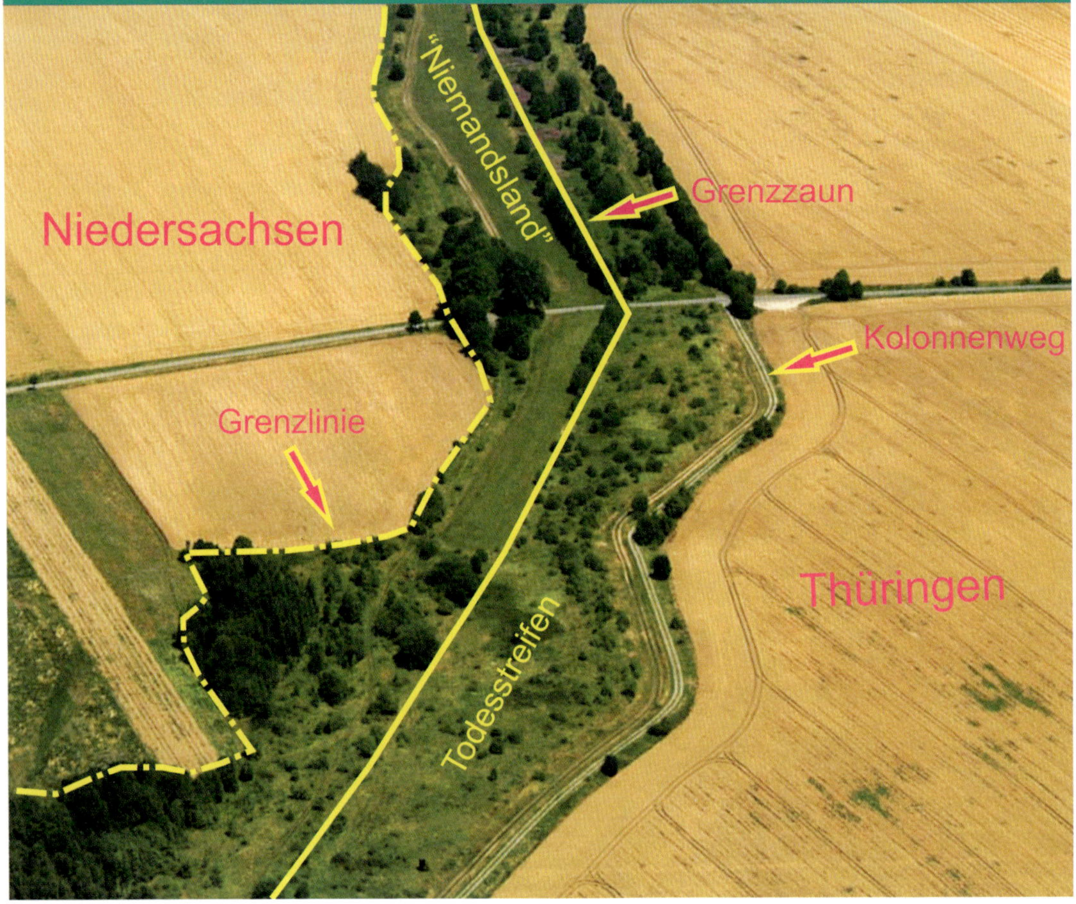

zog sich über die Straße plötzlich eine Grenze zwischen zwei souveränen Landesherrschaften, zwischen dem Herzogtum Braunschweig-Lüneburg und dem Kurfürstentum Brandenburg. Die Grafschaft Klettenberg, zu der Mackenrode bis dahin gehörte, war Brandenburg zugesprochen worden. Für die Welfen war dies ein Grund, in Nüxei eine Zollstelle aufzubauen. Um dem Grenzbeamten trotz magerer Besoldung ein annehmbares Einkommen zu sichern, wurde das Zollhaus zum Wirtshaus ausgebaut und mit einer kleinen Landwirtschaft versehen. Der Passschreiber und der Wirt des Grenzkruges waren danach ein und dieselbe Person. Darüber hinaus verdiente sich der Wirt ein Zubrot, indem er seine Pferde vor schwer beladene Wagen spannen ließ, damit diese besser den Anstieg in Richtung Osterhagen bewältigen konnten. Von der Höhe des Berges kehrten die Vorspänner zurück, nachdem man vorher einen kräftigen Schluck aus der Branntweinflasche genommen hatte. Den Umkehrpunkt kennzeichnet die „Branntwein-Eiche". In der Folgezeit kamen zum Grenzkrug eine Schäferei und ein Forsthaus hinzu. Ein richtiges Dorf ist Nüxei aber niemals geworden. Als im Jahre 1866 das Königreich Hannover (ehemals Lüneburg-Braunschweig) an Preußen (ehemals Brandenburg) fiel, wurde die Zollgrenze zwischen Nüxei und Mackenrode aufgehoben.

Nach dem zweiten Weltkrieg hielten in Nüxei erneut Grenzer Einzug, denn nun verlief hier die Demarkationslinie zwischen der britischen und der russischen Besatzungszone. Die grenzfreie Zeit hatte gerade einmal 83 Jahre gedauert. Im Jahre 1949 errichtete die Finanzdirektion Braunschweig in Nüxei ein Zollhaus für 30 ledige Zöllner, die, ohne dass es hier einen Grenzübergang gab, Aufsicht an der Zonengrenze führen mussten. Man dachte wohl an eine vorübergehende Aufgabe. Doch die Zonengrenze wurde zur

Grenze der DDR und aus den ledigen Grenzern wurden Familienväter. Aber auch für diese Grenze kam, obwohl kaum noch jemand damit gerechnet hatte, das Ende. Erstes Anzeichen war die Einrichtung einer Grenzübergangsstelle im November 1989, die auf Druck der Südharzer Bevölkerung eingerichtet wurde. Im Jahre 1990 feierte Deutschland seine Wiedervereinigung. Die Grenzübergangsstelle Mackenrode/Nüxei wurde abgebaut und die Präsenz des Zolls in Nüxei war wieder einmal überflüssig. Der „Grenzkrug" hatte dagegen weiterhin Bestand. Animiert durch das Versprechen „Futtern wie bei Muttern" machen hier nun Durchreisende Rast, die auf der B 243 zwischen Thüringen und Niedersachsen unterwegs sind.

Wadi der Zorge

Zum Römerstein

Nur wenige Reisende nehmen den Römerstein war, der auf einem Hang oberhalb von Nüxei aufragt. Dabei ist der Römerstein kaum zu übersehen. Es ist eine mächtige Felsgruppe aus Dolomit, die sich vor 270 Millionen Jahren im Zechsteinmeer als Riff über einer Untiefe gebildet hat. Auf dem Weg zu den Felsen quert man das „Wadi" der Steina. Kurz darauf blickt man in ein Tal hinunter, das mit einer senkrechten Felswand endet. Am Fuß der Wand quillt ein starker Karstbach hervor, der „Fitzmühlenquell". Das Wasser kommt aus der Großen Trogsteinhöhle, deren Verlauf bis heute noch nicht ganz erkundet wurde. Seit langem bekannt ist der Eingang der Höhle. Und man weiß, dass das Höhlenwasser vom Zehntgärtenbach stammt, der nahe der Bahnlinie Osterode-Walkenried versickert. Nach ca. zwei Kilometer Höhlenfahrt tritt der Zehntgärtenbach als Fitz-

mühlenquell wieder ans Tageslicht. Aber ihm ist kein langer Lauf beschieden, obwohl er Zulauf von weiteren Karstquellen erhält: Nach wenigen hundert Metern mündet er in den Nixsee, der keinen oberirdischen Abfluss hat.

Weiter geht's zum nahen Römerstein. Ende des 19. Jahrhunderts ist man dort über eine orchideenreiche Schaftrift auf den Gipfel gestiegen, ohne dass auch nur ein Baum die Sicht behindert hätte. In den fünfziger Jahren des vergangenen Jahrhunderts war es vorbei mit der Blütenpracht und auch die Aussicht verschlechterte sich; man hatte die Hänge aus denen die Felsen herausragen, mit Fichten aufgeforstet. Die Aufforstung wurde jedoch nicht sonderlich gepflegt und so konnten sich nach und nach Laubgehölze ansiedeln. Vor ca. zehn Jahren wurden die Fichten herausgeschlagen und mittlerweile entwickelt sich ein artenreicher Mischwald. Auch die Aussicht wurde wieder hergestellt. Von den Felsen blickt man hinunter nach Nüxei und auf den großen Mackenroder Wald.

Sarah Kirsch, der Grüne Junipfad und der Mackenroder Wald

Hinter dem Mackenroder Wald, in Thüringen, liegt ein Dorf, das eine Extratour wert ist. Limlingerode: eine Bäckerei mit Café, eine Gaststätte, Pfarrhaus, Kirche. Die Sete, ein kleiner Bach, begleitet die Dorfstraße. Dahinter ein Wiesental, das sich durch die hügelige, von Raps- und Getreidefeldern eingenommene Landschaft bis hin zu dem großen Wald erstreckt, wo vor gut anderthalb Jahrzehnten die Staatsgrenze zur BRD verlief. Weltabgeschieden, so mag man denken. Zu DDR-Zeiten war das sicherlich so. Dennoch wurde hier eine der Großen unter den deutschen Lyrikern geboren, Sarah Kirsch. Am 16. April 1935 kam sie im oberen Stockwerk des Limlingeroder Pfarrhauses als Ingrid Bernstein zur Welt. Als Unterzeichnerin des Protestbriefes gegen die Ausbürgerung von Wolf Biermann wurde sie aus der SED

und dem Vorstand des DDR-Schriftstellerverbandes ausgeschlossen und siedelte nach Westberlin und später nach Schleswig-Holstein über. Sarah Kirsch hat sich auch im „Westen" immer wieder politisch engagiert, zusammen mit Günter Grass und anderen Schriftstellern. Und sie ist dem zentralen Thema ihrer Lyrik treu geblieben: dem stets gefährdeten Gleichgewicht zwischen Natur und Mensch. Sarah Kirsch sieht sich selbst als „poetische Landschafterin". Kein Wunder, denn sie hat in Halle Biologie studiert.

In der alten Pfarre hat sich der Förderverein „Dichterstätte Sarah Kirsch e.V." eingerichtet; der hier monatlich Literarisches zu Gehör bringt (1). Im Juni hält der Verein alljährlich seine „Limlingeröder Diskurse" ab, auf denen Dichter aus ihren Werken lesen und Bildende Künstler ihre Gemälde präsentieren. Ab und an quartieren sich Poeten zu schöpferischen Aufenthalten in dem alten Fachwerkhaus ein, das mit seinem Ambiente zu einem Ort der Muße wird. Abseits der Straße, nur über einen Stichweg zu erreichen, liegt das Haus auf einem Hügel über der Kirche. Daneben, auf dem alten Kirchhof steht, aus Eichenbalken gefügt und auf Bruchsandstein gegründet, ein nach allen Seiten offener Glockenstuhl. Drei Glocken sind hier aufgehängt, ein Kuriosum aus dem Jahr 1835. Im Inneren der Kirche harte Holzbänke, ein kar-

Geburtshaus von Sarah Kirsch

Orte Osterhagen, Bartolfelde, Barbis und Scharzfeld. In Osterhagen, im Schatten einer tausendjährigen Linde, liegt der „Arche-Hof" von Karl-Heinz Baumann, ein historisch wertvolles Ensemble. Baumann hat es sich zur Aufgabe gemacht, alte Maschinen wiederherzustellen und ihren Nutzen zu demonstrieren. Auf dem Heuboden und dem ehemaligen Getreidespeicher sind zudem alte Möbel und Gebrauchsgegenstände aus dem Südharz ausgestellt. Tel.: 05524-1235.

In Bartolfelde wird bis heute Schierker Feuerstein hergestellt. Der Firmeninhaber hatte sich - nach der Enteignung seines Schierker Betriebs - im Südharz hart an der „Zonengrenze" niedergelassen.

Mein Blick geht weiter, hinüber nach Scharzfeld, einem lang gestreckten Ort, hinter dem sich die Frontberge des Harzes erheben. Hier befinden sich Sehenswürdigkeiten, die man als Grüne-Band-Wanderer unbedingt gesehen haben sollte, auch wenn sie etwas abseits der Tour liegen: Ich meine die Einhornhornhöhle und die Felsenkirche. Am besten, man macht es wie ich und unternimmt eine Extratour.

Abstecher Steinkirche, Einhornhöhle

Ich folge dem Karstwanderweg und steige im Zickzack die Grashänge des Scharzfelder Steinberges hinauf. Der Anstieg ist kurz, aber heftig. Nach wenigen Minuten stehe ich auf einem von Linden bestandenen Platz, der an zwei Seiten von senkrechtem Fels begrenzt wird, ein Ort, bei dem jeder Theatermacher sofort das Bild einer Freilichtbühne vor Augen hat. Da ist der hoch aufragende Eingang einer Höhle, die im Zentrum des Schauspiels steht, daneben eine Kaverne, die als Nebenbühne dient, sowie ein Durchschlupf, über den man von hinten in die Kaverne gelangen kann. Im frühen Mittelalter haben in dieser Felsenszenerie Christen die Heilige Messe zelebriert, wobei sich der Kultus zwischen Höhleneingang und dem Inneren der Höhle abgespielt haben muss. Während man in den Fels rechts neben dem Höhleneingang die Kanzel gehauen hatte, befanden sich der Altar und das Weihwasserbecken im Höhleninneren. Der Platz vor der Felskirche diente als Friedhof. In einem Steinsarg unter der Kanzel fand man das Skelett einer jungen Frau. Ein unheimlicher Ort, über den es keine schriftlichen Zeugnisse gibt und der die Phantasie anregt. Auch die große Höhle gibt Rätsel auf. So führt, heute durch ein Gitter verschlossen, ein Gang in eine tiefer liegende Kaverne, von deren Nutzung wir nichts wissen. Auf jeden Fall muss es ein mystisches Schauspiel gewesen sein, wenn hier, vor mehr als 1000 Jahren, die Gläubigen bei flakkerndem Kerzenlicht in die Gesänge des Priesters einstimmten.

Steinkirche

Felsszenerie über dem Odertal

Ich verlasse den außergewöhnlichen Ort und trete hinaus ins grelle Licht der kahlen und von Felsen durchsetzten Hänge des Steinberges. Der Gipfel hat die Form einer Kanzel, von der aus man auf Scharzfeld hinunter schaut. Hermann Löns, der einst den Steinberg bestiegen hatte, berichtet von der himmlischen Ruhe, die er hier oben empfunden hatte. Heute braust direkt unter mir der Schwerverkehr auf einer vierspurigen Schnellstraße Richtung Nordhausen. Auf der Nordseite des Berges finde ich jedoch einen ruhigen Ort zum Verweilen. Im Frühjahr blühen hier die Küchenschellen und Schlüsselblumen, im Sommer Kreuzblümchen und Thymian, im Herbst die Enziane. Ich schaue über einen von Felsen durchsetzten Höhenzug, hinter dem sich die bewaldeten Harzberge erheben. Die Felsen bestehen aus widerstandsfähigem Dolomit.

Steinzeitliche Lager unter Felsendächern

Zurück auf den Karstwanderweg, der mich um die Felsbastionen sicher ins Tal der Bremke leitet. Der

Dolomitklippen am Scharzfelder Steinberg

Wanderweg bleibt nicht im Tal, sondern steigt über den Gegenhang zu den Klippen des Schulberges hinauf. Eine Besonderheit der Schulberg-Klippen sind die zahlreichen Felsdächer, deren schützende Wirkung im Winter besonders auffällig wird. Während der Wald voller Schnee ist, bleibt es unter den Felsen trocken, ein idealer Lagerplatz für die Menschen der Steinzeit. Ein wenig zugig mag es hier gewesen sein, aber dafür zog der Rauch des Lagerfeuers gut ab. Dass hier in der Steinzeit Menschen gelagert haben, beweisen Ausgrabungen.

Und schon geht es wieder hinunter in das nächste Tälchen, durch das eine Stichstraße hinauf zur Einhornhöhle führt. Ich bleibe dem Karstwanderweg treu und wandere am Fuße der imposanten Kaiserklippe vorbei zum Eingang der Einhornhöhle.

Die Einhornhöhle

„Das Einhorn gleicht dem Pferde, ist nur ein wenig größer, weiß am Körper und rötlich am Kopf. Seine Augen sind blau und auf der Stirn trägt es ein einziges, mächtiges, eine Elle langes Horn." So lautet die Einschätzung des Ktesias von Knidos, Leibarzt von Perserkönig Artaxerxes II. um 400 vor Christus. Ähnlich äußert sich Cäsar (100-44 v. Chr.) in seinem Bericht über den gallischen Krieg über ein Tier, das im Herzynischen Wald leben soll: „Es sieht aus wie ein Hirsch, auf dessen Stirn in der Mitte zwischen den Ohren ein einziges Horn wächst, länger und gerader als alle Hörner, die wir kennen". Als man im 17. Jahrhundert in einer großen Waldhöhle bei Scharzfeld unbekannte Knochen und Zähne fand, galt es als sicher, dass sie vom Einhorn stammten. Selbst der Universalgelehrte und Staatsmann Gottfried Wilhelm Leibniz (1646-1716), der um 1685 die Einhornhöhle besuchte, ging von der Existenz des Einhorns aus, zumindest eines fossilen Einhorns, von dem er das Bild eines Skeletts präsentierte, welches er vom Magdeburger Bürgermeister Otto von Guericke übernommen hatte, der aus einem ganz anderen Grund Berühmtheit erlangte:

Einhornskelett

Guericke war der Erfinder der Luftpumpe.

Das Guericke'sche Einhorn entsprach eigentlich nicht den Beschreibungen der oben zitierten Autoren, denn anstatt auf vier Beinen zu traben, balancierte es auf zwei mächtigen Beinen und einem kurzen Schwanz. Diese Ungereimtheiten hinderten die Apotheker nicht daran, bei der Herstellung von Einhornpulver, das sie als Allheilmittel anpriesen und für teures Geld verkauften, auf Gebeine zurückzugreifen, die aus der Scharzfelder Höhle stammten. Bis dato hatten sie gemahlene Mammutstoßzähne verkauft, was recht hohe Beschaffungskosten verursachte. Die Gebeine aus der Scharzfelder Höhle waren wesentlich günstiger zu bekommen und so avancierte die Höhle am Harzrand bald zur berühmten Einhornhöhle.

Doch Mitte des 19. Jahrhunderts wurde das Einhorn in das Reich der Märchen und Sagen verbannt, wo es im „Tapferen Schneiderlein" weiter durch die deutschen Lande trabt. Gleichzeitig wiesen Archäologen nach, dass die Einhornknochen aus Scharzfeld vom Höhlenbär stammten, einer ausgestorbenen Art, die die doppelte Größe unserer heutigen Braunbären erreichte. Im Schutt des Höhlenbodens wurden die Knochen weiterer ausgestorbener Tiere gefunden wie Mammut, Wollnashorn, Höhlenlöwe und Riesenhirsch, die zum Ende der Eiszeit die Kältesteppen des Harzvorlandes bevölkerten. Darüber hinaus wurden Knochen zahlreicher Waldtiere ans Tageslicht befördert, die erst vor kurzem aus unserer Landschaft verschwunden sind, wie Wisent und Wolf, dazu Skelette von Fuchs, Dachs und Wildkatze und unzählige Knöchelchen von Mäusen, Fledermäusen und Fröschen.

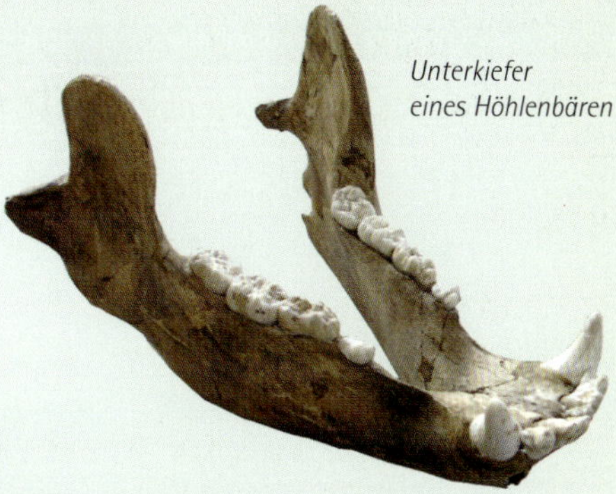

Unterkiefer eines Höhlenbären

Den Clou der Ausgrabungen bildeten jedoch Steinwerkzeuge, die die Neandertaler in der Höhle hinterlassen hatten. Die Neandertaler unterhielten an einem heute verschütteten Höhlenportal eine regelrechte Werkstatt, die sie in dem ungeheuer langen Zeitraum von 130.000 – 70.000 Jahren vor unserer Zeitrechnung, also noch vor dem Beginn der letzten Eiszeit, immer wieder aufgesucht hatten. Auch nach der Eiszeit statteten Menschen der Einhornhöhle immer wieder Besuche ab. Dies beweisen 6000 Jahre alte Steinbeile, das Bruchstück einer 4000 Jahre alten Streitaxt, gut 3000 Jahre alte Schmuckstücke aus der Bronzezeit und 2500 Jahre alte Keramikscherben. Darüber hinaus finden sich an den Wänden der Gänge zahlreiche Inschriften, datiert von 1559 bis in das 20. Jahrhundert. Kurzum, in der Einhornhöhle finden sich die Hinterlassenschaften von Höhlenbesuchern aller Kulturstufen, von den Jägern und Sammlern der Eiszeit bis zu den Höhlenforschern der Moderne. „Die Funde reichen vom Faustkeil bis zur Coladose", so formuliert es Dr. Ralf Nielbock, der seit über 20 Jahren die Einhornhöhle erforscht.

„Die Einhornhöhle ist bereits vor ca. 5 Millionen Jahren durch die lösende Kraft kohlensäurehaltigen Wassers entstanden, das während des ausgehenden Tertiärs in Klüfte und Spalten des Dolomitgesteins eingedrungen ist, erklärt Ralf Nielbock bei seinen Führungen durch die Höhle. Dabei

Keltischer Bronzeschmuck aus der Einhornhöhle

Blaue Grotte/Einhornhöhle

haben sich Hallen und Dome gebildet, die durch tunnelartige Gänge verbunden sind. An einer Stelle ist die Höhlendecke so dünn geworden, dass sich ein Deckenloch gebildet hat, wodurch die Blaue Grotte entstand. Der Name geht auf das magische Licht zurück, das dem Besucher der Höhle entgegenschimmert. Die Höhle ist, mit allen Nebengängen, ca. 600 Meter lang, wovon der schönste und eindruckvollste, 365 Meter lange Streckenabschnitt durch eine Führung erschlossen wird, die ihresgleichen sucht.

Ralf Nielbock, der 1985 bei Grabungen nach Bärenknochen auf die ersten Neandertaler-Werkzeuge gestoßen war, gibt sein Bestes. Ob im Lampenlicht des Schillersaals oder im Halbdunkel der Blauen Grotte, die Stimme von Ralf Nielbock, mal laut und theatralisch, mal leise und eindringlich, hält Alt wie Jung in Bann. Die Eintrittskarte löst man in der Höhlenbaude, einer gemütlichen Gaststätte mit Höhleninfo. Hier kann man auf den Beginn der Führung warten und den selbstgemachten Kuchen von Frau Nielbock probieren. Daneben gibt es Ziegenkäse zu kaufen, der in der Höhle wie Roquefort reift. Infos unter www.einhornhoehle.de oder 05522/315 9385.

Burgruine Scharzfeld

Noch ein kleiner Abstecher zur Ruine der Burg Scharzfels, die auf einer Klippe am gegenüberliegenden Höhenzug erbaut wurde. In einer halben Stunde stehe ich vor den Toren der Burg oder vielmehr vor dem, was nach ihrer Schleifung im Siebenjährigen Krieg übrig geblieben ist. Im Jahre 1761 wurde der Scharzfels von den Truppen des französischen Generals Vaubecourt erstürmt. Zu dieser Zeit waren schon einige Burggebäude am Verfallen. Dennoch erachteten die Franzosen den Scharzfels als so bedeutsam, dass sie die Burg in Brand setzten und sprengten. Der mächtige Wohnturm, der Bergfried, die hoch aufragenden, hintereinander gestaffelten Gebäude, all dies hatte wohl auf die Franzosen Eindruck gemacht. Die Burg verdankte ihr mächtiges Äußeres auch den Dolomitfelsen, auf denen sie erbaut wurde. Eine Ahnung von der Größe der Befestigungsanlage erhalte ich, nach dem ich die große Freitreppe, die vom Burghof zur Oberburg führt, emporgestiegen bin. Sie ist als Einzige unzerstört geblieben. Oben finde ich zwar auch nur Mauerreste und eine Kaverne, doch der Aufstieg hat sich gelohnt, allein schon wegen der Aussicht. Und zum Abschluss meiner Scharzfeld-Tour habe ich in der „Schlossberg-Hütte" auch noch ein Bier bekommen. Übrigens: Steinkirche, Einhornhöhle und die Burg müssen nicht an einem Stück erwandert werden. Man kann die drei Attraktion jeweils separat von Scharzfeld aus erreichen.

Burg Scharzfels vor der Schleifung. Gemälde von Wilhelm Klingbiel, Bad Lauerberg, nach einem Stich von Merian.

König Heinrichs Vogelherd und die Pfalz Pöhlde

In Pöhlde habe ich am König-Heinrich-Platz ein Quartier gebucht. Der Name des Platzes passt zum Abschlussprogramm meiner Harzquerung. Ich bin dem Sachsenherzog Heinrich I. auf der Spur. Heinrich I. hat mich bereits zu Beginn der Harzquerung, am Kleinen Fallstein, beschäftigt. In der Nähe des Fallsteins befand sich die Pfalz Werla, die Stammburg der sächsischen Herzöge. Heinrich weilte nicht nur in Werla. Er besaß auch eine Burg in Pöhlde, quasi ein „Wochenendhaus" im sonnigen Südharz. Dort soll sich im Jahre 919 folgendes zugetragen haben:

An einem Frühjahrsmorgen, die Sonne war eben aufgegangen und Tautropfen glitzerten im Gras, ging Herzog Heinrich gut gelaunt seiner Freizeitbeschäftigung nach, dem Vogelfang. Still und vorsichtig ging er zu Werke, um ja kein Vögelchen zu verscheuchen. Doch plötzlich Hufgetrappel! Über die Hohe Straße näherte sich eine Reiterschar, die auf den Herzog zutrabte. „Offensichtlich wieder so eine lästige Delegation", dachte Heinrich, „den Wimpeln nach fränkische Edelleute." Der Alltag schien den Herzog eingeholt zu haben. Unwirsch wandte er sich an die Männer und fragte sie nach ihrem Begehr. Da sprangen die Reiter von ihren Pferden, schwenkten freudig ihre Fahnen und riefen: „Hoch lebe König Heinrich, des Sachsenlandes Stern!" Dann knieten sie vor dem erstaunten Heinrich nieder und huldigten ihm als dem neuen Herrscher des ostfränkischen (deutschen) Reiches. Heinrich war tief bewegt. „Ist dies der Wille des Reiches?", fragte er und dankte dann dem Herrn für den

Heinrich der Finkler, Wandgemälde von Hermann Vogel / Vogtland (1854 - 1921) im Quedlinburger Rathaus

guten Fang, den er an diesem Morgen gemacht hatte.

So weit die Legende. Fakt ist, dass Heinrich im Mai 919 im hessischen Fritzlar zum König des Ostfrankenreichs gewählt wurde, obwohl er kein Franke war, sondern der Herzog jenes Stammes, gegen den Karl der Große hundert Jahre

Kirche von Pöhlde, Standort der Pfalz

Quellteich der Rhume

zuvor noch einen grausamen Eroberungskrieg geführt hatte. Die Schwaben und Bayern waren bei der Wahl Heinrichs nicht anwesend. Sie zierten sich noch. Doch bei der beherzten Politik, die der neue König an den Tag legte, blieb auch ihnen bald nichts anderes übrig, als den Sachsen als Herrscher des ostfränkischen Reiches anzuerkennen, das sich unter Heinrich und seinen Nachfolgern langsam zum Reich der Deutschen wandelte.

Die verschwundene Pfalz

Am nächsten Morgen führt mein Weg zur Dorfkirche. Dort soll die Pfalz von Heinrich I. gestanden haben. Doch ich kann nichts entdecken, was an eine Burg erinnert. Dann fällt mir auf, dass die Kirche auf einem ungewöhnlich wuchtigen Buntsandstein-Sockel ruht. Die Ausmaße des Kirchhofs, die merkwürdigen Proportionen des Kirchensockels: Hier hat wohl doch etwas „Größeres" gestanden. Grabungen haben dieses „Größere" in den siebziger Jahren ans Tageslicht gefördert. Auf dem heutigen Kirchhof und im benachbarten Pfarrgarten befand sich nicht nur die gesuchte Pfalz, sondern auch ein Kloster. Letzteres hatte Heinrichs Gattin Mathilde gestiftet. Das Fachwerk der heutigen Kirche wurde auf den Mauern der Klosterkirche gegründet. Die Ausgrabungen hat man wieder mit Erde bedeckt. Dies war die preiswerteste Art, die Grundmauern zu konservieren. Dort, wo die Mauern verlaufen, hat man Steinplatten in den Rasen eingelassen, sodass man wie bei einem Hinkelspiel dem Verlauf der Mauern folgen kann.

Mit Pfalz und Kloster war Pöhlde lange Zeit ein herausragender Ort unter den Anlaufstellen der sächsischen Könige und Kaiser. Otto II. (973-983) und Heinrich II. (1002-1024) verbrachten in Pöhlde gern das Weihnachtsfest. Im Jahr 1002 war Pöhlde Schauplatz einer gräulichen Mordtat. Kaiser Otto III. war mit 21 Jahren gestorben und da er keine Kinder hinterließ, gab es mehrere Anwärter auf den Thron, unter ihnen auch der berühmte Ekkehard, der Markgraf von Meißen. Doch in der Welt des Faustrechtes lebt auch der Mächtige gefährlich. Bei einem Aufenthalt in der Pfalz Pöhlde wurde Ekkehard von Siegfried und Brun von Northeim sowie Heinrich und Udo von Katlenburg, vier adligen Sachsen, erschlagen. Ekkehard starb mit dem Schwert in der Faust. Barbarossa, der große Staufer-Kaiser, vermachte die Pfalz später an den Welfen Heinrich den Löwen, womit sie ihre Bedeutung als Herrschaftssitz verlor. Das Ende des Klosters kam mit der Reformation. Ob die Pöhlder Pfalz befestigt war, wissen wir nicht. Sicher ist, dass es ganz in der Nähe, auf dem Kamm des Rotenberges, eine Fliehburg gab, die seit dem 9. oder 10. Jahrhundert bestand. Hier soll der Ort sein, an dem Herzog Heinrich beim Vogelfang von seiner bevorstehenden Kür zum König des deutschen Reiches erfahren hat. Die Grundmauern und Wallanlagen der Fliehburg sind noch erhalten und über eine kleine Wanderung rasch zu erreichen.

Tourenbeschreibung

Walkenried – Pöhlde 5. und letzte Etappe der Harzquerung

Länge gesamt: *ca. 22 km, davon Harzer Grenzweg ca. 6 km*
Steigungen: *Keine nennenswerten*
Start: *Walkenried*
Ziel: *Pöhlde bei Herzberg*
Zwischenziel: *Grenzmuseum Tettenborn, Ende Harzer Grenzweg, weiter über Karstwanderweg*
Gastronomie: *In Nüxei und Pöhlde*

Der Weg von Walkenried nach Tettenborn beginnt mit einem Gang durch die Teichlandschaft des Klosters. Über den Höllpfad (siehe S. 226) geht es zum Sachsenstein und von dort hinunter in die Ortschaft Neuhof. Von hier ist es nicht mehr weit zum Grenzmuseum Tettenborn, das in den Räumen des Dorfgemeinschaftshauses untergebracht ist.

In Tettenborn endet der Harzer Grenzweg. Auf dem Weg nach Pöhlde, dem Endpunkt der Grünen Band-Harzquerung, folgen wir dem südlichen Ast des Karstwanderwegs (Markierung: rotes „K") und weiteren markierten Wegen. Nächstes Ziel ist der ehemalige Grenzstreifen, das Grüne Band. Dieses Wegstück ist nicht markiert. Vom Museum folgt man der Hinterstraße zum südlichen Ortsrand (ca. 500 m), dort links und auf einer schmalen Landstraße durch die Feldflur, Richtung Klettenberg/Thüringen. Nach knapp 1 km ist das Grüne Band erreicht. Hier stößt man auf den Karstwanderweg, dem man bis kurz vor den niedersächsischen Ort Osterhagen folgt. Zunächst geht es auf dem Kolonnenweg direkt am Grünen Band entlang, das sich hier als Lebenslinie durch eine ausgeräumte Agrarlandschaft zieht. Man passiert Makkenrode, den thüringischen Nachbarort von Tettenborn, und taucht dann in den niedersächsischen Teil des Mackenroder Waldes ein. Den Grenzstreifen lässt man links liegen.

Nach ca. 1½ km auf gut markierten Waldwegen erreicht man wieder die Feldflur. Der Karstwanderweg wendet sich kurz nach links, dann dringt er rechts in die Feldflur vor. Wer Rast machen möchte, wendet sich in die entgegengesetzte Richtung und strebt dem Nüxeier „Grenzkrug" zu. Nach ca. 200 m stößt man auf die Bundesstraße Osterode – Nordhausen. Die Gaststätte liegt schräg gegenüber auf der anderen Straßenseite. Achtung! Die Straße ist stark befahren. Vorsicht beim Queren!

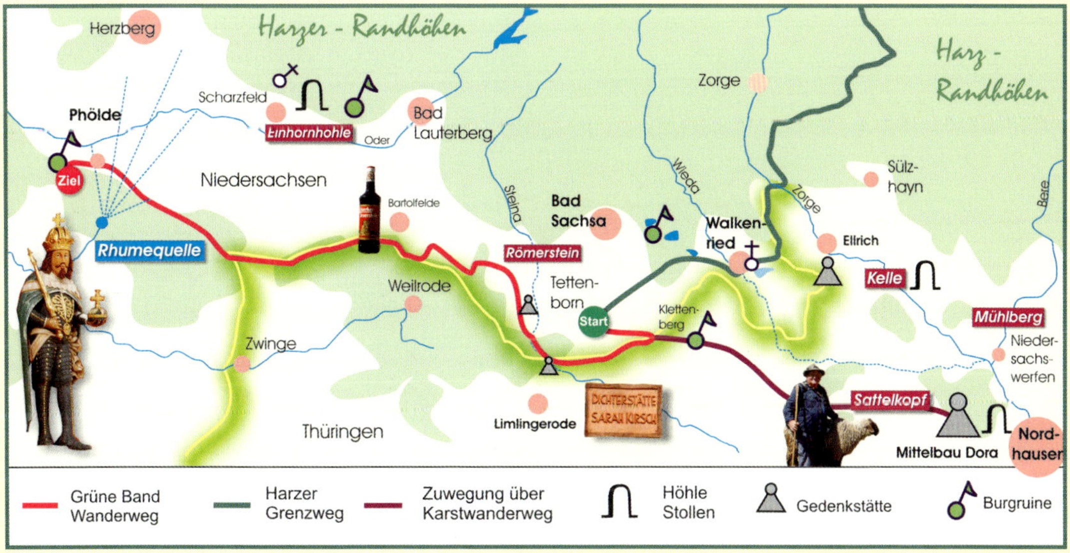

Nach der Rast geht es zunächst einmal zurück zum Karstwanderweg, dem man durch Felder und Wiesen bis an den Rand eines Dolomitbruchs folgt. Am Steinbruch links und dann durch ein Trockental, wo ein Bach in den Klüften des Dolomits versickert. Ein paar Schritte weiter quert der Weg die Trasse der Helmetalbahn. Weiter durch einen 300 m breiten Wald, hinter dem sich der Karstwanderweg nach links wendet. Etwa 500 m wandert man am Waldrand entlang, um dann einem Wirtschaftsweg rechts in die Feldflur zu folgen. Jetzt ist man wieder ganz nahe am Grünen Band. Die Bäume linkerhand - Entfernung gut 100 m - gehören bereits zu Thüringen. Nach knapp 1 km biegt der Karstwanderweg rechts ab. Wir halten uns jedoch geradeaus. Nach 200 m stößt man auf einen Wanderweg mit der Markierung „Blaues Dreieck", der links auf das Grüne Band führt.

Auf den nächsten Kilometern folgt man dem ehemaligen Grenzstreifen, wobei es westwärts geht. Verirren kann man sich nicht, dafür sorgen der Kolonnenweg und die Markierung „Blaues Band ". Die ehemalige Grenze folgt einem lang gestreckten Höhenzug, auf dem einst die „Hohe Straße" verlief, ein mittelalterlicher Handelsweg. Auf diesem Wegabschnitt hat man gute Sicht hinüber zu den Randbergen des Harzes und zu den Felsformationen von Scharzfeld, zwischen denen sich der Eingang der berühmten Einhornhöhle befindet.

Nach 7 km wendet sich das Grüne Band nach Süden und nimmt Kurs auf den Ort Zwinge und das Eichsfeld. Wir bleiben der Hohen Straße bis in die Ortschaft Pöhlde treu. An der Stelle, wo das Grüne Band im Wald des Rotenbergs eintaucht, folgt man einem geradeaus führenden Waldweg hinüber ins Niedersächsische. Nach ca. 700 m stößt man auf einen Wanderweg mit der Markierung „Grüner Punkt", dem man links zu einem am anderen Ende des Waldes liegenden Wanderparkplatz folgt. Nun sind es nur noch 3 km bis Pöhlde. Man folgt einem asphaltierten Fahrweg. Schilder weisen den Weg durch die Flur.

Mönchsteichrunde mit Sachsenstein

Länge: *9 km*
Anstiege: *ca. 50 Höhenmeter*
Dauer: *3-4 Stunden*
Wegecharakter: *befestigte Wege, naturbelassene Pfade*
Gastronomie: *Einkehrmöglichkeiten am Kloster*

Über die Schlossstrasse durch den ehemaligen Klosterbezirk zur Klostermauer. Man folgt den Markierungen des Harzer Grenzweges, quert eine Straße und anschließend eine Bahnlinie, um dann am steil aufragenden Röseberg entlang zu wandern. Hinter der Landstraße Walkenried - Neuhof werden die Mönchsteiche erreicht: der Andrä-, Höll-, Bruns- und Sackteich (1). Links treten die senkrechten Felsen der Höllklip-

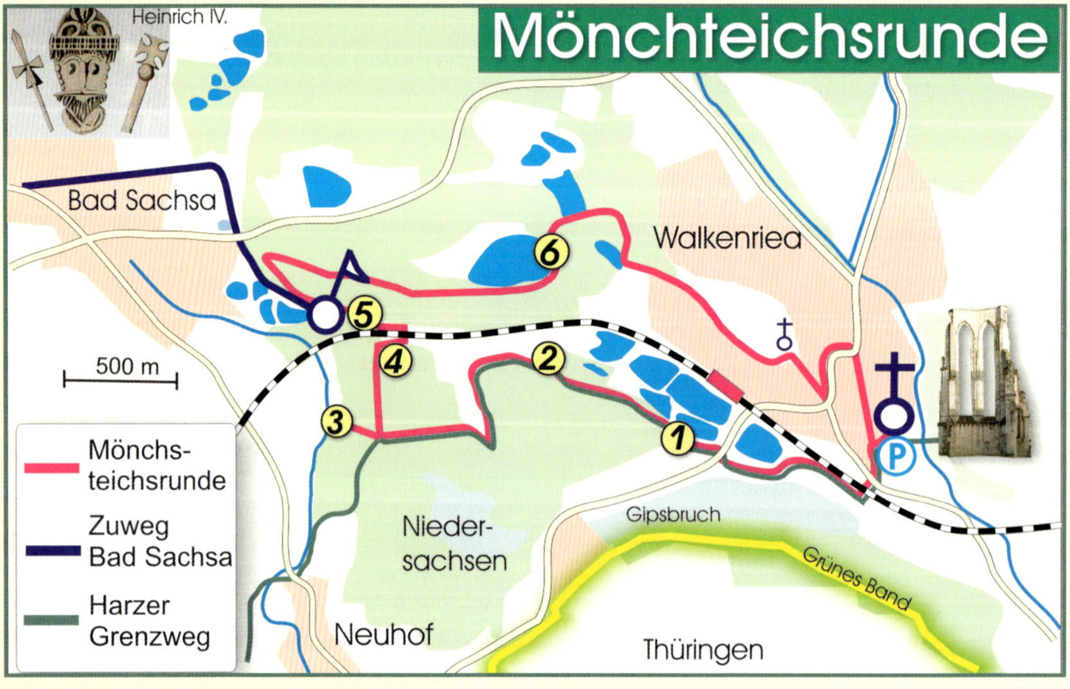

pen bis unmittelbar an die Wasserfläche heran. Der Karstwanderweg führt über die bewaldeten Klippen, wobei er immer nahe an der Abbruchkante bleibt. Der Weg senkt sich, die Teichlandschaft endet und man kommt an der Sachsen-Eiche (2) vorbei. Kurz hinter dem uralten Baum führt der Harzer Grenzweg an einer großen Waldwiese entlang. Wenig später geht es wieder durch Wald, bis man an eine Stelle mit dem Hinweis „Sachsenstein" gelangt. Hier steht die Helbing-Schutzhütte. In ihr befindet sich die südlichste Grenzweg-Wandernadel-Stempelstelle. Von der Hütte aus folgt man einem Pfad und nach wenigen Minuten steht man an der Kante eines über 50 Meter hohen, senkrechten Felsabbruchs, dem Sachsenstein (3), der sich über mehr als einen Kilometer durch die Landschaft zieht. Achtung! Die Abbruchkante ist nicht gesichert!

Wir kehren zum Harzer Grenzweg zurück, aber nur, um uns von ihm zu verabschieden. Der Grenzweg zieht vom Sachsenstein aus gesehen nach rechts, wir halten uns links und folgen der Markierung „Roter Punkt" in Richtung der Bahnlinie Bad Sachsa - Walkenried - Nordhausen. Kurz vor der Trasse treffen wir auf zwei kleine, weit offen stehende Höhlen, die den treffenden Namen „Zwergenlöcher" (4) führen. Nicht weit von den Märchenwaldhöhlen - an einem Drehkreuz - quert der Weg die Gleise der Bahn, dahinter geht es links, am Schienstrang entlang, zur Sachsenburg (5). Von der Burgruine links in Richtung Bad Sachsa. Der Weg senkt sich und führt an einem Teich vorbei, über dem das steile und felsige Ende des Sachsensteins aufragt. Kurz vor den ersten Häusern von Bad Sachsa biegen wir rechts ab und

Walkenried-Ellrichs Himmelreichsrunde

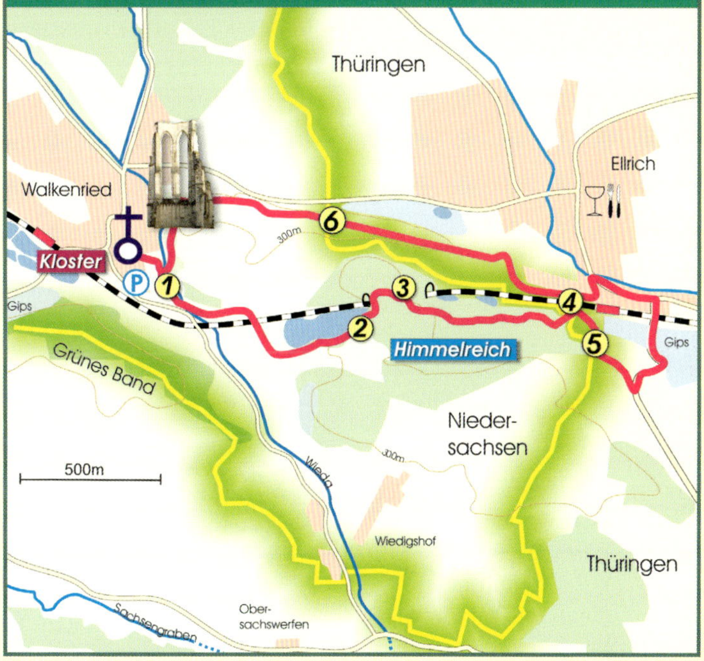

folgen einem breit ausgebauten Weg mit der Markierung „Grünes Dreieck" in Richtung Priorteich (6).

Von dort folgt man den Hinweisschildern zum nahen Hirseteich und weiter zum Eckteich. Vom Ostufer des Eckteichs führt eine Treppe den Hang empor. Ein markierter und mit Hinweisschildern versehener Pfad führt an den ersten Häusern von Walkenried entlang zur katholischen Kirche, die für die vielen Flüchtlinge aus den deutschen Ostgebieten in dieser sonst evangelischen Gegend errichtet worden war. Von der Kirche geht es hinunter zur Hauptstraße und von dort durch das Klostertor zum Ausgangspunkt der Rundwanderung.

Anmerkung: Zur Teicherkundung kann man ebenso gut von Bad Sachsa aus starten. Man folgt von der Stadtmitte aus der Steinstraße in die offene Flur, bis kurz vor den Steinbruchteich. Von dort gelangt man über einen Wanderweg in ca. einer viertel Stunde zum Sachsenstein. Dies ist auch deshalb von Interesse, weil es in Walkenried nicht besonders viele Übernachtungsmöglichkeiten gibt. Im vier Kilometer entfernten Bad Sachsa ist man dagegen voll auf den Fremdenverkehr eingestellt.

Himmel und Hölle

Länge: *6, 5 km*
Anstiege: *ca. 130 Höhenmeter*
Dauer: *2-3 Stunden*
Wegecharakter: *befestigte Wege, naturbelassene Pfade*
Gastronomie: *Einkehrmöglichkeit am Kloster Walkenried und in Ellrich*

Vom Kloster Walkenried der Markierung des Karstwanderwegs (Markierung: rotes „K") folgen. Der Weg führt an der Ruine der Klosterkirche vorbei zur Wieda (1). Unterhalb des Klosters links über die Schäferbrücke, bis man nach ca. 500 m einen Bahnübergang erreicht. Hier verlassen wir den Karstwanderweg und folgen dem über die Gleise führenden Wanderweg „31 P" zum gut 500 m entfernten Kaiserweg. Der Kaiserweg steuert auf einen von Klippen durchsetzten Steilhang zu. Über einen schmalen Pfad geht es an der Kante des Steilabsturzes (2) auf das Massiv des „Himmelreichs" hinauf zu einer Schutzhütte. Dort kann man über die Klippen hinunter auf den Itelteich schauen. Der Weg führt nun über einen schmalen Bergrücken zum Hexentanzplatz, von wo aus man hinüber nach Ellrich blickt (3). An dieser Stelle existiert eine Grenzweg-Wandernadel-Stempelstelle. Und hier trifft man auch wieder auf den Karstwanderweg, dem wir nun bis zur Straße Ellrich - Gudersleben folgen. Der Weg führt hinunter zu den Pontelteichen, wo man auf die Reste des Außenlagers Ellrich trifft (4).

Weiter geht's, immer den Markierungen des Karstwanderweges nach. Neben einer Gipsfabrik steigt man über einen Pfad einen felsigen Hang hinauf (5). Auf der Höhe wendet sich der Weg nach links und kurz darauf wird die Straße Ellrich - Gudersleben erreicht. Hier verlassen wir den Karstwanderweg. Wir wenden uns nach links und wandern über die Straße nach Ellrich hinunter. Hier besteht die Möglichkeit, mit dem Zug nach Walkenried zurückzufahren.

Spaziergang zur Kelle

Länge: *ca. 3 km*
Anstiege: *bis auf den Anstieg aus dem Erdfall keine*
Dauer: *½ Stunde*
Wegecharakter: *Plattenweg, befestigte Wege*

Die Kelle ist am schnellsten von dem Dorf Appenrode aus zu erreichen. Man parkt am südlichen Ortsende in der Bischofferoder Str., die zweigt von der Landstraße nach Niedersachswerfen ab. Nach ca. 300 m biegt man links ab und folgt den Hinweisschildern bzw. dem Radwanderweg „Radelnde Hexe" zu einem Wäldchen, in dem man auf die Kelle trifft.

Die Mühlbergrunde

Länge: *4 km*
Anstiege: *ca. 110 Höhenmeter*
Dauer: *2-3 Stunden*
Wegcharakter: *befestigte Wege, Rasenwege, Pfade*
Gastronomie: *Einkehrmöglichkeiten leider erst in Nordhausen*

Wir starten in Niedersachswerfen an der Gemeindeverwaltung und folgen der Vorderstraße bis zur Mühlenstraße. Hier links und auf einer Fußgängerbrücke über das Flüsschen Bere an den Ostfuß des Mühlberges. Nun rechts dem Wanderweg mit dem grünen Querbalken folgen. Er führt zur Nordostkante Steilhanges (1). In leichtem Auf und Ab geht es auf einem alpin anmutenden Pfad über den Blockschutt zu den Stellen, an denen Sickerwasser aufsteigt und zahlreiche Kleingewässer bildet. Nächste Station ist der Tanzteich (3). Danach stoßen wir auf eine kleine Ansiedlung, in der früher die Besitzer der in den Nordabstürzen liegenden Gipsbrüche wohnten. An dieser Stelle geht es zwischen stillgelegten Gruben auf das Plateau des Mühlberges hinauf. Zunächst steigt man gemächlich auf einer Rampe aufwärts. Dann aber geht der Steig zur Sache, wobei die steilsten Abschnitte durch Treppenstufen entschärft wurden. Linker Hand liegt eine Gipsgrube, die der Besitzer dem Bund für Umwelt und Naturschutz (BUND) übertragen hat (4). Die Natur ist dabei das Gelände zurückzuerobern.

Auf dem Plateau trifft der Pfad auf den von Appenrode kommenden Wanderweg. Links halten und

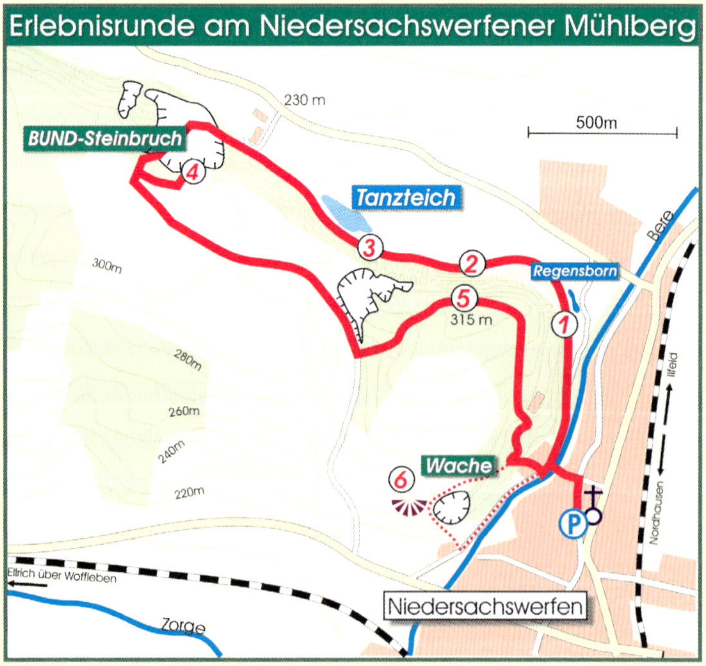

über Wiesen gut 1 km bis zum nächsten Waldrand. Dort wieder links auf einen Pfad, der den Steilabstürzen zustrebt. Hier ist äußerste Vorsicht geboten. Es besteht Absturzgefahr! (5) Die Absperrungen sind nur noch an wenigen Stellen intakt und im Beisein von Kindern sollte man den Hauptpfad auf keinen Fall verlassen. Der markierte Pfad führt von der Abbruchkante in den Wald hinein. Wir überschreiten einen flachen Wall, der zu einer Fluchtburg gehört hat, die auf die jüngere Bronzezeit datiert wird. Dann beginnt der Abstieg, wo man auf halbem Weg auf ein verlassenes Waldgasthaus stößt. Als man den Fußweg für ein Glas Bier und eine Runde Skat noch nicht scheute, hat sich die Gaststätte großer Beliebtheit erfreut. Das Ende begann in den 80er Jahren. Die Gastwirtschaft wurde in ein Betriebsferienheim umgewandelt. Seit der Wende steht das Haus leer.

Hinter der ehemaligen Gaststätte verzweigt sich der Weg. Der mittlere Weg führt über einen steilen Abstieg in wenigen Minuten nach Niedersachswerfen. Der Steilabstieg lässt sich links über Serpentinen umgehen. Rechts geht es zur „Wache", einen Stelle, an der Frau Holle wohnt, die Schutzpatronin von Sachswerfen (6). Dort hat man einen schönen Blick auf Sachswerfen und damit einen schönen Tourenabschluss.

Auf den Pfaden von Schäfer Nikolei

Länge: 1 km
Anstiege: *unwesentlich*
Dauer: *½ - ¾ Stunde*
Wegecharakter: *Rasenwege und Pfade*
Gastronomie: *Einkehrmöglichkeiten in Nordhausen*

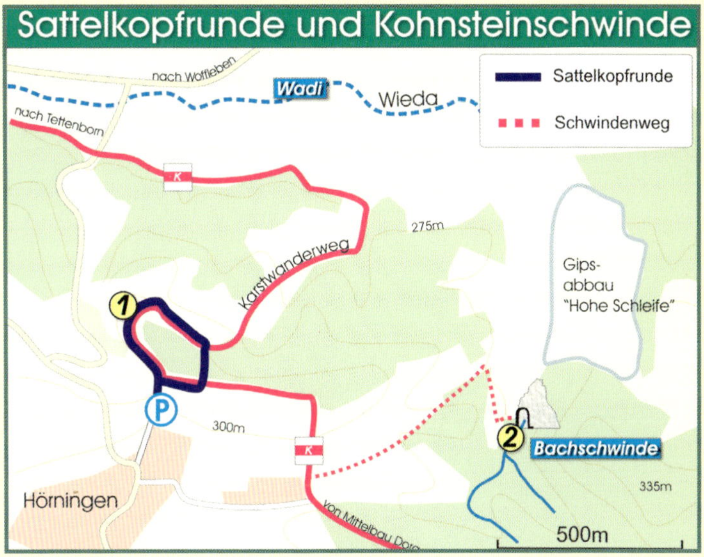

Man folgt in Hörningen der Hauptstraße Richtung Woffleben. Kurz vor dem Ortsausgang, dort, wo die Straße sich nach links wendet, hält man sich geradeaus. Man kommt an den Gebäuden der Agrargenossenschaft vorbei. Kurz dahinter befindet sich ein Parkplatz. Der Rundwanderweg ist gut ausgezeichnet und nicht zu verfehlen. Der Blick von den kahlen Gipshängen zum Harz ist ein Erlebnis (1). Wer eine wilde Karstszenerie erleben möchte, der nutze den „Schwindenweg", einen Abstecher des Karstwanderwegs, der zu einer dramatischen Klippe führt, an deren Fuß ein Bach im Untergrund verschwindet (2).

Auf dem „Grünen Junipfad" zum Grünen Band

Länge: *8 km (hin und zurück), mit Abstecher nach Nüxei 10,5 km und zum Römerstein 12,5 km*
Anstiege: *ca. 80 Höhenmeter, inklusive Nüxei ca.120 m, inklusive Römerstein 170 m*
Dauer: *2-3 Stunden*
Wegecharakter: *befestigte Wege, am Römerstein Pfade*
Gastronomie: *Einkehrmöglichkeit in Limlingerode und Nüxei*

Start ist der Parkplatz des Dorfgemeinschaftshauses in Limlingerode. Das Gemeinschaftshaus ist leicht zu finden. Von der Bushaltestelle an der Landestraße den Schildern der Dichterstätte folgen. Nach ca. 150 m rechts über die Sete, den Dorfbach. Neben dem Gemeinschaftshaus führt ein Weg zur Kirche und zur Dichterstätte hinauf (1). Weiter geht's an der Sete entlang ins Herz des großen Mackenroder Grenzwaldes. Hinter den letzten Häusern des Dorfes beginnt ein Wiesental. Nach ca. 750 m wird der Bach gequert, es geht an einem Tümpel vorbei und kurz darauf empfängt uns der Wald, zunächst als Fichtenforst. Aufgelassene Fischteiche beleben die Szenerie (2). Oberhalb der Teiche verzweigt sich das Tal. Wir halten uns rechts und von nun an wandern wir 1 km durch herrlichen Laubwald. Nach 500 m erscheint links am Wegrand der grüne Waldsee (3). Nach weiteren 500 m quert der Weg das Tal und

Grüner Junipfad / Dichterstätte Sarah Kirsch - Karstwanderweg

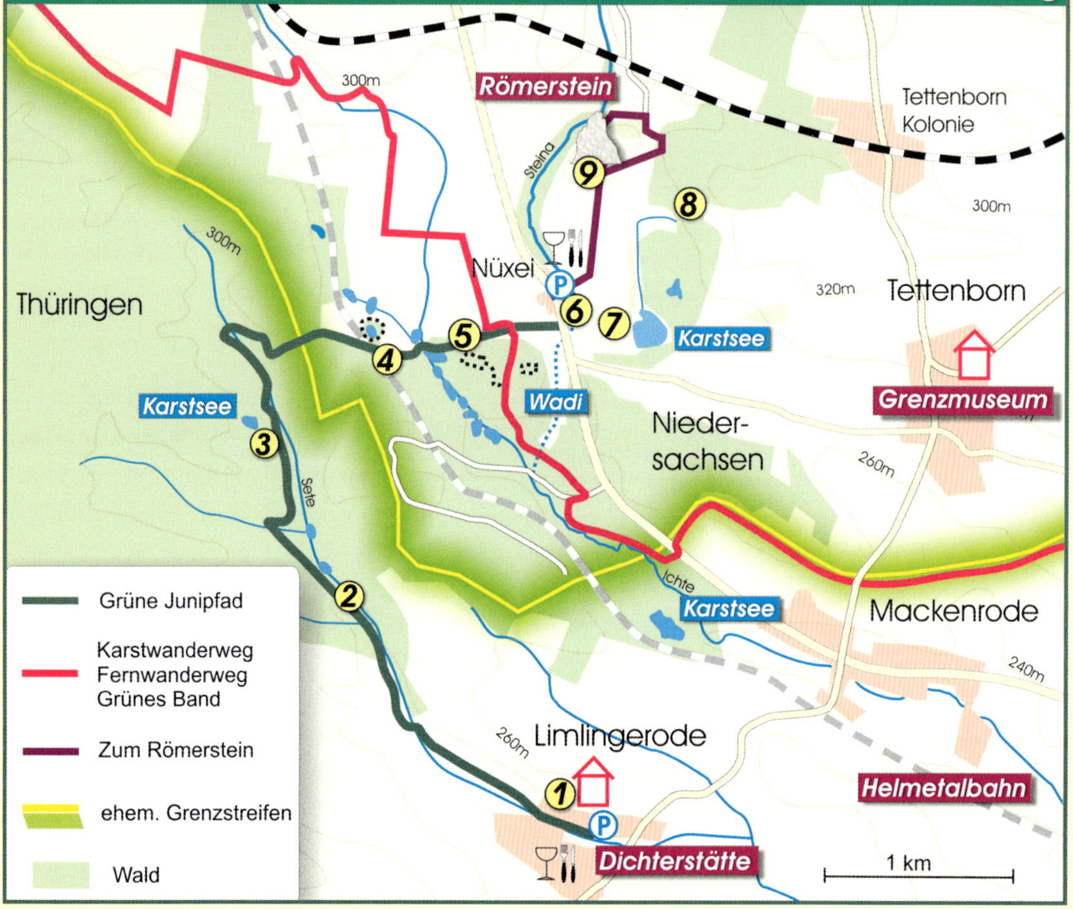

steigt auf einen mit Fichten bestandenen Höhenzug, wo wir auf den ehemaligen Grenzstreifen treffen.

Kaum ist man in Niedersachsen, lichtet sich der Wald und man blickt auf einen Damm, der zur Trasse der Helmetalbahn (4) gehört. Unser Weg quert die Trasse und führt entlang dem Waldrand in gut 1 km zu der kleinen Ansiedlung Nüxei, wo sich die Gaststätte „Grenzkrug" befindet (6). Auf dem Weg dorthin kommt man an dem im Jahre 1995 entstandenen Erdfall vorbei (5).

Wer in Nüxei noch Unternehmungsgeist besitzt, steigt zum 1 km entfernten Römerstein hinauf (9). Zum Römerstein gelangt man, indem man 50 m oberhalb des Grenzkrugs rechts einem Wirtschaftsweg folgt. Nach knapp 100 m quert man das Wadi der Steina. Dann geht es leicht ansteigend hinaus in die Feldflur. Kurz vor dem Römerstein blickt man hinunter auf die Springwiesen, wo mehrere Karstquellen empor sprudeln. Das Quellwasser fließt in einen Bach, der als Fitzmühlenquelle unter einer Felswand hervorkommt (8). Nach ca. 600 m Fließstrecke mündet der Karstbach in den abflusslosen Nixsee (7), auch Nussteich genannt. Kurz hinter dem Springwiesenblick stößt man auf dem Karstwanderweg, der einen Halbkreis um den Römerstein schlägt. Ein Pfad führt auf den Gipfel der Felsen (9). Nach dem Abstieg bietet sich eine kleine Schleife an (siehe Karte) mit der man den Römerstein umrundet hat. Sonst entspricht der Rückweg dem Hinweg, was auch für den Rückweg nach Limlingerode gilt.

Aufstieg zu Heinrichs Vogelherd

Länge: *2 km.*
Anstiege: *ca. 70 m (steil)*
Dauer: *3/4 Stunde*
Wegecharakter: *steile, unbefestigte Wege und Pfade*
Gastronomie: *Einkehrmöglichkeit im Café „Zum Schrägen"*

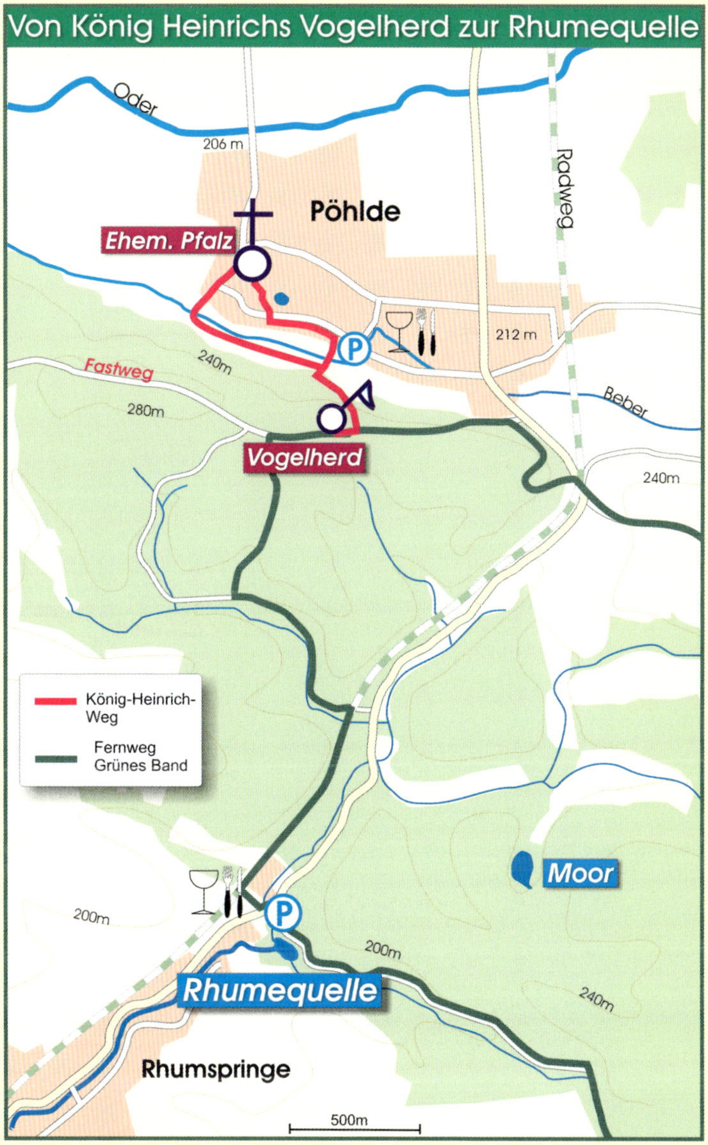

Über die Stichstraße „Am Bruch" von der Dorfkirche an den Fuß des Rotenberges, wo ein bezeichneter Pfad zur Fliehburg hinauf führt. Ein Rundweg mit Erläuterungstafeln leitet durch das Ausgrabungsgelände.

Ausblick

Heinrichs Vogelherd ist die letzte Station der Harzreise. Meine Wanderung entlang der ehemaligen innerdeutschen Grenze geht weiter. Als Nächstes steht die Durchquerung des Eichsfeldes an, das gleich zu Beginn mit einer Besonderheit aufwartet, mit der Rhumequelle, einer der größten Karstquellen Deutschlands. Wasser aus der Oder und anderen Harz-Flüssen versickert im Untergrund, sucht sich den Weg durch Spalten und Klüfte der Gipsschichten und fließt in Richtung Eichsfeld. Da der Rotenberg auf einer Gipsschicht ruht, fließt das Sickerwasser einfach unter dem Berg hindurch. Kurz vor Rhumspringe trifft das Wasser jedoch auf eine Sperrschicht. Und da das Gelände auf der Nordseite des Rotenbergs 50 Meter höher liegt als auf der Südseite, steigt das Wasser an dieser Sperrschicht nach oben. Die Rhumequelle ist also ein Gruß aus dem Karst des Südharzes, ein Phänomen, das auch der Harzwanderer auf jeden Fall gesehen haben sollte.

Von Heinrichs Vogelherd zur Rhumequelle sind es nur zwei Kilometer (den Wegweisern folgen). Und da es bergab geht, ist man in gut einer halben Stunde dort. Kurz vor der Quelle befindet sich ein Gasthaus, womit ein schöner Ausklang der Harzdurchquerung garantiert sein sollte. Der Harzwanderer umrundet noch den Quellteich, um dann auf dem Karstwanderweg wieder Richtung Pöhlde zu ziehen. Der Grüne-Band-Fernwanderer folgt der Wandermarkierung „Weißes Kreuz" durch den großen Grenzwald in Richtung Osten, wo er nach gut vier Kilometern auf das Grüne Band trifft.

Karl-Heinz Baumann, Arche-Hof Osterhagen

Bildnachweis

Anders, Ole S.61; Archiv Bode, Peter S. 116 u.; Archiv Grenzmuseum Tettenborn S. 195, S. 196, S. 211, S. 212, S. 213 o; Archiv Nielbock, Ralf S.221 o.u., S.222 o.; Archiv Karl Berke S.51, S.52, S. 54 ; Archiv Schmidt, Benno S.7 (bunt), S.8 o. und u. S.106 o.und u., S. 146, S. 167; Archiv Familie Leßmann S.4.; Archiv Nationalpark Harz S. 11 o.S., 88 o., S. 88 u., S. 100 o.; Archiv Heureka S. 41,S. 43 o.u.; Archiv BUND-Niedersachsen/Röschert Christian, S.171; Benvie, Niall S.89 u.; Bundesarchiv, S. 111 o., S. 121 u.; Damschen, Dieter S. 57 u., S.58, S. 70 u., S. 97; Fränkel/Nordreport-Medien S.7 sw., S. 45; Korsch-Media S. 79; Leidorf, Klaus S.31, S. 71 u., S. 155, S. 214; Peters, Hans-Dieter S.66-67, S. 157 u.; Schwarz, Friedemann S. 157 o.; Steimecke, Jürgen S.103, S.104 u., S. 232; Stephan, Thomas /GEO-Tag der Artenvielfalt S.59 u.; Störmer, Wilfried S. 11 u., S.14, 2.v.o., S. 47, S. 49, S.53, S.60, S. 77u. S. 80 o., S. 98 u., S. 99 ; S. 102, S. 105, S. 117 u., S.130; Tront, Detlef S. 231; Wernecke, Joachim S. 77 o.,S. 78 o., S. 134 u., S. 135 o., S. 156 o.; Wiesel, Christian S. 88 u.; übrige Aufnahmen Cornelius, Reiner; Die Titelhexe findet man am Eiscafé in Tanne, der Titelluchs stammt aus dem Archiv des Nationalparks.

Danksagung

Bei der Recherche zu diesem Buch habe ich die Unterstützung von einer ganzen Reihe engagierter Menschen erfahren. Ihre Beiträge, die in Form von eigenen Kapiteln, Textpassagen und Zitaten zum Ausdruck kommen, erfüllen das Buch mit Leben. Bei ihnen allen möchte ich mich herzlich bedanken. Ein besonderer Dank geht an Dr. Friedhart Knolle vom Nationalpark Harz, der mich ständig mit Informationen und Tipps versorgt hat. Des Weiteren bedanke ich mich bei Wilfried Störmer (Goslar), Joachim Wernecke und Jürgen Steimecke (beide Wernigerode) für die ausgezeichneten Fotos, die sie für das Buch zur Verfügung gestellt haben.

Bezugsadresse:
Auwel-Verlag
Dr. Reiner Cornelius
Schützenweg 9 · 36272 Niederaula
Telefon: 0 66 25 - 91 93 44
dr.cornelius@t-online.de
Onlinebestellungen:
www.grünes-band-wandern.de